大跨度桥梁沉井基础研究与实践

张　鸿◎著

人民交通出版社股份有限公司
China Communications Press Co.,Ltd.

内 容 提 要

本书全面系统介绍了桥梁大型沉井基础设计与施工关键技术研究和工程实践情况，内容涵盖沉井基础设计、陆上沉井基础施工、水上沉井基础施工、沉井信息化施工与控制等。结合水上与陆上工程项目实际，本书向读者详细阐述了水上沉井定位与着床、沉井接高与首次下沉、沉井下沉施工、终沉控制等建设技术细节。

本书可供土木工程专业广大师生、学者、工程师及对大跨度桥梁基础感兴趣的人士参考阅读。

图书在版编目(CIP)数据

大跨度桥梁沉井基础研究与实践 / 张鸿著. —北京：人民交通出版社股份有限公司，2016.7

ISBN 978-7-114-13071-7

Ⅰ.①大… Ⅱ.①张… Ⅲ.①长跨桥-桥梁基础-沉井-研究 Ⅳ.①U448.43

中国版本图书馆 CIP 数据核字(2016)第 122212 号

书　　名：大跨度桥梁沉井基础研究与实践
著 作 者：张　鸿
责任编辑：赵瑞琴
出版发行：人民交通出版社股份有限公司
地　　址：(100011)北京市朝阳区安定门外外馆斜街 3 号
网　　址：http://www.ccpress.com.cn
销售电话：(010)59757973
总 经 销：人民交通出版社股份有限公司发行部
经　　销：各地新华书店
印　　刷：北京市密东印刷有限公司
开　　本：787×1092　1/16
印　　张：11.5
字　　数：266 千
版　　次：2016 年 7 月　第 1 版
印　　次：2016 年 7 月　第 1 次印刷
书　　号：ISBN 978-7-114-13071-7
定　　价：38.00 元

前　　言

随着我国桥梁建设不断向宽阔水域、海洋环境发展，大跨度桥梁基础传统施工方法将面临更为棘手的技术难题。与传统的就地浇筑基础相比，预制基础减少了桥位处现场施工作业量，有明显的优势。沉井基础作为预制基础的一种结构形式，具有整体刚度大、承载力大、耐久性和抗震性能好、防船舶撞击能力强等诸多优点，在桥梁工程中得到广泛应用，尤其是大跨悬索桥锚碇基础和桥梁深水基础。近几年，国内沉井基础施工技术日益成熟，在深水基础建设上迈进了国际先进水平，为未来跨海深水桥梁建设的顺利实施奠定了坚实的基础。

本书是作者多年从事桥梁大型沉井基础理论研究和工程实践的技术成果总结，结合某长江公路大桥北锚碇沉井基础和泰州长江公路大桥中塔沉井基础等工程实践，研究和总结了大型沉井在建造过程中所面临的技术难题，特别是深水大型沉井施工技术的挑战。这些成果的总结将对我国桥梁基础，特别是深水基础的建设起到较大的促进作用。本书第 1 章对桥梁大型沉井基础在国内外桥梁工程中的发展现状和技术问题进行了概述；第 2 章着重介绍了桥梁大型沉井基础的设计，涉及沉井结构构造设计、基础沉降设计及抗水平滑移计算等；第 3 章阐述了陆地沉井基础的主要施工技术，包括首节沉井制造、沉井接高与下沉、封底混凝土施工等，并结合某长江大桥北锚碇沉井基础实践对施工工艺进行了详细说明；第 4 章重点介绍了水中沉井基础的关键施工技术，包括钢壳沉井制作与运输、沉井定位与着床、终沉控制措施等，并结合泰州长江公路大桥中塔沉井基础实践，对水中沉井关键技术进行阐述；第 5 章介绍了沉井信息化施工控制，结合工程实例进行了说明。

本书从理论上对大型沉井基础设计施工中所面临的技术难题进行了阐述，并结合相关工程案例进行分析说明，可供从事相关专业的技术人员、科研人员及教学人员使用，同时也为未来类似工程的设计施工提供有益的参考。

在本书编写过程中，张永涛、张国志、杨炎华、刘建波、杨钊、吴启和、陈培帅等参加了部分内容的编写工作。

衷心感谢中铁大桥勘测设计院、南京水利科学研究院等单位在工程项目实施中所提供的支持。为本书提供图、表和照片的单位在此一并致谢。

由于时间仓促,书中难免存在不妥之处,望读者见谅。

著作者

2016 年 6 月

目　　录

第1章　绪　　论

沉井基础在工程领域已有上百年的应用，矿井、取水泵房、水电站导流、地下油库、水塔、桥梁基础等工程的建设均有沉井结构的使用。沉井既是永久结构物的基础，又是施工时的挡土和挡水围堰结构。

随着我国桥梁建设向宽阔水域、深水、复杂地层、外海区域发展，大型沉井基础建设数量也相继增加，沉井构筑物焕发出新的生命力。沉井基础具有埋置深度大、整体性强、稳定性好，能承受较大的垂直荷载和水平荷载等特点，其在桥梁基础尤其在大跨径桥梁基础中有着广泛的应用前景。

1.1　水中沉井(箱)基础在国外的发展与应用

1.1.1　技术发展现状

目前国外在大跨径桥梁的深水基础中，一般多采用预制沉放基础(沉箱与沉井基础)、沉井与桩复合基础形式、多柱基础、地下连续墙等。其中采用预制沉放基础的工程实例较多，其工艺为先在陆上预制基础构件，后在深水中下沉就位。该类型基础将大量现场水上现浇工作改在陆上预制，用大型起重船吊装法或浮运法将预制好的基础在深水中下沉到位，有的甚至与墩身构件一同预制安放，这样能以较快的速度完成桥梁深水基础的建造，不仅减小施工难度，也提高了工程品质。预制沉放基础按传统可分为两大类：一类为沉箱基础，另一类为沉井基础。

沉箱基础一般适用于基础覆盖层较浅、基槽开挖后回淤小的良好持力层或经处理的地基上，其施工工艺为先开挖水下基槽，专用设备进行碎石基床整平，浮运沉箱下沉或大型起重船安装下放。沉井基础一般适用于基础覆盖层厚、水下基槽开挖难度大等因素，其施工是在沉井内部取土，利用沉井自重或采用其他辅助措施使沉井下沉至设计标高后进行混凝土封底。

目前水中沉井结构底节多采用钢壳，为双壁空心结构，其内充填混凝土，必要时采取加设气筒等助浮措施，浮运至墩位，灌水(或放气)着床，混凝土接高与井内取土沉井下沉交替循环进行，直至下沉到设计标高，如美国的新格林维尔大桥沉井基础。

沉箱基础可采用钢壳结构，也可采用混凝土结构，如日本明石海峡大桥两主塔分别采用直径80m和78m、高70m和67m的钢壳沉井结构，最大施工水深60m，壁厚12m，分为16个舱，是目前规模最大的桥梁沉箱基础，桥型布置见图1-1所示。丹麦大贝尔特东桥两个主塔及两侧锚碇均采用预制混凝土沉箱基础，桥型布置见图1-2所示。此外，日本北、南备赞濑户桥的海中基础，葡萄牙的萨拉扎桥3号墩基础也采用此法修建。加拿大诺森伯兰大桥是一座采用预制钢筋混凝土构件拼装的特大型桥梁，基础均为沉箱基础，采用抓斗挖泥船开挖基槽至海底岩石面，整平基岩面，放置沉箱，周围水下抛石进行冲刷防护，最后充填沉箱内混凝土。

国外沉井(箱)施工最大水深达60m，采用的方法大多是设置沉箱基础形式。

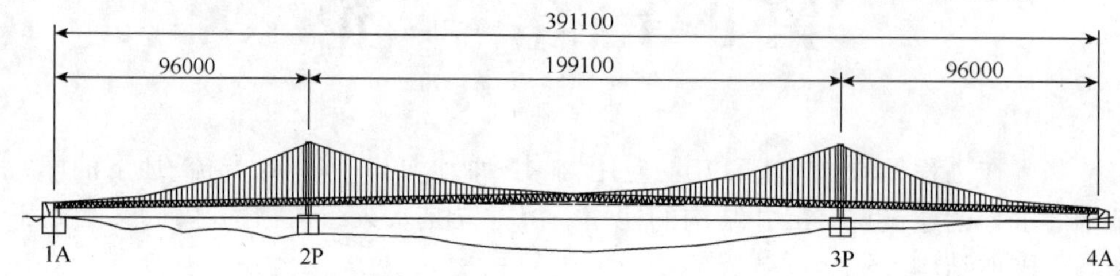

图1-1　日本明石海峡大桥总体桥型布置(尺寸单位：cm)

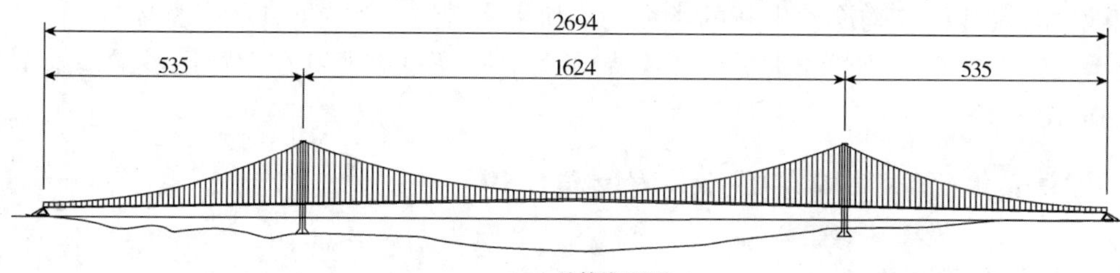

a) 总体布置图

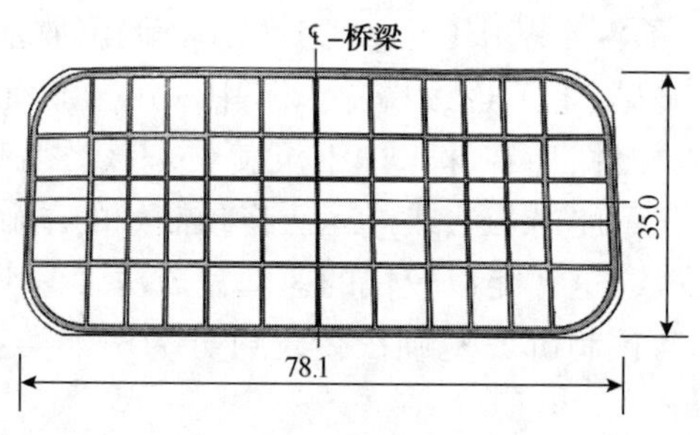

b) 主塔基础

图1-2　丹麦大贝尔特东桥主塔基础(尺寸单位：m)

1.1.2　工程应用实例

沉井、沉箱基础在国外应用较早，其中沉箱基础发展较为迅速，沉井基础发展进程相对滞后。本书对日本、欧洲及美国等国家相关典型工程作简要介绍。

(1) 日本明石海峡大桥主墩基础

日本明石海峡大桥为960m+1991m+960m的世界最大跨径悬索桥，两个主塔墩均采用沉箱基础，其中2号墩沉箱直径80m、高70m；3号墩沉箱直径78m、高67m。两座主塔基础在水深35~50m，最大潮流4.1m/s的自然条件下建设完成。大桥主墩钢沉箱的形状综合考虑潮流作用力与方向、下沉时的稳定性等因素，设计为圆筒形的双层壁体结构。

主桥2P基础钢沉箱总质量约19000t，拖航时的吃水深度约为8m，配置了12艘拖轮(单个拖轮马力为3000~4000ps)，拖轮布置方式为沉箱前方有4艘，后方有4艘，其余4艘用于控制方向，见图 1-3a）。海底地质为砂砾层，采用大型抓斗式挖泥船开挖基槽至持力层，沉箱为倒圆锥台形，沉箱拖运到位后，利用 8 个重力式锚碇系泊系统进行定位沉放，见图 1-3b），单个锚块质量为 85～120t。为了实现沉箱与锚碇系统的快速连接，研制了一种由公、母金属件构成的缆索装、脱装置；每个舱内布置的 2 台潜水泵（共 32 台）向舱内注水实现沉箱的快速、平稳着床。

a) 沉箱拖运

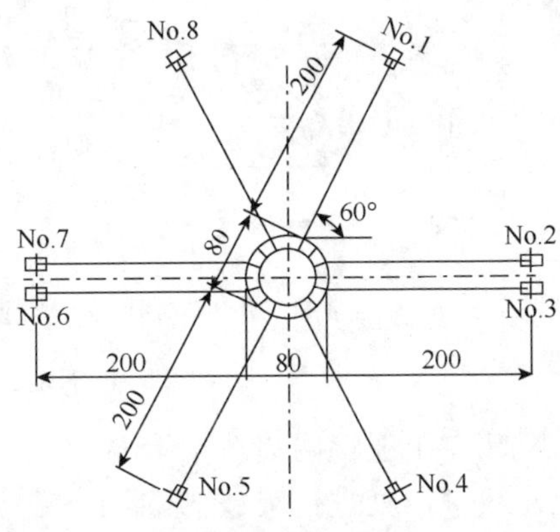

b) 沉箱定位系泊系统

图 1-3　日本明石海峡大桥施工（尺寸单位：m）

（2）日本南北备赞濑户大桥

北备赞濑户桥为 3 跨连续梁悬索桥，跨度为 274m+990m+274m，南备赞濑户桥为 3 跨连续梁悬索桥，跨度为 274m+1100m+274m。两桥的 11 个主要基础均采用沉箱，沉箱坐落在基岩上。基槽开挖时，先对整个区域的水下岩石进行爆破作业，挖泥船抓出破碎岩石，然后平整基底。

在墩位处进行海床开挖的同时，钢壳沉井在造船厂舾装码头进行制作，拖运到墩位并下沉到位，采用预填集料混凝土的方法进行沉井内水下混凝土浇筑。

（3）丹麦大贝尔特东桥锚碇基础

丹麦大贝尔特东特为主跨 1624m 的悬索桥，锚碇基础为 2 个尺寸为 122m×54.9m×15m（高）、质量 55000t 的沉箱。东桥锚碇受到约 600MN 的水平力，锚址处黏土层厚 20m，其下为深厚层泥灰岩，水深约 10m，采用楔形状碎石垫层使主缆拉力和锚碇恒载的合力垂直于倾斜的开挖面，解决了基础可能沿着开挖扰动区滑动的问题。沉箱安装后进行其下碎石垫层灌浆，确保沉箱与基础间的整体共同作用，见图 1-4a）。

锚碇沉箱在干船坞内预制，采用 3 艘拖轮拖带、2 艘拖轮顶推至桥位处。沉箱定位的锚碇布置是由 4 艘拖船和 2 艘吊船甲板上的绞车操纵的系缆所形成，所有拖带船舶都系固在沉箱顶锚桩上，见图 1-4b）。沉箱定位后注水压重快速着床。

（4）希腊里奥—安蒂里奥（Rion-Antirion）跨海大桥主墩基础

希腊里奥—安蒂里奥跨海大桥为主跨 560m 的四塔五跨连续梁斜拉桥，主墩施工处水深达 65m，海床以下 500m 之内无岩层。大桥处于地震频发区，过去的 35 年发生过 3 次里氏6.5以上的地震。由于地壳的运动，大桥的另一端罗奔尼撒半岛至今仍以 8～11mm/年的速度漂离大陆。基于上述原因，大桥采用直径 90m 的圆形沉箱基础，径向设置 32 片加劲肋；采用直径 2m 的钢管桩进行加固;基础与地基间设置碎石层,在保证基础与地基之间水平位移的同时,也防止了在强震作用下地基发生液化现象,见图 1-5a)。

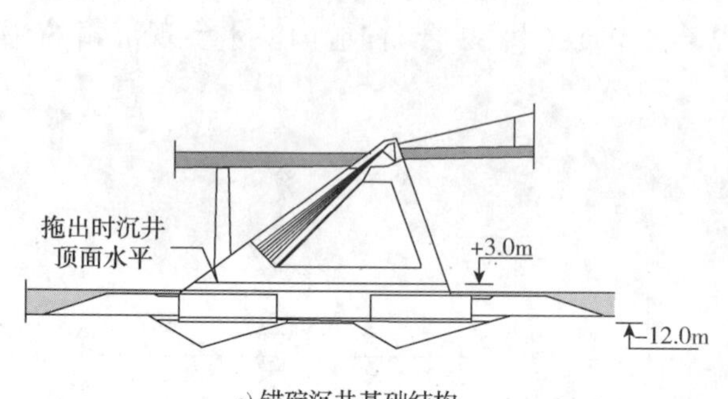

a) 锚碇沉井基础结构

b) 沉井基础定位沉放

图 1-4 丹麦大贝尔特桥西桥锚碇沉井基础施工

沉箱在干船坞内浇筑至 15m 高度后,拖运至旁边的湿船坞接高至锥形结构完成,拖轮拖带至永久墩位处进行沉放,见图 1-5b)。沉箱采用定位船进行准确定位,定位完成后对 32 个隔仓灌水下沉,电脑微分压舱系统进行全天 24h 监控,减小风和水流影响,保持基础垂直稳定状态。

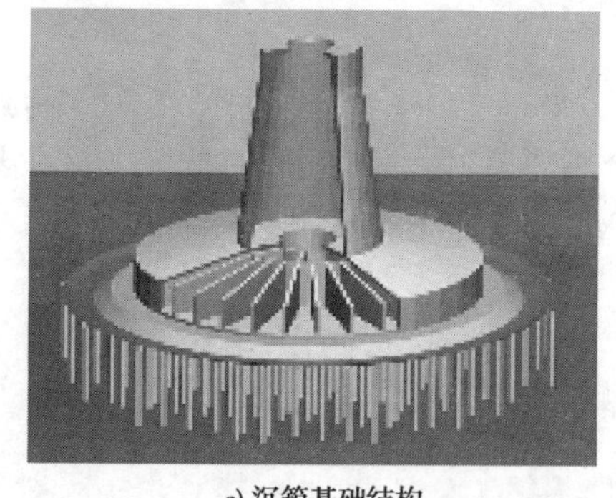
a) 沉箱基础结构

b) 沉箱定位

图 1-5 希腊里奥—安蒂里奥大桥主桥沉箱基础

(5)美国 82 号公路新格林维尔桥主墩基础

美国 82 号公路新格林维尔桥为一座双塔双索面混凝土梁斜拉桥,桥跨布置为 180m+420m+180m,两主塔墩(37 号墩、38 号墩)墩位处水深 21~24m,均采用沉井基础,沉井底部平面尺寸为 36.0m×24.0m,高度分别为 53.0m 及 62.0m。沉井基础顺桥向分为 4 个格仓,横桥向分为 6 个格仓,井壁和隔墙均为双壁结构。底板是由隔墙和布置在横桥向隔墙间的 4 个半圆形气筒组成的全封闭结构,4 个半圆形气筒沿横桥向隔墙全长布置,气筒上设阀门,调节沉井在浮态时井内的水量。

主塔墩沉井基础用褥垫进行先期河床防护,人字形挡水墙及导向桩对首节钢壳沉井进行定位;底节以上的沉井混凝土按先四周后中部的顺序浇筑,圆形气筒调节沉井在浮态时井内的水量,确保沉井混凝土施工处于干施工作业环境;沉井着床后,拆除气筒,井孔内用抓斗抓除覆盖层土层,沉井下沉到位,如图 1-6 所示。

a) 沉井定位

b) 沉井接高

图 1-6　美国 82 号公路新格林维尔桥沉井基础

1.2　沉井基础在我国的发展与应用

1.2.1　技术发展现状

中国桥梁深水基础在 20 世纪 70 年代由于修建九江长江大桥的需要，首创了双壁钢围堰钻孔桩复合基础；20 世纪 80 年代，茅岭江铁路大桥采用了平台式套箱围堰，肇庆西江大桥则采用了沉井基础。

随着我国桥梁建设技术的不断发展，在基础建设方面积累了越来越多的工程经验。沉井基础同样也得到了迅速的发展，尤其在深水复杂环境下水中沉井的建设技术取得了突破性成功，如泰州长江公路大桥中间塔采用深水沉井基础，两侧锚碇也采用陆地沉井基础，两边主塔采用钻孔桩基础，如图 1-7 所示。

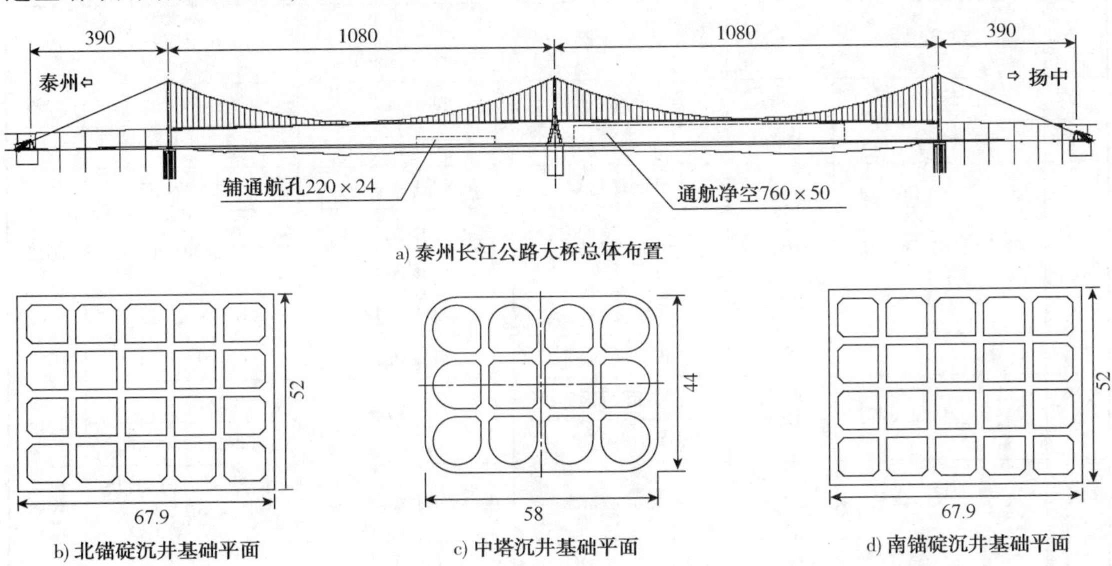

a) 泰州长江公路大桥总体布置

b) 北锚碇沉井基础平面　　c) 中塔沉井基础平面　　d) 南锚碇沉井基础平面

图 1-7　泰州长江公路大桥总体布置图及两侧锚碇和中塔沉井基础（尺寸单位：m）

马鞍山长江大桥南北锚碇基础也采用大型沉井基础，主塔采用钻孔桩基础，布置如图 1-8 所示。

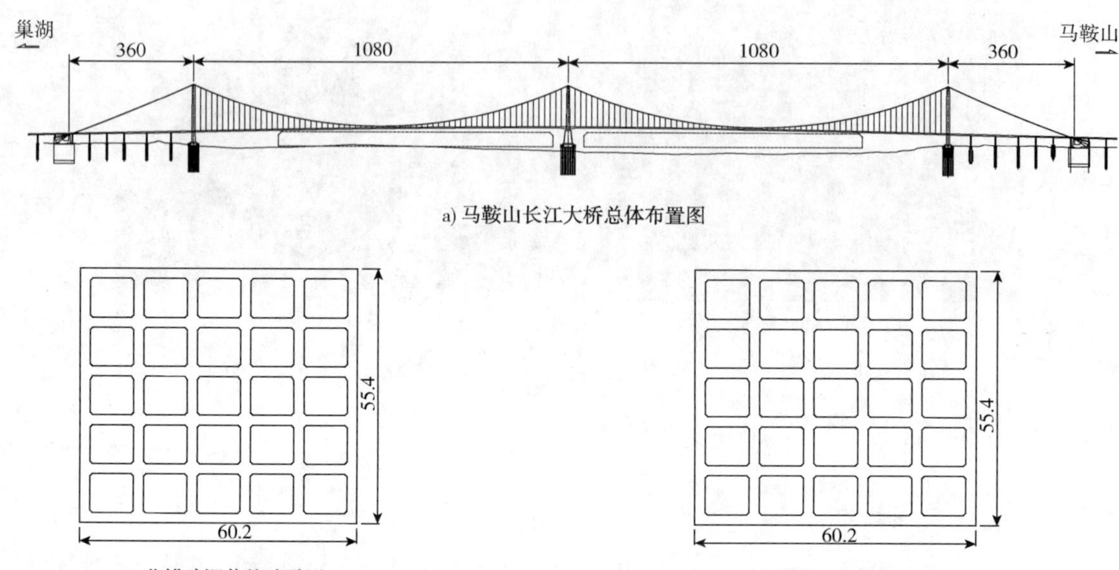

a) 马鞍山长江大桥总体布置图

b) 北锚碇沉井基础平面

c) 南锚碇沉井基础平面

图 1-8　马鞍山长江大桥总体布置图及两侧锚碇沉井基础(尺寸单位:m)

此外,国内还有多座大桥主墩(塔)或锚碇采用沉井基础,如表 1-1 所示。

沉井作为主墩(塔)基础或锚碇基础的典型桥梁工程　表 1-1

序号	桥梁名称	主桥跨度(m)	所属桥梁部位	水中沉井/陆上沉井	基础规模(m)	建成时间
1	南京长江大桥	160	4 号~7 号主墩基础	水中沉井(水深 30m)	18.2×22.4×55	1968
2	江阴长江大桥	1385	北锚碇基础	陆上沉井	51×69×58	1999
3	海口世纪大桥	340	南北主墩基础	水中沉井	30.4×19.2×40.1	2003
4	泰州长江公路大桥	1080	南锚碇基础	陆上沉井	67.9×52×57	2012
			中间塔基础	水中沉井(水深 20m)	58×44×76	
			北锚碇基础	陆上沉井	67.9×52×41	
5	南京长江四桥	1418	北锚碇基础	陆上沉井	69×58×58.2	2012
6	马鞍山长江大桥	1080	北锚碇基础	陆上沉井	60.2×55.4×41	2013
			南锚碇基础		60.2×55.4×48	
7	鹦鹉洲长江大桥	850	北锚碇基础	陆上沉井	外径 66、内径 41.4、高 43	2014
8	合福铁路铜陵长江大桥	630	3 号墩基础	水中沉井(水深 33m)	62×38×68	在建
9	沪通长江大桥	1092	28 号主墩基础	水中沉井(水深 30m)	86.9×57.6×105	在建
			29 号主墩基础		86.9×58.7×115	

1.2.2 工程应用实例

1)水中沉井基础应用实例

(1)南京长江大桥

南京长江大桥为双层式公铁两用桥,正桥长1576m,大桥共有9个桥墩,正桥的桥孔跨径160m。其中4号~7号主墩采用浮式钢筋混凝土沉井基础,矩形沉井平面尺寸为18.2m×22.4m、高为55m,设有20个井孔。大桥4号~7号墩采用深水浮运沉井,墩位处覆盖层平均厚度约35m,基岩为黏土页岩。

沉井刃脚组拼在岸边用联结梁将两艘驳船连接起来,组成导向船。利用导向船上的起重设备将沉井底节吊起抽去拼装船后放入水中,采用了上下游定位船及墩位处使用导向船的方法进行沉井下沉施工。沉井接高并下沉至稳定深度过程中,采用20个钢气筒进行下沉调节。

沉井逐节接高,下沉至接近河床,钢气筒逐渐放气,使沉井沉入河床直至稳定深度。沉井着床时机选在枯水期,其流速为0.8~1.0m/s。沉井下沉前未进行河床的预先防护措施,在沉井下沉过程中河床出现较大冲刷,呈现前冲后淤,前后河床面高差达4.60m。为了防止河床进一步冲刷危及沉井的稳定及影响定位精度,在沉井上游侧冲刷坑内抛投粒径150mm以下的石料进行河床防护。

沉井在吸泥下沉过程中曾出现翻砂现象,主要原因是局部吸泥过深、没有及时调整吸泥部位。同时沉井在下沉过程中还出现大幅度摆动现象,4号墩沉井施工过程中最大摆幅达58.6m、5号墩最大摆幅达30m,这主要原因是边锚锚力设计不足等因素造成的。

(2)海口世纪大桥主桥

海口世纪大桥主桥为147m+340m+147m双塔双索面钢筋混凝土斜拉桥。大桥南、北主墩基础为水上沉井基础,土层自上而下依次为淤泥、黏土、中砂、细砂、黏土、粗砂、细砂与细砂互层(图1-9a)。底节钢壳沉井平面尺寸为30.4m×19.2m,高14m,其上钢筋混凝土沉井平面尺寸为29.8m×18.6m,高26.1m。

底节钢壳沉井在陆上拼装成整体,由5000kN起重船吊运至墩位处下沉至河床(图1-9b)。钢壳沉井着床前,先将沉井位开挖2m左右深基槽,铺设碎石垫层进行河床面整平,确保沉井平稳着床。采用吸泥下沉方式辅以冲抓破碎、潜水钻机破碎、吸泥等施工工艺以及泥浆套等助沉措施。

沉井上节钢筋混凝土段采用滑模法施工,滑升系统由模板系统、操作平台系统、提升系统三部分组成。

(3)泰州长江公路大桥中塔沉井基础

泰州长江公路大桥为主跨1080m三塔两跨悬索桥,中塔采用水中沉井基础。基础标准断面尺寸为58m×44m,总高76m,其下节钢壳沉井高38m,上节混凝土沉井高38m。沉井平面分为12个隔仓,四角采用圆端型倒角,倒角半径8m,见图1-10。沉井下沉到设计位置时底面标高为-70.00m,封底混凝土厚度11m。中塔墩位处为感潮河段,水深约20m,最大水流2.61m/s,较恶劣的自然条件给基础施工带来了巨大的挑战。

首节8m高钢壳沉井在专业钢结构制造厂内拼接,整体浮运至专用码头处进行水上接高至38m。根据前期河工模型试验的研究成果，沉井定位着床时间选择在2007年12月初长江枯水位季节，利用上下游锚墩定位系统和基于GPS RTK技术的可视化信息监控系统，最终沉井精确下沉至-70m标高处，沉井顶面平面误差控制在30cm以内，倾斜度控制在1/360以内，填补了当时国内外该技术领域的多项技术空白，也为日后深水大型沉井建造提供了很好的借鉴。

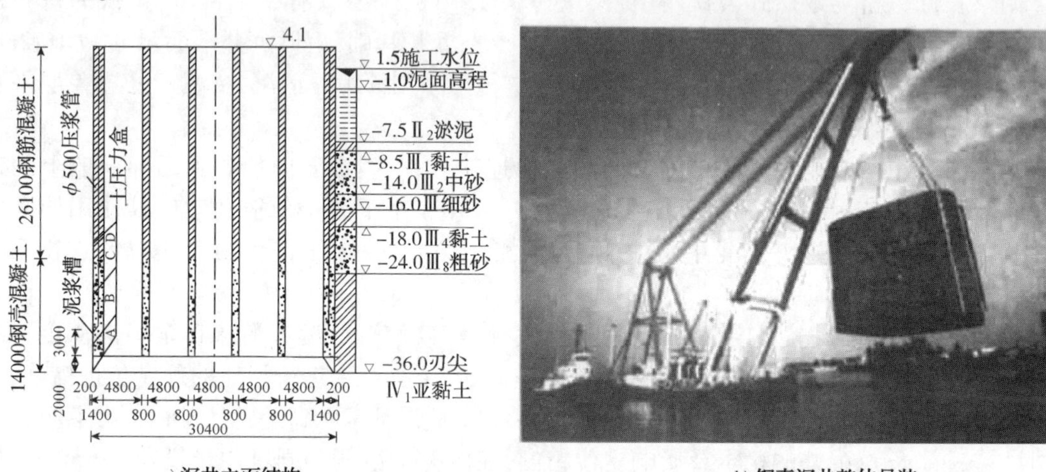

a) 沉井立面结构　　b) 钢壳沉井整体吊装

图1-9　海口世纪大桥主墩沉井基础（尺寸单位：mm）

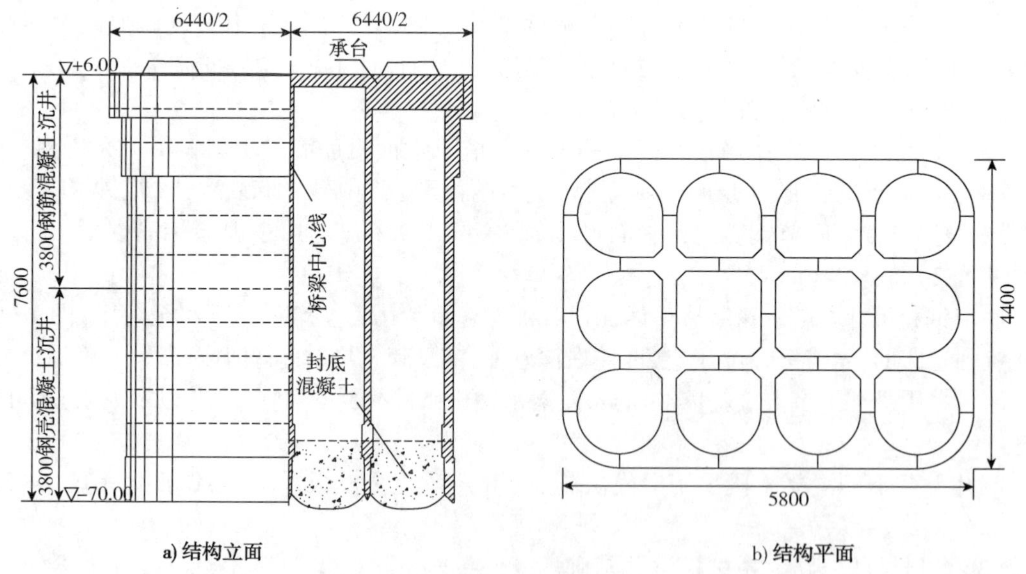

a) 结构立面　　b) 结构平面

图1-10　泰州长江公路大桥中塔沉井基础结构（尺寸单位：cm）

2）陆上沉井基础应用实例

（1）江阴长江公路大桥

江阴长江公路大桥为主跨1385m悬索桥，其北锚碇采用大型陆上沉井基础（图1-11），为矩形多舱沉井，长69m、宽51m，下沉深度为58m，共分为36个格仓。井位主要土层为亚黏土、亚砂土、粉砂、含砾中粗砂等。

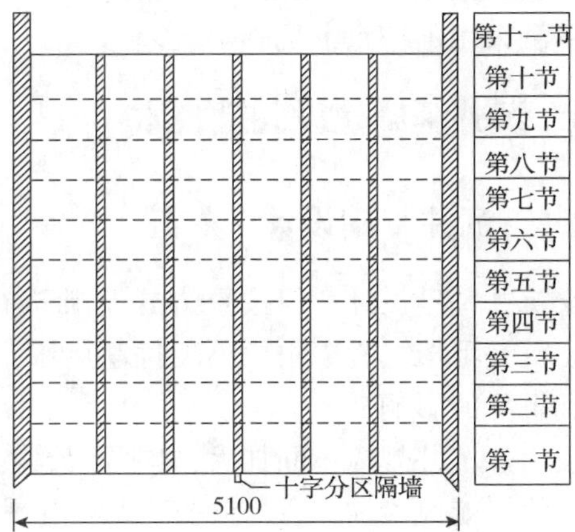

图 1-11 江阴大桥北锚碇施工(尺寸单位:cm)

该沉井施工规模大,地质条件复杂且邻近长江大堤,施工的难度和风险均较大。沉井下沉方案为排水下沉 29m 深,不排水下沉也为 29m,分 11 次接高,4 次下沉。采取空气吸泥法进行取土下沉,顶部设有 12 台轨道式门吊配吊重 10t 的电动葫芦作为取土的辅助起重设备。

沉井下沉过程中采用了空气幕法助沉措施,同时对井内泥面标高、沉井顶面位置,周边地表沉降等进行了监测,指导沉井下沉施工。

(2)马鞍山长江大桥北锚碇沉井

马鞍山长江大桥为主跨 1080m 的三塔连续悬索桥,南北锚碇均采用陆上重力式沉井基础。其中北锚碇沉井长和宽分别为 60.2m 和 55.4m(首节沉井长和宽分别为 60.6m 和 55.8m),沉井高 41m,共分 8 节,第 1 节为钢壳混凝土沉井,高 8m;第 2~8 节均为钢筋混凝土沉井,其中 2~6 节段高 5m,第 7 节高 3.5m,第 8 节高 4.5m,沉井封底混凝土厚为 8m,如图 1-12 所示。

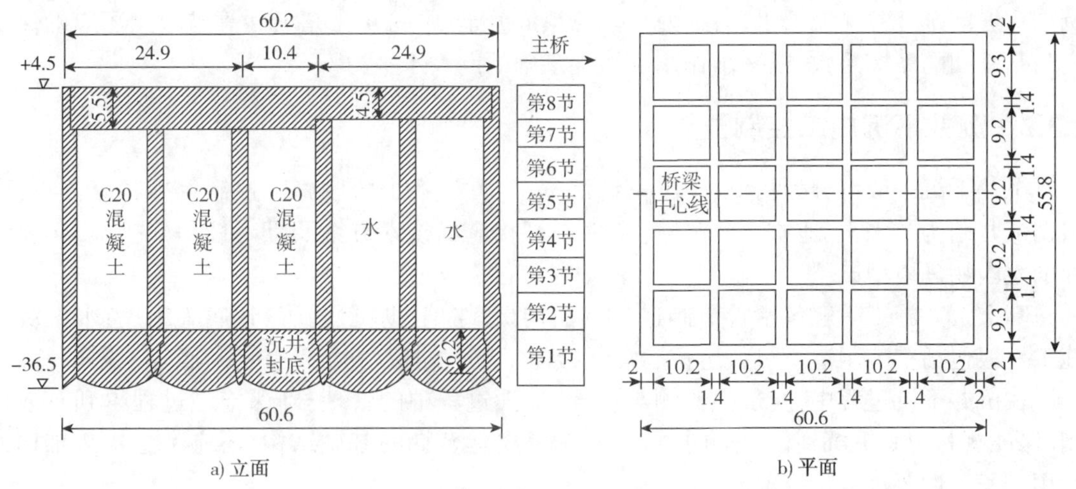

图 1-12 马鞍山长江大桥北锚碇沉井基础结构(尺寸单位:m)

首节钢壳沉井拼装前,采用“砂桩复合地基加固”处理地基,砂桩加固后,换填地表 2.5m 范围内的软弱土层;其上进行首节 8m 高钢壳拼装,并浇筑舱内 7m 高混凝土;沉井分 3 次接高下沉,首次下沉采用排水下沉施工工艺,第二次下沉采用部分排水下沉施工工艺,最后一次下沉采用不排水下沉施工工艺。

1.3 沉井基础建设关键技术

1.3.1 沉井基础设计

沉井基础设计一般按重力式基础进行计算分析,需满足承载力、稳定性以及变形的要求。沉井下沉过程中由于不断扰动周围土体,应充分关注施工工艺对沉井结构及地基承载力和沉降的影响。

由于沉井规模不断加大,其平面尺寸、入土深度也越来越大,下沉过程受地层不均性及阻碍物影响风险加大,设计时需特别重视结构构造细节,特别是刃脚及结构节点处构造处理。确保沉井下沉过程中,在较多不确定因素条件下的结构安全。

设计计算主要包括:地基承载力计算,抗倾、抗滑稳定性验算,基础沉降计算,沉井下沉验算,沉井结构验算及抗浮验算等内容。

考虑到沉井下沉过程中,不断扰动周围土体,土壤的物理力学性能指标恢复指标不易精确确定,在桥梁沉井基础设计中一般不考虑沉井井壁四周土体对沉井基础的嵌固有利作用,按扩大基础计算,其计算模型为上部结构传来作用力以及结构自身重量、水流波浪、船撞力、地震等作用水平力与沉井基底反力、基底摩阻力。

对于承受较大竖向力作用的墩台和索塔基础,一般选择埋土体物理力学性能较好持力层,并通过沉井结构周围的深厚土层的边载作用,获取较大的基底垂向承载力。同时,在封底混凝土完成后,井孔内充填水,置换沉井下沉过程中的土体,减少了地基土的负荷,成为补偿性基础。

对于受水平力作用较大的锚碇基础,为减少基础前趾产生的较大的应力,避免基础产生较大变形,影响桥梁正常使用,通常通过调整沉井孔内不同重度回填料,增加结构稳定力矩,例如在近前趾处井孔充填水、后趾处井孔充填混凝土、中间井孔充填砂等措施。还应确保基底与基础间的摩擦系数,以平衡作用于锚碇基础的巨大水平力。

1.3.2 沉井下沉施工控制要点

沉井下沉一般可分为初沉、中沉及终沉三个阶段,各个阶段施工控制目标各有侧重,应根据沉井结构及水文、地质、周围环境条件制订相应的技术方案及针对性预案措施,必要时辅助室内物理模型试验。

陆上沉井施工一般包括首节制造、下沉、接高、纠偏、助沉、终沉、封底等工序;水中沉井施工一般包括首节制造、浮运、定位、着床、接高、下沉、纠偏、助沉、终沉、封底等工序。

在沉井下沉过程中,应加强监测与监控,加强过程中的管理,确保施工过程得到有效控制,保证沉井顺利下沉到位。同时,沉井作为桥梁运营期的基础结构,还应满足永久结构的使用和耐久性要求。

1)初沉阶段控制

(1)陆上沉井

陆上井址处上部地质一般为软弱土层,应制订完善的沉井制作及首次下沉工况控制条件。沉井接高过程需保证其下地基承载力的要求，并严格控制地基差异沉降，避免对接高沉井产生较大的竖向弯矩与结构内力，一般需对下卧软弱土层进行地基加固，满足地基承载力和变形控制要求。因此，一般需根据软土特性及沉井结构采用不同置换率的砂桩进行地基加固。为避免对地基过度加固，影响沉井下沉，首节沉井常采用钢壳混凝土结构，即首先在现场进行首节段钢壳的拼装，形成具有一定初始刚度的结构，然后进行钢壳内混凝土充填，构成首节钢壳混凝土结构。其上进行余下钢筋混凝土沉井接高与下沉施工，逐步形成沉井结构。

对于桥梁基础平面尺寸较大的巨型沉井，若首次沉井下沉高度较小，结构竖向抗弯刚度柔，沉井初沉阶段由于沉井刃脚下支垫的抽取及井内取土很难得到有效控制，沉井下沉时可能产生较大的内力从而造成首节沉井的撕裂，为保证沉井结构的受力安全，一般需适当增加首次下沉的沉井高度，增强结构竖向刚度，以抵抗沉井下沉过程中不可预知的结构受力。另一方面，随着首次下沉高度的增加，荷载也相应增加，当拆除刃脚支垫及在井孔内取土时，在较大的沉井重力作用下，沉井亦有可能发生突沉，影响沉井下沉的正确轨迹，严重时可能致首节沉井顶下沉至泥面以下，增加了后续沉井接高和再次下沉施工难度。因而在分析首节沉井下沉施工过程受力状态时，应结合沉井结构及场地地质条件，综合考虑地基土的加固方案与沉井接高及首次下沉高度间的相关性，确保沉井接高下沉处于可控状态。

在初沉阶段，沉井下沉的轨迹尚未形成，沉井在下沉过程中易发生偏位、倾斜等情况，此阶段沉井下沉姿态是其控制的重点之一，可采取排水下沉工艺以及不对称吸泥、不对称加载等纠偏措施。

(2)水中沉井

由于水中沉井受水流、波浪、泥沙等相互作用的影响，较陆上沉井施工影响因素更复杂，工程难度和施工环境发生了质的变化，施工过程中安全及质量控制更难。一方面，沉井在着床前受到波浪、水流等复杂水动力作用，沉井定位着床时，需通过锚固于河床上锚缆系统以抵抗较大波浪、水流的作用力，同时，由于波、水流力作用，可通过增加结构附加阻尼等措施，避免在水动力作用下沉井发生摆动。

沉井着床期间，随着沉井下沉接近河床面，河床面附近过水断面减小，水体受到压缩，沉井下及周边水流流速迅速增大，河床面产生局部冲刷，若冲刷深度及范围超过一定的限度，将会造成沉井着床后产生倾斜或处于不稳定状态，需采取相应控制措施，确保沉井着床的稳定和垂直。一般选择较小的水流、波浪条件进行沉井着床，并尽可能使沉井快速沉入至河床面以下一定深度，避免河床面进一步冲刷，危及已着床沉井的稳定。另外，在流速较大的条件下也可采用对河床面进行预先防护，使沉井着床过程中，井址处床面基本保持稳定状态。在选择河床预防护方案时，不仅需要考虑沉井着床的姿态，同时也要考虑到河床防护材料对后续沉井下沉的阻碍，应通过河工模型试验结合工程具体实际情况，综合确定河床防护的方案。

水中沉井施工过程中，由于受到水流力的作用，沉井周围河床会在其迎水面产生冲刷，背水面淤积，沉井上下游河床面形成一定高差。沉井下沉过程中，由于沉井受到上下游河床面高差产生的土压力，造成沉井向上游偏移，一般需要采取在沉井着床前，沉井向下游预偏位以及上游侧回填，下游侧挖除等措施，减少土压力差对沉井下沉位置的影响。必要时可采取临时与永久河床防护相结合措施，降低桥梁施工和营运期的安全风险。

对于水中沉井，初沉阶段在水流、波浪或河床冲刷的影响下，更易出现偏位、倾斜的情况，可借助沉井锚缆系统进行调位、不对称吸泥、不对称加载等措施，进行沉井纠偏和姿态调整，必要时可将沉井浮起再次着床下沉。

2）沉井中期下沉控制

对于陆上沉井，下沉初期，由于刃脚埋深较浅，在井孔内外水头差作用下，易产生涌沙现象，故应控制下沉速度，一般采用排水法下沉，以保证沉井下沉形成较为垂直的轨迹。沉井中沉阶段，沉井刃脚已入土一定深度，同时，已沉入一定深度的沉井受四周土体的约束，可适当加快沉井下沉进度，一般采用不排水下沉工艺，当下沉较困难时可启动助沉措施加快沉井下沉。

对于水中沉井，随着沉井入土深度加大，井内外土压力差增大，对于刃脚处于砂性土层，吸泥过程可能产生流砂，导致向井孔内涌砂，下沉过程中应严格控制刃脚的埋置深度。

无论是陆上沉井还是水中沉井，当沉井穿过的土层中有软弱夹层时，沉井有可能会发生突沉，危及结构安全和沉井下沉精度。应尽量避免沉井在穿过该土层时进行接高作业，当无法避免时，应通过详细的下沉计算分析，满足沉井接高稳定性要求，也可采用在井内回填砂土的方式，增加刃脚入土深度，提高沉井端阻力，减小突沉风险。对于水中沉井，还需校核沉井突沉后的干舷高度是否满足接高作业要求。

沉井中期下沉阶段，由于沉井已入土有一定深度，下沉轨迹已基本形成，在井侧土压力的作用下，沉井基本不会出现较大的偏位和倾斜，一般可通过不对称吸泥（或取土）来调整沉井下沉姿态。

3）沉井终沉阶段控制

沉井为井筒状的结构，是以井内取土，主要依靠自身重力、辅助助沉措施，克服井壁摩擦力和井端刃脚的端阻力后下沉到设计标高，然后经过混凝土封底，填充井孔，施工顶盖，最终构成桥梁沉井基础。

沉井下沉中、后期，特别是终沉阶段，为确保桥梁使用期的竖向承载力及变形控制要求，需要对沉井中、后期下沉进行严格控制，特别是终沉阶段的施工工艺和施工过程控制。可采用井内大锅底或各个井孔小锅底吸泥方式下沉，对于终沉阶段刃脚处于砂土中时，应严格控制锅底深度。当锅底深度超过一定限值，井内外土体产生较大压力差，会产生基底土体隆起或破坏，影响桥梁后期正常使用和周围建筑物的安全。为保证沉井顺利下沉，可采用减少周围摩阻力的助沉措施，如空气幕、泥浆套等，对于中小型沉井可采用配重等辅助措施。超沉也是沉井在终沉阶段经常遇到的问题，可采用对称分井孔取土，分孔清基，分孔浇筑混凝土封底的方式，确保终沉阶段沉井姿态及终沉标高。

1.3.3 不同地层沉井下沉施工

对于软土地基，具有较高的灵敏度，沉井施工中的扰动，降低了土体强度，沉井在重力作用下易发生突沉。因此需对软土地基进行处理，改善地基土的工程性质、提高其抗剪强度，达到满足沉井制作、下沉稳定的施工要求。

对于沉井刃脚下为硬质黏土层地质,可采用井内潜水钻机取土、刃脚下辅助高压射流冲刷刃脚下黏土的措施,使刃脚下土层不断坍塌,形成临空面,减小刃脚端阻力,实现沉井下沉。

对于刃脚下土层为卵石、岩层等地层的情况,由于强度及自稳定性高、井孔内刃脚高压射水工艺难以形成卵石连续坍塌、同时也很难探测刃脚下方的土体形态,造成刃脚下方土体对刃脚支撑点不明确、致沉井局部结构受力过大、受损或发生沉井突沉现象。对卵石及软岩基底、可利用水下机器人、配合液压炮或铣削挖掘装备、辅助水下地形实时监测系统,以确保沉井下沉可控。

1.3.4 沉井信息化施工

沉井信息化施工,应建立沉井施工的数字化监测系统,保障沉井的顺利下沉及施工过程中沉井结构的安全,同时为沉井施工提供决策的技术支持。

水上沉井施工远离陆域,信息化施工显得尤为重要。陆上沉井既要关注施工过程中沉井状态的监测,同时应重视施工过程中周边邻近重要构筑物的监测。施工期监测的实时性及信息反馈的有效性对施工起到重要的指导作用。

第2章 沉井基础设计

2.1 沉井的一般构造

沉井基础的结构一般由井壁、刃脚、内隔墙、楔体(凸隼、凹槽)、底板、顶板等构成,如图2-1所示。

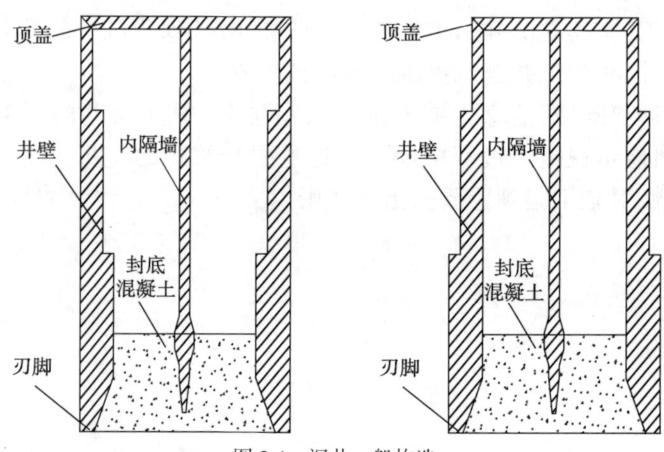

图2-1 沉井一般构造

(1)井壁

井壁又称外墙,是沉井的主要构成部分。井壁必须具备一定的厚度与强度以承受作用在其上的水、土压力,通常为钢筋混凝土结构或钢结构。在混凝土井壁中一般应配置内外两层竖向钢筋及水平钢筋,以承受弯曲应力。同时要有足够的重量,使沉井能在自重作用下顺利下沉到设计标高。井壁厚度主要取决于沉井大小、下沉速度、土层的物理力学性质以及沉井能在足够的自重下顺利下沉的条件决定。井壁厚度根据设计计算确定,一般为0.4~2.0m。井壁过厚,将使井内空间减小,增加刃脚处取土风险;过薄,则自重减轻,不易下沉。井壁厚度除考虑沉井能在足够自重下顺利下沉到位,还应考虑沉井结构强度、刚度能否满足施工要求。

井壁可设置成直壁形,亦可设置成台阶形。直壁式沉井井壁厚度均匀,易较好地被四周土层约束,下沉时的竖向精度容易控制,但井壁周围摩阻力大,适用于不太深、松散型土质的情况。台阶形沉井井壁厚度随深度的加大呈台阶形增大,这是由于随着沉井入土深度的增加,沉井受到的土、水压力也同时增大,需要适当提高其刚度。此外,为了减少沉井下沉过程中土体的摩擦力,井壁也会做成台阶形。井壁台阶可设于沉井内侧也可设于沉井外侧。对松散性土层来说,为保证井体的竖向精度及防止周围土体破坏范围过大而造成土层沉降过大,宜选用内台阶(外壁为直壁)形式。对密实的土层而言,为了减少下沉过程中土体的摩擦力,多选用外台阶形式,如图2-2所示。台阶的宽度Δ与井壁的材料、平均厚度d及井壁高度H有关,Δ一般为10~30cm。

如沉井高度较大,为了克服井壁与土体间的摩阻力,可在沉井井壁内预埋射水管。射水管的管口一般开在刃脚下,必要时,也可在井壁外设置一排或数排射水管口,以冲刷刃脚下或井壁外的土体,降低侧摩阻力。

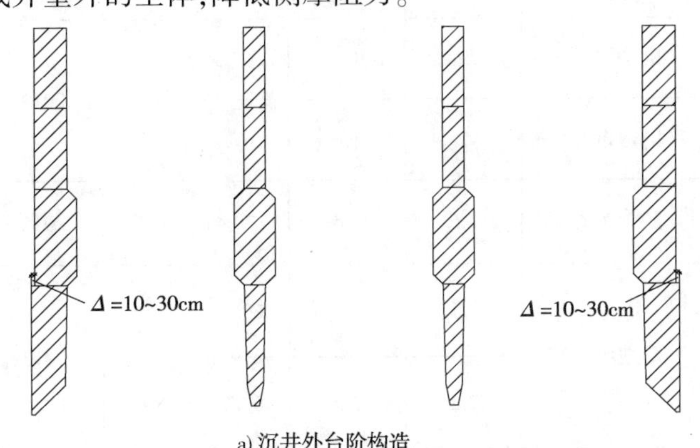

a) 沉井外台阶构造

b) 现场沉井外台阶

图 2-2　沉井台阶构造

(2)隔墙、井孔

隔墙也称内墙,当箱体内部空间较大或者设计要求将其内部空间分割成多个小空间时,井内设置内隔墙。大型沉井在沉井内可设置多道纵、横向隔墙,可减小外井壁的受力计算跨度,也可增加沉井下沉时的刚度。隔墙可较少承受土压力,一般比沉井外壁厚度要薄一些。在沉井下沉过程中,不应使井内土体顶住内隔墙底阻挡下沉。在软土和淤泥质土层中下沉时,为防止沉井发生突沉或下沉过快,隔墙底面高出刃脚踏面一般为 0.5 ~ 1.0m。在硬土层和砂类土层中下沉时,为防止隔墙底面受到土的阻碍,出现沉井偏斜或出现局部土的反力过大,影响沉井纠偏,造成沉井结构产生裂缝,隔墙底面高出刃脚踏面的高度一般为 1.0 ~ 1.5m,应根据土层地质情况而定。

当沉井较大时,可以采用隔墙对沉井进行分区,用来分区的隔墙较其他隔墙而言,墙底应向下延伸。例如通过分区隔墙把沉井分为四个分区的沉井结构,如图 2-3 所示。沉井开挖下沉,在其他隔墙悬空时,分区隔墙仍可有土体支撑,在结构上等同于把沉井划分为多个"小沉井",一定程度上减小了计算跨度,降低了沉井下部拉裂的风险。而且采用隔墙分区对于后续沉井封底施工也可以按照分区对称施工,减小单次封底面积。需要注意的是,分区隔墙可能阻碍沉井下沉,因而在沉井设计时,应综合考虑。

井壁与隔墙或者隔墙与隔墙之间的空间即为井孔。取土从井孔中进行,所以井孔的尺寸应能保证挖土机自由升降,取土井孔应以对称布置为原则。

已建或在建沉井基础沉井井壁及隔墙厚度如表 2-1 所示。

已有工程沉井井壁及隔墙厚度取值　　表 2-1

序号	桥梁名称	主桥跨度(m)	所属桥梁部位	水中沉井/陆地沉井	井壁厚(m)	隔墙厚(m)	基础规模长宽高(m)	建成时间(年)
1	江阴长江大桥	1385	北锚碇基础	陆地沉井	2	1	51×69×58	1999

续上表

序号	桥梁名称	主桥跨度(m)	所属桥梁部位	水中沉井/陆地沉井	井壁厚(m)	隔墙厚(m)	基础规模长宽高(m)	建成时间(年)
2	泰州长江公路大桥	1080	南锚碇基础	陆地沉井	2	1.6	67.9×52×57	2012
			北锚碇基础	陆地沉井	2	1.6	67.9×52×41	
3	南京长江四桥	1418	北锚碇基础	陆地沉井	2.5	2.4	69×58×58.2	2012
4	马鞍山长江大桥	1080	北锚碇基础	陆地沉井	2	1.4	60.2×55.4×41	2013
			南锚碇基础		2.2	2.2	60.2×55.4×48	
5	鹦鹉洲长江大桥	850	北锚碇基础	陆地沉井	2	1.4	外径66、内径41.4、高43	2014
6	杨泗港	1700m	1号主塔	陆地沉井	2.3	1.8	77.2×40.0×38	在建

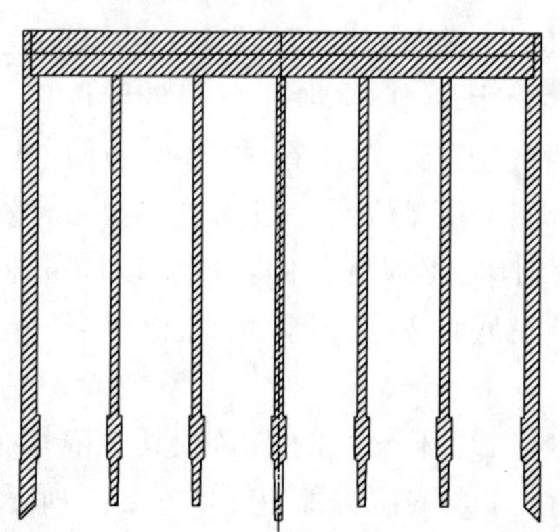

a) 正视图

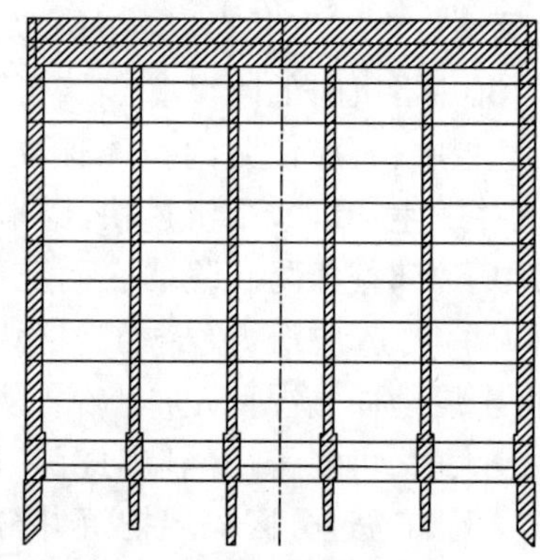

b) 侧视图

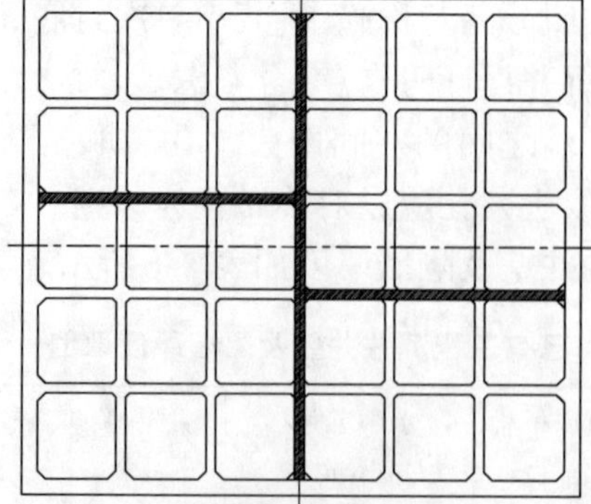

b) 分区隔墙示意图

图2-3 沉井分区(尺寸单位:cm)

(3) 刃脚

刃脚,即井壁最下端的尖角部分,其构造如图 2-4 所示。刃脚是沉井下沉过程中切土受力最集中的部位,必须具有足够的强度,以免下沉过程产生变形,影响沉井下沉。大型沉井刃脚一般为钢结构,内部浇筑混凝土。刃脚底面有一个水平支撑面,称为刃脚踏面。踏面的宽度依土层的强度及井壁重量、厚度而定,一般为 15～40cm。对硬地层来说,踏面应用钢板或者角钢保护,刃脚侧面的倾角通常为 45°～60°。确定刃脚高度时应从封底状况(干封、水下封)及便于抽取刃脚下的垫木及土方开挖等方面综合考虑。水下封底厚度一般较大,干封底时厚度相对较小些。此外,通常刃脚突出外井壁一定厚度,为 20～30cm。

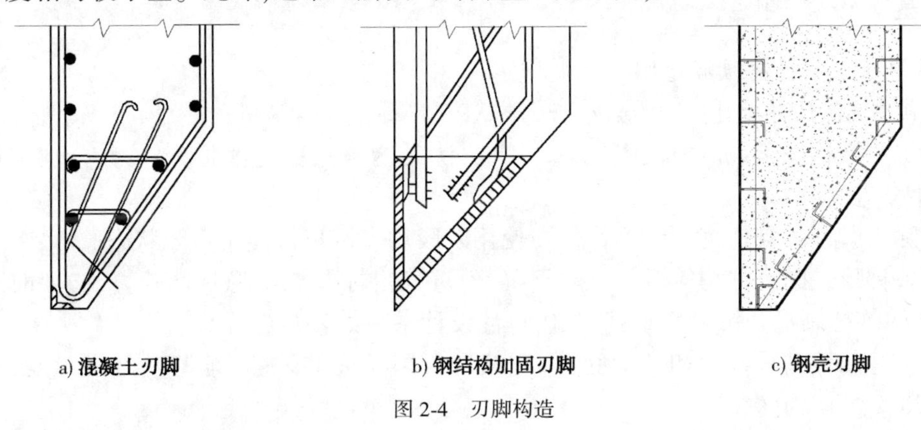

a) 混凝土刃脚　　b) 钢结构加固刃脚　　c) 钢壳刃脚

图 2-4　刃脚构造

(4) 楔体(凸隼、凹槽)

凹槽位于刃脚内侧上方,用于沉井封底时使井壁与底板混凝土更好地传递剪力,以便封底底面反力能更好地传递给井壁。对于大型桥梁沉井基础而言,刃脚区亦可设置楔形体,呈上小下大形状,其功能与塞子相同。沉井凸隼构造见图 2-5。

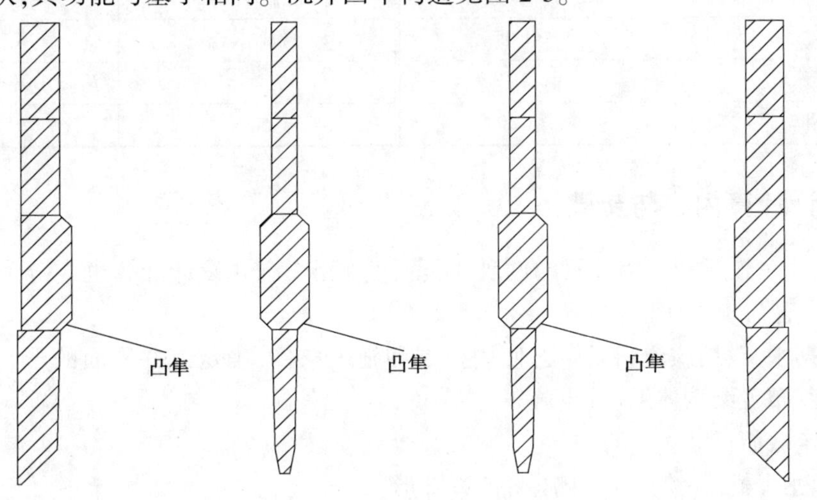

图 2-5　沉井凸隼构造

(5) 底板

底板及井体下沉到设计标高后,须在下端从刃脚踏面至凹槽或(凸隼)上缘或楔形体整个空间,填充不透水的能承受基础地基反力的结构,并具有一定刚度的材料,以防止地基隆起。填充材料所形成的整体即为底板,桥梁沉井基础底板通常为无筋混凝土(封底混凝土),封底混凝土的厚度取决于基底反力(水压+土压)、混凝土强度、施工方法等因素。

(6)顶板

顶板是沉井封底后,井体顶端构筑顶板,通常为钢筋混凝土或钢结构。顶板的作用是承托上部构造物,也可增加井体的刚度。顶板厚度视上部构造物荷载而定。

2.2 沉井基础设计要点

2.2.1 基本设计规定

沉井基础的设计必须满足以下一般规定:

(1)沉井结构构件均应按承载能力极限状态计算;

(2)沉井结构按承载能力极限状态计算时,除结构整体稳定性验算外,其余均采用分项系数设计表达式;

(3)除刃脚外的其他沉井结构构件在使用阶段均应按正常使用极限状态验算;

(4)各种形式的沉井均应进行沉井下沉、下沉稳定性及抗浮稳定性验算,必要时还应进行沉井结构的抗倾覆和抗滑移验算,工作特性设计系数如表2-2所示;

(5)沉井的地基承载力和变形验算,应按现行国家标准《建筑地基基础设计规范》(GB 50007—2011)的规定执行;

(6)沉井的水平抗震承载力必须大于地震作用的水平破坏力,参照现行国家标准《建筑抗震设计规范》(GB 50011—2010)的相关规定。

沉井的工作特征设计系数　　表2-2

工作特征	设计系数	工作特征	设计系数
下沉	$K_{st} \geqslant 1.05$	抗倾覆	$K_{ov} \geqslant 1.50$
下沉稳定	$K_{sts} = 0.8 \sim 0.9$	抗上浮	$K_{fw} \geqslant 1.0$(不计侧壁阻力)
抗滑动	$K_s \geqslant 1.30$		

2.2.2 设计计算内容与步骤

根据沉井在施工和使用阶段的两种不同受力状况,沉井设计计算也应分为两个阶段来进行,具体内容与步骤如下:

(1)根据水文、地质资料及工艺使用要求和施工条件,确定沉井平面的形状、尺寸、埋置(下沉)深度,布置结构体系,选定施工方案。

(2)确定截面尺寸:

①计算外荷载,并绘出水、土压力计算图形;

②根据结构布置,估算封底混凝土厚度;

③初步确定沉井井壁厚度及其一些部位构件的截面尺寸。

(3)施工阶段强度计算:

①井壁平面框架内力计算及配筋;

②刃脚计算及配筋;

③竖向框架的内力计算及配筋;

④框架底梁防突沉的强度验算;

⑤计算沉井封底混凝土的厚度;

⑥钢筋混凝土底板的计算及配筋。

(4)使用阶段计算:

①沉井结构各部分的强度计算和抗裂验算;

②地基承载力及变形(沉降)计算;

③沉井抗浮、抗滑移、抗倾覆稳定验算等。

2.2.3　设计所需资料

1)工程地质及水文资料

根据选定的井址进行地质勘测,勘测孔的位置、深度和数量应根据沉井设计尺寸及地质复杂程度等具体情况来确定。

工程地质资料一般应包括下列内容:

(1)钻孔位置、柱状图以及土壤的物理力学指标等;

(2)地下埋藏物或地下障碍物资料;

(3)土壤的单位面积摩阻力值;

(4)地下水的资料,包括最高、最低地下水位变化情况以及地下水的侵蚀性等。

当沉井基础处于水中时,还需具有工程所在地的水文资料,主要包括水深、流速、水位、波浪、冰凌以及河床冲淤等。

2)其他资料

除上述工程地质及水文资料外,设计前还需具有下列资料:

(1)沉井构筑物工艺使用条件资料;

(2)沉井所在位置处的地形地貌资料;

(3)沉井施工下沉时,影响范围内既有建筑物的结构情况和使用性质以及地下构筑物或地下管线等。

2.3　沉井基础设计计算

2.3.1　沉井基础上的作用

沉井基础上的作用可分为永久作用和可变作用两类。永久作用包括结构自重、土的侧向压力、沉井上的静水压力及土体的摩阻力等,可变作用则包括沉井顶板和平台活荷载、地面活荷载、地下水压力(侧压力、浮托力)、流水压力及融流冰块压力等。在进行沉井基础设计时,不同荷载应采用不同的代表值:对永久荷载,应采用标准值作为代表值;对可变荷载,应根据设计要求采用标准值、组合值或准永久值作为代表值。

由于桥梁沉井基础所承受可变作用种类繁多,不同位置、不同桥型的沉井基础间活载也有所差异,本书仅重点介绍沉井基础所承受的各种主要永久作用标准值的计算方法,可变作用可参照有关规范及相关书籍中推荐的方法进行计算。

1)结构自重

沉井结构自重的标准值,可按结构构件的设计尺寸与相应材料的重度计算确定,钢筋混凝土重度可取 $25kN/m^3$,素混凝土重度可取 $22\sim24kN/m^3$。永久设备的自重标准值,可按设备样本提供的数据采用。

2)静水压力

沉井内的静水压力标准值按设计水位计算即可。清水的重度可取 $10.0kN/m^3$,污水的重度根据水质可取 $10.0\sim10.8kN/m^3$。

计算沉井外侧的静水压力标准值时,应分别考虑施工阶段和使用阶段当地可能出现的最高和最低水位。在施工阶段中,根据沉井下沉过程中所处地层的不同,沉井外侧静水压力标准值的取值有所区别:在易透水层(如砂土)中,沉井外侧静水压力标准值按设计水位计算所得取值即可;在不透水层(如黏性土)中,沉井外侧静水压力标准值需按实际水位计算所得再乘以相应的折减系数 α,该折减系数通常为 0.8~0.9。而对于使用阶段,沉井外侧静水压力标准值统一按实际水位计算取值即可。

3)主动土压力

可以根据朗肯土压力计算理论,计算作用于沉井井壁上的侧向主动土压力大小。

由主动土压力理论可知:

$$\sigma_3=\sigma_1\tan^2\left(45°-\frac{\varphi}{2}\right)-2c\cdot\tan\left(45°-\frac{\varphi}{2}\right)$$

土体处于主动极限平衡状态时,$\sigma_3=P_a$,代入上式得:

$$P_a=\gamma z\tan^2\left(45°-\frac{\varphi}{2}\right)-2c\cdot\tan\left(45°-\frac{\varphi}{2}\right)=\gamma zK_a-2c\sqrt{K_a}$$

$$K_a=\tan^2\left(45°-\frac{\varphi}{2}\right)$$

式中:P_a——主动土压力,kN/m^2;

K_a——主动土压力系数。

由上式可知,主动土压力 P_a 沿深度 Z 呈直线分布,如图 2-6 所示。

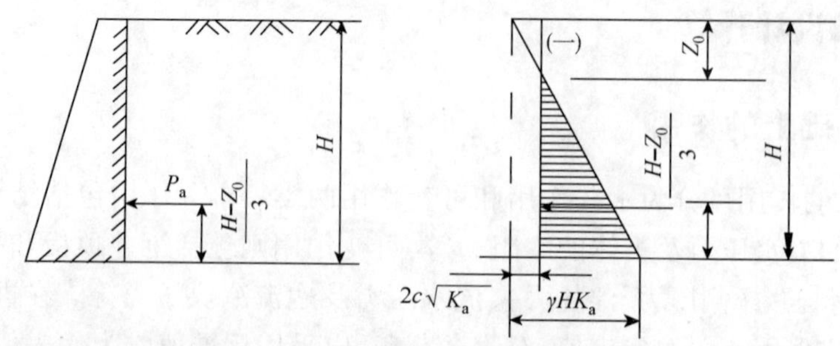

图 2-6 主动土压力分布图

根据公式计算,压力为零时深度 Z_0,可由 $P_a=0$ 的条件代入上式求得:

$$Z_0=\frac{2c}{\gamma\sqrt{K_a}}$$

4）井壁摩阻力

沉井井壁外侧与土层间的摩阻力及其沿井壁高度的分布图形，应根据工程地质条件、井壁外形和施工方法等，通过试验或对比积累的经验资料确定。当无试验条件或无可靠资料时，井壁外侧与土层间的单位摩阻力标准值，可根据土层类别按表 2-3 的规定选用。

单位摩阻力标准值 f_k（kPa）　　表 2-3

土层分类	f_k	土层分类	f_k
流塑状态黏性土	10～15	砂性土	12～25
可塑、软塑状态黏性土	12～25	砂砾土	15～20
硬塑状态黏性土	25～50	卵石	18～30
泥浆套	3～5		

注：1.当井壁外侧为阶梯井采用灌砂助沉时，灌砂段的单位摩阻力标准值可取 7～10kPa。

2.气幕减阻时，可按表中摩阻力乘 0.5～0.7 的系数。

沉井下沉时，土体与沉井外壁的总摩阻力标准值按下式计算：

$$T_f=UA$$

式中：T_f——井壁与土体的总摩阻力标准值，kN；

U——沉井井壁外围周长，m；

A——单位周长的摩阻力，kN/m。

其中，A 值根据不同井壁摩阻力分布情况有所区别，对于大型桥梁沉井基础，其主要形式有如图 2-7 所示的两种：

对于 a）类形式

$$A=(H-2.5)f$$

对于 b）类形式

$$A=0.5(H+h_1-2.5)f$$

其中，f 为单位面积摩阻力标准值。

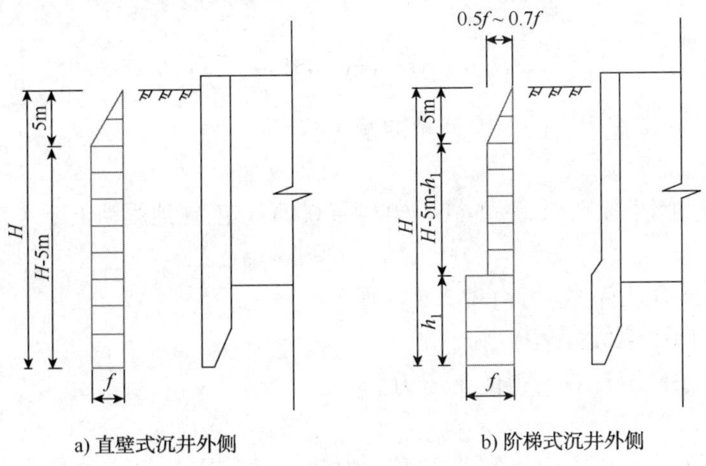

a) 直壁式沉井外侧　　b) 阶梯式沉井外侧

图 2-7　摩阻力沿井壁外侧分布

5)地震作用

地震作用的计算方法分为两种——静力法与动力法。静力法是在计算中将惯性力引入一个叫动力系数的扩大因子的静力分析办法;动力法则针对结构的具体情况进行动力分析的方法。对基础而言,除个别特殊情况(如软土地基内的柔性基础)外,一般采用静力法分析。本书将介绍《水工建筑物抗震设计规范》(DL 5073—2000)中采用的水平地震惯性力代表值计算方法。

当采用静力法计算地震作用效应时,沿建筑物高度作用于质点 i 的水平向地震惯性力代表值应按下式计算:

$$F_i = \frac{\alpha_h \xi G_{Ei} \alpha_i}{g}$$

式中:F_i——作用在质点的水平向地震惯性力代表值,kN;

α_h——水平向设计地震加速度代表值,m/s^2,近似值可由表 2-4 查得;

ξ——地震作用的效应折减系数,除另有规定外,取 0.25;

G_{Ei}——集中在质点 i 的重力作用标准值,kN;

α_i——质点 i 的动态分布系数,应按《水工建筑物抗震设计规范》(DL 5073—2000)中各类水工建筑物章节中的有关规定采用。

水平向设计地震加速度代表值 α_h 表 2-4

设计烈度	7	8	9
α_h	$0.1g$	$0.2g$	$0.4g$

基础在地震时除承受自重地震作用外,还承受由地震所产生的动土压力。对于深水基础,由于地震作用,其周围水的重度较气体要大,因而在地震反应分析中尚须考虑基础本身与其周围水之间的动力相互作用。

关于地震动土压力,目前国内最常用的方法有:

(1)将土的内摩擦角减小法

考虑到土在地震作用下土的内摩擦角将会由 φ 值降低到 $\varphi-\varphi'$ 值,故动土压力 p_d 可用下式计算:

$$P_d = \frac{1}{2}\gamma H^2 \tan^2\left(45° \pm \frac{\varphi-\varphi'}{2}\right)$$

式中:φ'——由于地震作用土的内摩擦角的减小值。

(2)静土压力加大法

我国《水工建筑物抗震设计规范》(DL 5073—2000)规定,在地震动土压力 P_d 可用下式计算:

$$P_d = P(1 \pm C k_h \tan\varphi)$$

式中:C——地震土压力系数,可由表 2-5 查得;

k_h——水平地震系数(α/g);

P——静力条件下计算所得的土压力。

(3)地震惯性法

将构筑物后面的滑动土楔体的地震水平力与土体的重量组成的合力,作为作用于构筑物上的作用力。水平地震力的大小与震动体系的自振周期和地震加速度有关，应根据当地地震记录和实验求得。美国 TVA 假定地震水平约等于 18%的滑动土楔重量；而日本则规定等于 $W/3$。

在地震时墙本身所受地震力与土楔的动土压力有可能同时作用在构筑物上，所以，水中建筑物及其基础所受土压力应按此二力之合计算。

地震动土压力系数　　表 2-5

动土压力	角度	21°～25°	26°～30°	31°～35°	36°～40°	41°～45°
主动	0°	4.0	3.5	3.0	2.5	2.0
	10°	5.0	4.0	3.5	3.0	2.5
	20°	—	5.0	4.0	3.5	3.0
	30°	—	—	—	4.0	3.5
被动	0～20°	3.0	2.5	2.0	1.5	1.0

2.3.2　沉井基础强度设计计算

1）地基承载力设计计算

目前，地基承载力的计算公式有很多，在计算地基承载力特征值时，可以按照《建筑地基基础设计规范》（GB 50007—2011）与《公路桥涵地基与基础设计规范》（JTG D63—2007）进行计算。

（1）根据土层抗剪强度指标计算地基承载力

该方法按照《建筑地基基础设计规范》（GB 50007—2011）5.2.5 节规定：当偏心距（e）小于或等于 0.033 倍基础底面宽度时，根据土的抗剪强度指标确定地基承载力特征值可按下式计算：

$$f_a=M_b\gamma b+M_d\gamma_m d+M_c c_k \tag{2-1}$$

式中：f_a——由土的抗剪强度指标确定的地基承载力特征值，kPa；

M_b、M_d、M_c——承载力系数；

b——基础底面宽度，m；大于 6m 时按照 6m 取值，对于砂土小于 3m 时按 3m 取值；

c_k——基底下一倍短边宽度的深度范围内土的黏聚力标准值，kPa。

（2）根据原状土天然含水率确定地基承载力

根据《公路桥涵地基与基础设计规范》（JTG D63—2007）3.3.5 节规定，可以通过原状土天然含水率 w，查表确定软土地基承载力基本容许值$[f_{a0}]$，然后按照公式计算修正后的地基承载力容许值$[f_a]$。

$$[f_a]=[f_{a0}]+\gamma_2 h \tag{2-2}$$

式中：γ_2——基底以上土层的加权平均重度，kN/m^3；换算时若持力层在水面以下且不透水时，不论基底以上土的透水性大小，一律取饱和重度；当透水时，水中部分土层则应取浮重度；

h——基底埋置深度，m，自天然地面起算，有水流冲刷时自一般冲刷线起算；当 $h<3$m

时，取 $h=3\text{m}$；当 $h/b>4$ 时，取 $h=4b$。

查表可得各层软土承载力基本容许值 $[f_{a0}]$ 进而求得各土层承载力特征值 f_a。

(3)按照修正后的地基承载力计算方法

根据《公路桥涵地基与基础设计规范》(JTG D63—2007)3.3.4 节规定，修正后的地基承载力容许值 $[f_a]$ 按照下式确定：

$$[f_a]=[f_{a0}]+k_1\gamma_1(b-2)+k_2\gamma_2(h-2) \tag{2-3}$$

式中：$[f_a]$——修正后的地基承载力容许值，kPa；

b——基础底面的最小边宽，m；当 $b<2\text{m}$ 时，取 $b=2\text{m}$；当 $b>10\text{m}$ 时，取 $b=10\text{m}$；

h——基础埋置深度；当 $h<3\text{m}$ 时，取 $h=3\text{m}$；当 $h/b>4$ 时，取 $h=4b$；

k_1、k_2——基地宽度、深度修正系数；

γ_1——基底持力层土的天然重度，kN/m^3，若持力层在水面以下且为透水层，应取浮重度；

γ_2——基底以上土层的加权平均重度，kN/m^3，换算时若持力层在水面以下，且不透水时，不论基底以上土的透水性大小，一律取饱和重度；当透水时，水中部分土层则应取浮重度。

以上各方法所求得的均为地基承载力特征值，采用地基极限承载力进行计算分析，需要由地基承载力特征值转化为地基极限承载力，地基极限承载力一般取 2～3 倍的地基承载力特征值。在确定地基承载力特征值时，大多先获取地基极限承载力，然后通过地基极限承载力除以安全系数求得，若能够直接采用地基极限承载力，将更能反映地基承载力的真实情况，更有利于沉井设计、施工相关计算，因而建议地勘提供地基的极限承载力。

2)沉井刃脚设计计算

井壁在下沉过程中，刃脚受力较为复杂，当刃脚切入土中时，受到向外弯曲应力；当挖空刃脚下的土时，刃脚又受到外部土、水压力作用而向内弯曲。从结构受力情况来分析，可认为刃脚将一部分力通过自身悬臂梁的作用传到刃脚根部，另一部分由自身作为一个水平的闭合框架作用所负担。因此，可以把刃脚看成在平面上是一个水平闭合框架，在竖向是一个固定在井壁上的悬臂梁。对某些设计较高的刃脚(约大于 1.2m 时)而其截面尺寸又较薄的钢筋混凝土沉井，应按沉井在下沉过程中的各个不利的受力阶段，分别验算刃脚部分向内、向外挠曲的悬臂作用，并据此进行刃脚内侧和外侧的竖向钢筋和水平钢筋的计算；而对于钢壳沉井或刃脚部分采用钢结构的沉井，其刃脚亦按照水平闭合框架和竖向悬臂梁，并结合钢结构设计规范和相关构造要求进行结构设计。

(1)刃脚下沉作用力

①刃脚下沉作用力。沉井下沉时，刃脚主要承受的外力有土压力、水压力和刃脚外侧的摩擦力，其受力情况如图 2-8 所示。

②作用在刃脚上的水平外力分配。对于矩形沉井，当隔墙底面距刃脚底面小于等于 500mm，刃脚一方面可看作是一个根部嵌固的悬臂梁，梁长等于外壁刃脚斜面部分的高度，另一方面又可看作是一个封闭的水平框架。因此，作用在外壁刃脚上的所有水平外力(包括土压力 P_E、水压力 P_w 及土的水平反力 H 等的代数和)，必由其悬臂和框架结构共同承担，也

就是说,其中一部分水平外力是垂直向传至刃脚根部(悬臂作用),余下部分由框架承担。因此,需对水平外力进行分配,分配系数计算公式如下。

作用于悬臂梁的水平外力的分配系数 α_f 可按下式计算:

$$\alpha_f=\frac{0.1L_1^4}{h_k^4+0.05L_1^4} \tag{2-4}$$

式中:L_1——支承于隔墙间井壁最大计算跨度,m;

h_k——外壁刃脚斜面部分高度,m。

算出的 α_f 值不能大于1.0,如大于1.0时,则按1.0计算。

作用于水平框架的水平外力的分配系数 β_f 可按下式计算:

$$\beta_f=\frac{h_k^4}{h_k^4+0.05L_2^4} \tag{2-5}$$

式中:L_2——支承于隔墙间的井壁最小计算跨度,m。

上述公式只适用于当内墙底面高出外壁刃脚踏面不超过500mm的情况或者虽稍超500mm但有垂直梁支托的情况。否则,全部水平力均由悬臂梁(刃脚)承担,即 $\alpha_f<1.0$。当悬臂梁的水平力乘以 $\alpha_f<1.0$ 系数时,水平框架的水平力才乘以 β_f 系数。

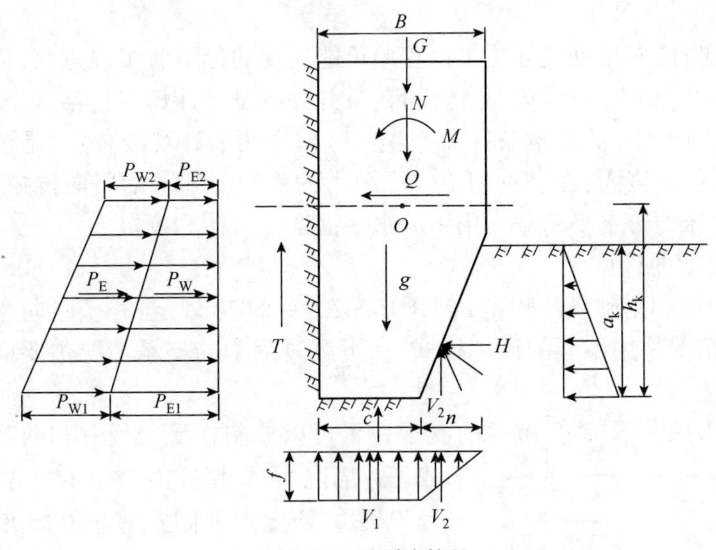

图2-8 刃脚受力情况

(2)刃脚竖向受力分析

当沉井下沉不深且上部浇筑高度较大时,刃脚全部插入土内,其下部承受较大的正面及侧面反力,而井壁外的土压力并不大。此时,在刃脚根部的水平截面上将产生最大的向外弯曲力矩。通常按此情况确定刃脚内侧竖向钢筋数量。对于一次下沉的沉井,可取沉井刚入土控制阶段进行计算。

对于分节制作、分节下沉的沉井,先算出每次下沉初期作用于刃脚根部水平截面上的向外弯曲力矩,取其最大值进行配筋。可采用在刃脚的水平方向上截取单位宽度,作用于刃脚上的外力来进行计算。

当沉井下沉接近设计标高时，刃脚内侧和下部的土体往往被掏空或部分掏空，此时井壁传递的自重全部由壁体外的土壤摩阻力来承担，而水、土压力对井壁的作用为最大，刃脚产生最大的向内变形，一般按此工况确定刃脚外侧竖向钢筋。

(3)刃脚水平内力的计算

①圆形沉井。按沉井开始下沉和沉井下沉至一半时求得水平推力 H 后，可求出作用在水平圆环上的环向拉力 N，即

$$N = Hr \tag{2-6}$$

式中：N——圆形沉井刃脚承受的环向拉力，kN；

H——刃脚斜面上的水平推力，kN/m；

r——刃脚斜面部分的平均半径，m。

②矩形沉井。将作用于刃脚上的水平外力，乘以分配系数 β_f 即为作用于水平框架四周的均布荷载，以此求算水平框架中控制截面上的内力。但当分配系数 $\alpha_f = 1.0$ 时，可不做水平框架的计算。

对于矩形沉井，在沉井下沉刃脚切入土中时，由于斜面上的土壤反力产生对刃脚的横向推力 H，在沉井转角处设计时，需要考虑在构造上采取相应加强筋等措施，以防止在刃脚转角处产生开裂。

3)沉井井壁设计计算

沉井井壁的设计，应根据沉井施工过程中可能出现的最不利工况进行，可采用解析方法及数值分析方法进行相应的计算。总体而言，沉井井壁设计计算应包括三个部分：一是沉井底节在自重作用下因不同的支承条件而产生的竖向弯曲的计算校核；二是沉井在下沉过程中，井壁上部有可能被嵌固，在自重和土体摩阻力的作用下井壁的竖向抗拉计算校核；三是井壁在土压力、水压力等水平荷载作用下的水平框架受力计算校核。

(1)井壁竖向弯曲计算

《铁路桥涵地基和基础设计规范》(TB 10002.5—2005)规定：井壁竖向弯曲根据沉井下沉过程中的支承情况采用不同的计算模式，而下沉过程中的支承情况主要取决于是否采用排水挖土下沉工艺。

①当采用排水挖土下沉时，沉井的支承位置可以控制在受力最有利的范围。对于圆端形或长方形沉井，当其长边大于 1.5 倍短边时，支承点可设于长边，两支点的间距等于 0.7 倍长边(图 2-9)，以使支承处产生的负弯矩与长边中点处产生的正弯矩绝对值大致相等，并按简支梁验算沉井自重所引起的井壁顶部或底部混凝土的抗拉强度或钢壳混凝土组合结构折算的抗拉强度。

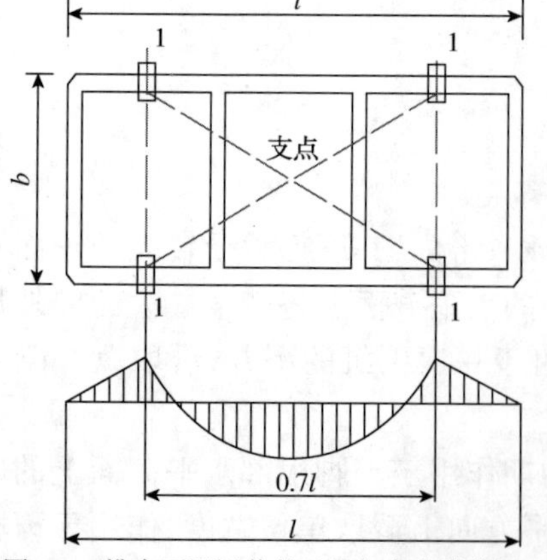

图 2-9　排水下沉沉井井壁竖向弯曲计算图

②当采用不排水挖土下沉时，因无法控制支点位置，可将底节沉井作为梁，并按下列假定的不利支撑情况进行验算。

a.假定底节沉井仅支承于长边的中点的点“2”(图 2-10)，两端悬空，验算由于沉井重力在长边中点附近

最不利竖截面上所产生的井壁顶部混凝土抗拉强度。

b.假定底节沉井支承于短边的两端点的点“3”,验算由于沉井自重在短边中点处引起的刃脚底面混凝土的抗拉强度或钢壳混凝土组合结构折算的抗拉强度。

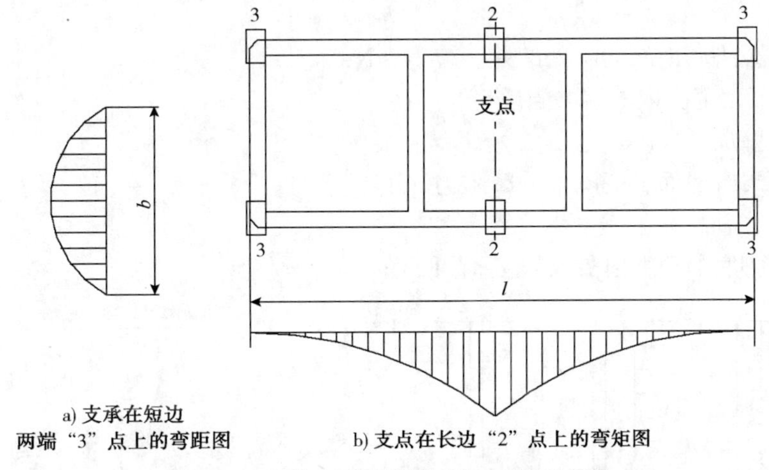

图2-10　不排水下沉沉井井壁竖向弯曲计算图

《给水排水工程钢筋混凝土沉井结构设计规程》(CECS 137:2015)并未按照沉井是否排水开挖下沉工艺进行分别验算,而且针对大型沉井验算做了相应说明,规范规定:矩形沉井应根据下沉前的支撑,对沉井情况自重作用下竖向受力进行强度计算。沉井制作采用垫木或素混凝土支撑时的不利支承点,应符合下列规定:

a.长度比不小于1.5的小型矩形沉井,应按四点支承计算,定位支承点布置在沉井长边,距沉井长边端部的距离可取0.15倍长边边长。

b.长宽比小于1.5的小型矩形沉井,定位支点宜在沉井长短边两个方向均距端部0.15倍边长距离进行支承计算。

c.对于大型矩形,支承点数量和尺寸可根据沉井尺寸、砂垫层厚度和持力层的极限承载力确定。

(2)井壁竖向抗拉计算

沉井在下沉过程中,井壁在竖向一般只承受自重,其自重压应力是不必验算的。但沉井下沉过程中,可能会被上部某处较大的摩擦力土层嵌固,当刃脚下的土已掏空时,沉井此时处于悬挂状态,刃脚下几乎没有支承反力,沉井靠井壁与土体之间的摩擦力来维持平衡。由于沉井自重,沉井下面井壁可能出现较大的拉力,有可能产生较大裂缝。应验算井壁施工缝处竖向抗拉强度,计算时拉应力由钢筋承受,需配置适当的竖向钢筋。

①等截面井壁的井壁摩阻力可假定沿沉井总高按三角形分布,即在刃脚底面处为零,在地面处为最大。此时,最危险的截面在沉井入土深度的1/2处(图2-11),最大竖向拉力 P_{max} 为沉井全部重力 G_k 的1/4,即

$$P_{max}=\frac{G_k}{4} \tag{2-7}$$

②台阶形井壁的每段井壁变阶处均应进行计算(图2-12),变阶处的井壁拉力 P_x 为:

$$P_x = G_{xk} - \frac{1}{2}\mu q_x x \tag{2-8}$$

$$q_x = \frac{x}{h} q_d \tag{2-9}$$

式中：P_x——距刃脚底面 x 变阶处的井壁拉力，kN；

G_{xk}——x 高度范围内的沉井自重，kN；

μ——井壁周长，m；

q_x——距刃脚底面 x 变阶处的摩阻力，kPa；

h——沉井总高，m；

x——刃脚底面至变阶处（或验算截面）的高度，m。

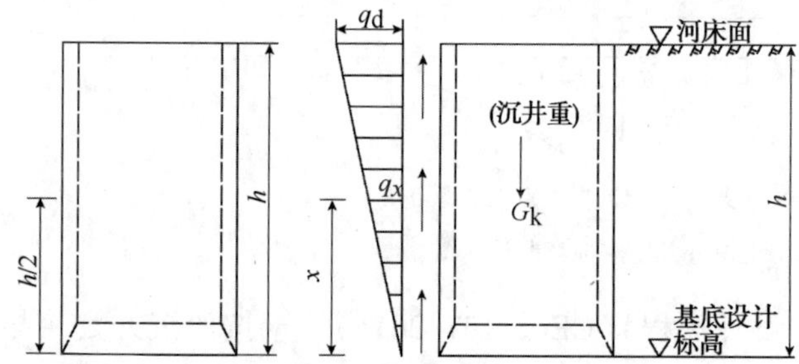

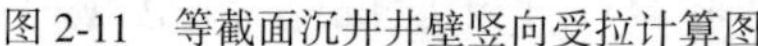
图 2-11　等截面沉井井壁竖向受拉计算图

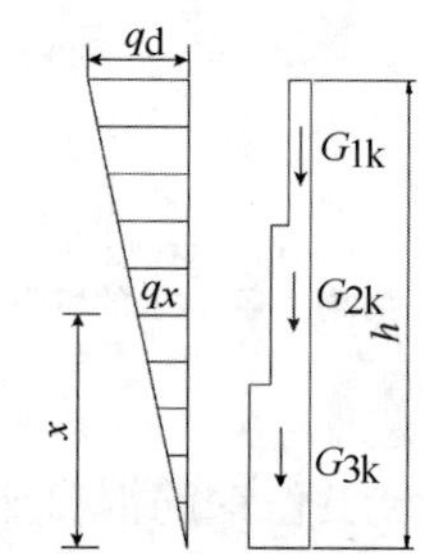

图 2-12　台阶形沉井井壁竖向受拉计算图

对台阶形井壁，每段井壁都应进行拉力计算，然后取最大值，作为竖向钢筋配置的依据。

上述沉井井壁竖向抗拉计算中，均未考虑地下水的作用。在不排水下沉时，沉井重力应按浮重度考虑，实际工程中，可不考虑水的浮力而作为安全储备。此外，还需考虑竖向构造钢筋要求，取二者大者进行配筋。

（3）井壁水平框架计算

沉井下沉至设计标高，刃脚下的土已掏空，沉井井壁在水压力和土压力作用下，井壁受最大水平力，井壁作为水平框架来验算。这种水平弯曲验算分为两部分：

①刃脚与井壁结合段。验算位于刃脚根部以上高度等于井壁厚度 t 的一段井壁，据此设置该段的水平钢筋。同时该段井壁又是刃脚悬臂梁的固定端，施工阶段作用于该段的水平荷载，除本身所受的水平荷载外，还承受由刃脚传来的水平力 Q、作用在该段井壁上的平均荷载 q（图 2-13），即

$$q = W + E + Q$$

$$W = \frac{W_1 + W_2}{2} t$$

$$W_1 = \lambda h_1 \gamma_w$$

$$W_2 = \lambda h_2 \gamma_w$$

$$E = \frac{E_1 + E_2}{2} t$$

式中：q——作用在井壁高度 t 段上的均布荷载，kN/m；

W——作用在井壁高度 t 段上的水压力，kN/m；

W_1——作用在刃脚根部以上，高度 t 范围内截面 A 上的单位水压力，kPa；

W_2——作用在刃脚根部截面 B 的单位水压力，kPa；

t——井壁厚度，m；

h_1、h_2——验算截面 A 和 B 距水面的高度，m；

γ_w——水的重度，一般取 10kN/m³；

λ——折减系数，排水挖土时，井内无水压，井外水压视土质而定，砂类土取 1.0；黏性土取 0.8~0.9；不排水挖土时，井外水压以 100%计，取 1.0，井内水压以 50%计，取 0.5；

E——作用在 t 段井壁上的土侧压力，kPa；

E_1——作用在刃脚根部以上，高度 t 处 A 截面的单位土侧压力，kPa；

E_2——作用在刃脚根部处 B 截面的单位土侧压力，kPa；

Q——由刃脚传来的水平力，kN/m，其值等于作用在刃脚悬臂梁上的水平力乘以分配系数 α。

W 的作用点距刃脚根部为 $\dfrac{2W_1+W_2}{W_1+W_2}\cdot\dfrac{t}{3}$，$E$ 的作用点距刃脚根部为 $\dfrac{2E_1+E_2}{E_1+E_2}\cdot\dfrac{t}{3}$。

根据以上计算出来的 q 值，即可按框架分析求刃脚根部以上 t 高度内截面的作用效应，进行配筋。

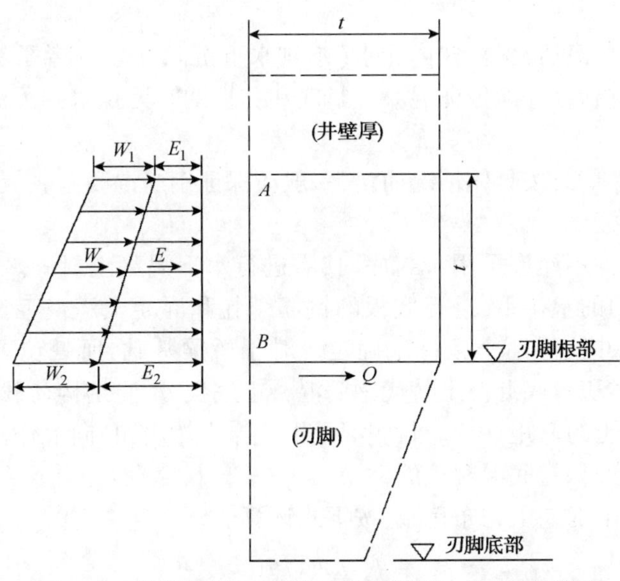

图 2-13　刃脚根部以上高度等于井壁厚度的一段井壁计算图

②其余各段井壁的计算，可按照井壁断面的变化，将井壁分成数段，取每一段中控制设计的井壁(位于每一段最下端的单位高度)进行计算。作用在框架上的均布荷载 $q=W+E$。然后用同样的计算方法，求得水平框架内截面的作用效应，并将水平筋布置在全段上。

泥浆套辅助下沉的沉井，在下沉过程中所受到的侧压力，应将沉井外侧泥浆压力按 100%计算。泥浆压力需大于水压力与土压力总和，才能保证泥浆套不被破坏。

采用空气幕沉井，在下沉过程中受到土侧压力，根据沉井监测成果取值，压气时气压对井壁的作用影响不明显,可略去不计,仍按普通沉井的有关规定计算。

在空气幕沉井下沉过程中结构强度计算时,井壁的摩擦力在开气时减小,不开气时仍与普通沉井相同,按最不利情况取值。

4)沉井内隔墙设计计算

内隔墙的作用主要是提高沉井刚度、增强沉井的整体性,其结构设计计算与井壁一样,也包含三个方面:竖向弯曲的计算校核、竖向抗拉计算校核和与井壁组成的水平框架的受力计算校核,可参照沉井井壁的设计计算方法进行。

沉井内隔墙除需进行上述验算外,尚应进行施工阶段强度验算。施工阶段的强度验算包括以下两部分内容:

(1)沉井下沉过程中,大锅底状态刚形成时,沉井井壁刃脚支撑于土体上,而中隔墙底部无支撑,沉井中隔墙自重承担,中隔墙可看作两端固支的竖向板。

(2)沉井施工过程中,由小锅底变成大锅底,特别是不排水下沉阶段,中隔墙下方土体可能存在未掏空状态。在极限状态下,沉井自重由井壁摩擦与中隔墙下部土体承担,此时隔墙可能出现上部结构开裂的情况。

5)沉井封底及底(顶)板的设计计算

沉井沉至设计标高,在浇筑钢筋混凝土底板之前,先浇筑封底混凝土。根据工程地质及水文地质条件,选用干封底和水下封底。

(1)干封底混凝土

沉井下沉到设计标高后,保持井内无水(不排水下沉除外),或者虽然有水,但采取了排水和降低地下水位的措施后,能保证混凝土封底和养护期间无积水和无流砂现象产生,沉井可采用干封底。

干封底混凝土的厚度,按具体情况而定,一般应保证钢筋混凝土底板顺利施工即可。

(2)水下封底混凝土

当沉井所处的条件不允许采用干封底时,需进行水下混凝土封底。水下封底混凝土达到设计强度后,将井内的水排干,进行底板的钢筋绑扎和混凝土浇筑工作,水下封底混凝土厚度应根据强度和沉井抗浮两个条件来确定。对于桥梁基础,所处位置埋深大,水头压力大,一般采用水下大体积封底混凝土替代钢筋混凝土底板,承受结构荷载。

①水下封底混凝土的弯矩计算。封底混凝土受浮力作用,其向上作用的标准值,即为地下水头高度减去单位面积封底混凝土的重量。

作用在混凝土板上的向上均布荷载,按下式计算:

$$q=\gamma_w h_w-q_1$$

式中:γ_w——水的重度,一般取 10kN/m^3;

h_w——作用在封底混凝土板底的水头,m;

q_1——单位面积上素混凝土板的重量,kN /m^2。

由于沉井下沉对周围土体的扰动,沉井封底后仍可能继续下沉,沉井自重将对封底混凝土产生竖向反力,计算时假定自重反力均匀分布。反力与浮力进行比较,取其中较大值计算弯矩,计算反力时应扣除封底混凝土自重。

计算弯矩时,一般假定封底素混凝土板与刃脚斜面连接为简支,如板中有梁系分隔,只要梁边有支承面,也可按简支考虑。

圆形板周边简支时,跨中最大弯矩为:

$$M=0.1979qr^2$$

式中:q——均布荷载,kN·m;

r——圆板的计算半径,m,一般取值至刃脚斜面水平投影的中点。

矩形板周边简支时,根据实际情况可按单向板或双向板进行计算。

②封底混凝土的厚度按下列两种方法计算,按受弯计算控制跨中厚度和按冲剪验算控制边缘厚度。

a.封底混凝土厚度按无筋混凝土受弯构件计算:

$$h_t=\sqrt{\frac{5.72M}{bf_t}}+h_u$$

式中:h_t——水下封底混凝土厚度,mm;

M——每m宽度内最大弯矩的设计值,N·mm;

b——计算宽度,mm;取1000mm;

f_t——混凝土轴心抗拉强度设计值,N/mm^2;

h_u——附加厚度,mm;考虑封底混凝土面的浮渣,可取300mm。

b.封底混凝土冲剪验算,即计算井孔范围内封底混凝土板,承受基底反力沿刃脚斜面高度的截面上产生的剪应力,验算冲剪面是否满足混凝土的抗剪强度,若剪应力超过其抗剪强度,则应提高封底混凝土强度等级或加大边缘封底混凝土厚度。

此外,在浇筑水下封底混凝土前进行水下清基时,沉井底部常常形成一个"锅底"坑,设计时应对剪切面处封底混凝土最小厚度提出要求。

对于桥梁沉井基础,尤其是缆索承重桥梁的主塔沉井基础,封底混凝土和底板一般采用一体化设计,封底混凝土施工完成后仅对井孔进行填充或不填充,此时的封底混凝土设计需考虑使用阶段基底的竖向反力作用,封底混凝土的设计可参照混凝土设计计算。

6)钢壳沉井充填混凝土侧压力设计计算

(1)混凝土浇筑阶段

新浇筑混凝土作用与模板的最大侧压力标准值可按下面两个公式计算,并取小值。

$$F=0.22\gamma_c t_0\beta_1\beta_2\nu^{\frac{1}{2}} \tag{2-10}$$

$$F=\gamma_c H$$

式中:F——新浇筑混凝土对模板的最大侧压力;

γ_c——混凝土重度,kN/m^3;

t_0——新浇筑混凝土的初凝时间,h,可按实测确定,当缺乏实验资料时,可采用$t_0=200/(T+15)$计算(T为混凝土的温度,℃);

ν——混凝土的浇筑速度,m/h;

H——混凝土侧压力计算位置处至新浇混凝土顶面的总高度,m;

β_1——外加剂影响修正系数,不掺外加剂取1.0;掺具有缓凝作用的外加剂时取1.2;

β_2——混凝土坍落度小于100mm时,取1.10;不小于100mm时,取1.15;

计算荷载设计值,应采用荷载标准值以相应的荷载分项系数求得,荷载分项系数可按表2-6取值。

大模板荷载分项系数 表 2-6

项　次	荷载名称	荷载类型	γ_i
1	倾倒混凝土时产生的荷载	活荷载	1.4
2	振捣混凝土时产生的荷载		
3	新浇筑混凝土对模板侧面的压力	恒荷载	1.2

(2)下沉阶段沉井结构受力验算

钢壳混凝土沉井为钢混组合结构,在计算施工阶段结构内力与变形时,应按下式计算钢壳混凝土结构刚度:

轴向刚度

$$EA=E_sA_s+E_cA_c \tag{2-11}$$

弯曲刚度

$$EI=E_sI_s+0.8E_cI_c \tag{2-12}$$

式中:E_s、E_c——钢壳、混凝土的弹性模量;

I_s——钢壳截面在所计算方向对其形心轴的惯性矩;

I_c——壳内混凝土截面在所计算方向对其形心轴的惯性矩。

2.3.3 沉井基础沉降及稳定性设计计算

1)沉井基础沉降量设计计算

目前,关于基础沉降量计算所用到的方法主要为分层总和法,本书将介绍《公路桥涵地基与基础设计规范》(JTG D63—2007)中采用的基础沉降计算方法。

沉井基础的最终沉降量按下式计算(图2-14):

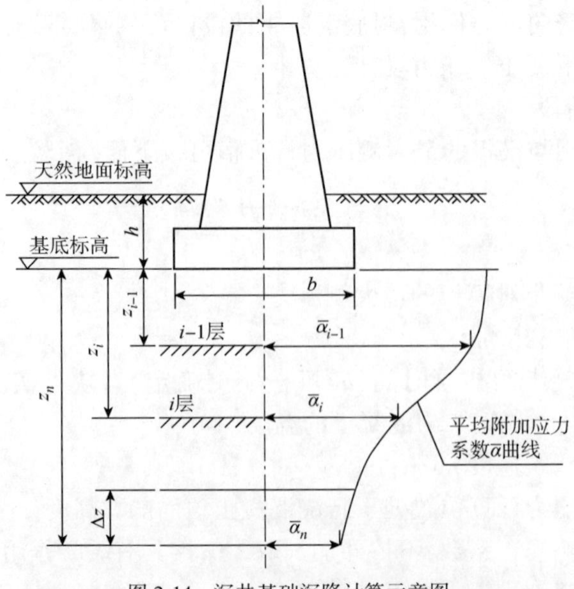

图 2-14　沉井基础沉降计算示意图

$$s=\psi_s s_0=\psi_s\sum_{i=1}^{n}\frac{p_0}{E_{si}}(z_i\overline{a}_i-z_{i-1}\overline{a}_{i-1}) \tag{2-13}$$

$$p_0=p-\gamma h \tag{2-14}$$

式中：s——基础最终沉降量，mm；

s_0——按分层总和法计算的基础沉降量，mm；

ψ_s——沉降计算经验系数，根据地区沉降观测资料及经验确定，缺少沉降观测资料及经验数据时，可按表2-7插值确定；

n——基础沉降计算深度范围内所划分的土层数；

p_0——对应于荷载长期效应组合时的基础底面处附加压应力，kPa；

E_{si}——基础地面下第 i 层土的压缩模量，MPa，应取土的“自重压应力”至“土的自重压应力与附加压应力之和”的压应力段计算；

z_i、z_{i-1}——基础底面至第 i 层土、第 $i-1$ 层土底面的距离，m；

$\overline{a}_i$、$\overline{a}_{i-1}$——基础底面计算点至第 i 层土、第 $i-1$ 层土底面范围内平均附加压应力系数，详见《公路桥涵地基与基础设计规范》(JTG D63—2007)附录M中表M.0.2条；

p——基底压应力，kPa，当 $z/b>1$ 时，p 采用基底平均压应力；$z/b\leqslant 1$ 时，p 按压应力图形采用距最大压应力点 $b/4\sim b/3$ 处的压应力(对梯形图形，前后端压应力差值较大时，可采用上述 $b/4$；反之，则采用上述 $b/3$ 处压应力值)，以上 b 为矩形基底宽度；

h——基底埋置深度，m，当基础受水流冲刷时，从一般冲刷线算起；当不受水流冲刷时，从天然地面算起；如位于挖方内，则由开挖后地面算起；

γ——h 内土的重度，kN/m^3，基底为透水地基时水位以下取浮重度。

沉降计算经验系数 ψ_s　　表2-7

基底附加压应力	沉降计算范围内压缩模量的当量值 $\bar{E}_s$(MPa)				
	2.5	4.0	7.0	15.0	20.0
$p_0\geqslant[f_{a0}]$	1.4	1.3	1.0	0.4	0.2
$p_0\leqslant 0.75[f_{a0}]$	1.1	1.0	0.7	0.4	0.2

注：1.表中 $[f_{a0}]$ 为地基承载力基本容许值。

2.表中 $\bar{E}_s$ 按下式计算：

$$\bar{E}_s=\frac{\sum A_i}{\sum\frac{A_i}{E_{si}}}$$

式中：A_i——第 i 层土的附加压应力系数沿土层厚度的积分值。

地基沉降计算时设定计算深度 z_n，在 z_n 以上取 Δz 厚度，其沉降量应符合下式：

$$\Delta s_n\leqslant 0.025\sum_{i=1}^{n}\Delta s_i$$

式中：Δs_n——在计算深度地面向上取厚度为 Δz 的土层的计算沉降量，Δz 按表2-8采用；

Δs_i——在计算深度范围内，第 i 层土的计算沉降量。

Δz 值　　表2-8

基底宽度 b(m)	$b\leqslant 2$	$2<b\leqslant 4$	$4<b\leqslant 8$	$8<b$
Δz(m)	0.3	0.6	0.8	1.0

当无相邻荷载影响，基底宽度为1～30m时，基底中心的地基沉降计算深度 z_n 也可按下列简化公式计算：

$$z_n = b(2.5 - 0.4\ln b)$$

式中：b——基础宽度，m。

在计算深度范围内存在基岩时，z_n 可取至基岩表面；当存在较厚的坚硬黏土层，其孔隙比小于0.5、压缩模量大于50MPa，或存在较厚的密实砂卵石层，其压缩模量大于80MPa时，z_n 可取至土层表面。

2）沉井基础抗滑移稳定性计算

当沉井作为索塔基础时，由于其主要承受上部结构传递下来的竖向荷载，一般可不做抗滑移计算。当沉井作为悬索桥锚碇基础时，由于承受主缆传递过来的巨大水平力，需进行沉井基础的抗滑移稳定性计算。

沉井锚碇基础的滑动抵抗力通常由以下几部分组成。

（1）基础底面和地基间的滑动摩擦力，其为有效垂直荷载（扣除主缆拉力的垂直分量和基底地下水浮托力）与摩阻系数的乘积。摩阻系数按规范取值或根据试验、施工条件和已建桥梁经验确定。

（2）基础前墙岩体或土体抗力，通常只在良好的嵌固和周边环境情况下才予以考虑。

在实际设计中，上述（2）力往往不考虑，除非在岩层地质或其他良好的地层中，通常作为设计的安全储备。

沉井基础抗滑移稳定安全系数计算公式一：

$$K_c = \frac{\eta E_p + R_{fd}}{E_a} = \frac{\eta \sum_{i=1}^{n} \gamma_i h_i K_p + R_{fd}}{\sum_{i=1}^{n} \gamma_i h_i K_a} \tag{2-15}$$

式中：K_c——沉井的抗滑移系数；

η——被动土压力修正系数，施工阶段取0.8，使用阶段则取0.65；

E_p——沉井前侧的被动土压力之和，kN；

E_a——沉井后侧的被动土压力之和，kN；

R_{fd}——沉井底面的有效摩阻力之和，kN；

K_p——被动土压力系数，$K_p = \tan^2\left(45° + \dfrac{\varphi}{2}\right)$；

K_a——主动土压力系数，$K_a = \tan^2\left(45° - \dfrac{\varphi}{2}\right)$；

γ_i——第 i 层土的重度，kN/m³；

h_i——第 i 层土的厚度，m。

沉井基础抗滑稳定安全系数计算公式二：

$$F_s = \frac{抗滑力}{滑动力} = \frac{\sum_{i=1}^{n_{e1}} (f_i\sigma_{ni} + c_i) A_i + \sum_{i=1}^{n_{e2}} (f_i\sigma_{ni} + c_i) A_i + \sum_{i=1}^{n_{e3}} (f_i\sigma_{ni}) A_i}{\sum_{i=1}^{n_{e1}} \tau_{ni} A_i + \sum_{i=1}^{n_{e2}} \tau_{ni} A_i + \sum_{i=1}^{n_{e3}} \tau_{ni} A_i} \tag{2-16}$$

式中：F_s——抗滑稳定安全系数；

f_i——第 i 层土体的摩擦系数；

c_i——第 i 层土体的黏聚力，kPa；

σ_{ni}、τ_{ni}——第 i 层土体与基础交界面上的正应力与剪应力，kPa；

A_i——每个单元交界面的面积；

n_{e1}、n_{e2}、n_{e3}——锚锭基础底面、侧面以及基础前墙土体单元数。

锚碇基础抗滑动稳定性计算时，应保证锚碇基础底面的抗滑动安全系数。《公路悬索桥设计规范》（JTG/T D65-05—2015）规定锚碇滑动安全系数取值平时大于 2.0，地震时大于 1.2。而锚碇系统的阻力是由基底与锚碇基础接触面的正应力与摩擦系数决定的，摩擦系数一般都由相似原理进行模型试验或现场测试取得。

3）沉井基础抗倾覆稳定性计算

沉井基础抗倾覆稳定性计算大致可分为以下几类情况：对于沉井基础持力层为土体或风化岩的情况，应保证在最不利的荷载作用下，基础基底截面偏心距落在截面核心内；当地基为强度较高的岩石的情况时，应保证相对于基础前趾点抗倾覆力矩大于最不利的荷载作用下的倾覆力矩；在地基难以区分时，可用两种方法相互校核。

进行沉井基础抗倾覆稳定性计算时，一般以基础底面和前墙的交线为转动轴，抗倾覆力矩包括锚碇基础自重及基础前墙与土体交界面上的支承力产生的力矩，倾覆力矩是外力（索股拉力以及散索鞍墩顶部所承受的分布压力）产生的力矩和基础后墙与土体交界面上的被动土压力产生的力矩。以下介绍 2 种不同的抗滑移计算系数的方法：

沉井基础抗倾覆稳定安全系数的计算公式之一：

$$F_{\mathrm{m}} = \frac{\text{抗倾覆力矩}}{\text{倾覆力矩}} = \frac{\sum_{i=1}^{n_e} G_i d_i + \sum_{i=1}^{n_{e5}} \sigma_{ni} A_i d_i}{\sum_{i=1}^{n_{\mathrm{f}}} P_i d_i + \sum_{i=1}^{n_{e6}} \sigma_{ni} A_i d_i} \tag{2-17}$$

式中：F_{m}——抗倾覆稳定安全系数；

G_i——基础的自重，kN；

σ_{ni}——基础与周围土体交界面上土体的正应力，kPa；

A_i——每个单元交界面面积，m^2；

P_i——因主缆拉力引起的后锚块和散索鞍所受拉力或压力，kN；

d_i——各外力与转动轴的距离，m；

n_e——基础及锚体单元数；

n_{e5}、n_{e6}——与前墙、后墙相接触的土体单元数；

n_{f}——后锚块所受索股拉力和散索鞍顶部所受分布压力的单元总数。

沉井基础抗倾覆稳定安全系数的计算公式之二：

$$\sum M_{\mathrm{kov}} = \eta E_{\mathrm{p}} Z_{\mathrm{k}} + G Z_{\mathrm{g}} = \eta \sum_{i=1}^{n} \gamma_i h_i K_{\mathrm{p}} Z_{\mathrm{k}} + G Z_{\mathrm{g}} \tag{2-18}$$

$$\sum M_{\mathrm{ov}} = E_{\mathrm{a}} Z_{\mathrm{k}} = \sum_{i=1}^{n} \gamma_i h_i K_{\mathrm{a}} Z_{\mathrm{a}}$$

$$K_o = \frac{\sum M_{kov}}{\sum M_{ov}} = \frac{\left(\eta \sum_{i=1}^{n} \gamma_i h_i K_p Z_k + GZ_g\right)}{\sum_{i=1}^{n} \gamma_i h_i K_a Z_a} \tag{2-19}$$

式中：K_o——沉井的抗倾覆系数；

M_{kov}——沉井的抗倾覆弯矩之和，kN·m；

M_{ov}——沉井的倾覆弯矩之和，kN·m；

Z_k——沉井的抗倾覆力至前侧刃脚支点的距离，m；

Z_a——沉井的倾覆力至前侧刃脚支点的距离，m；

Z_g——沉井的重心至前侧刃脚支点的距离，m；

K_p——被动土压力系数，$K_p = \tan^2\left(45° + \frac{\varphi}{2}\right)$；

K_a——主动土压力系数，$K_a = \tan^2\left(45° - \frac{\varphi}{2}\right)$；

γ_i——第 i 层土的重度，kN/m^3；

h_i——第 i 层土的厚度，m。

4）沉井基础抗浮计算

当沉井下沉到位并封底后，及时进行沉井内部和上部结构施工，沉井就进入使用阶段。沉井构筑物除满足施工阶段抗浮要求外，尚应满足使用阶段的抗浮要求。沉井基础的整体抗浮性需满足以下关系：

$$\frac{\sum_{i=1}^{n} G_i}{F_w} \geq K_f \tag{2-20}$$

式中：$\sum_{i=1}^{n} G_i$——抗浮力总和，kN，根据所采用的抗浮方式确定；

n——同时采用的抗浮方式的数量；

K_f——抗浮安全系数，一般取 1.0~1.15；

F_w——地下水浮力，kN，计算时根据水质的不同，水重度有所区别：一般地下水取 10kN/m^3；海水取 10.3kN/m^3；水含砂量较大时则取 10.5kN/m^3。

考虑到沉井施工过程对土体扰动大，在计算抗倾覆、抗滑稳定性计算可不计四周土体与沉井间摩阻力的有利影响。

5）沉井下沉精度指标

（1）陆上沉井施工控制标准

陆上沉井施工控制精度指标如表 2-9 所示。

陆地沉井终沉施工控制精度　　表 2-9

序号	项　目		允许误差	备　注
1	平面偏位	沉井顶面	10cm	—
		沉井底面		

续上表

序号	项目		允许误差	备注
2	倾斜度	横向倾斜度	1/300	—
		纵向倾斜度		
		整体倾斜度		
3	扭转角		1°	圆形沉井除外
4	下沉量		-0.1m	下沉深度不得低于设计标高 H_0+0.1m

(2)水中沉井施工控制标准

水中沉井施工控制精度指标如表 2-10 所示。

水中沉井终沉施工控制精度 表 2-10

序号	项目		允许误差	备注
1	平面偏位	沉井顶面	30cm	对于特殊情况,也可参照设计提供的情况
		沉井底面		
2	倾斜度	横向倾斜度	1/150	—
		纵向倾斜度		
		整体倾斜度		
3	扭转角		1°	圆形沉井除外
4	下沉量		-0.1m	下沉深度不得低于设计标高 H_0+0.1m

第3章　陆上沉井基础施工

3.1　概述

大跨度桥梁陆上沉井基础一般适用于锚碇或主塔基础,其工序主要有施工准备、沉井制作、沉井下沉和沉井封底四个施工阶段。沉井基础施工与其他类型的建筑结构不同,沉井从开始下沉直到封底完成,整个施工过程都处于运动的不稳定状态之中,而影响其不稳定状态的因素又十分复杂,既有结构本身的体型尺寸、重量、构造特征等因素,又有外部环境的地形地貌、工程地质、水文地质条件等因素,还有施工作业方法、施工顺序、控制手段等,上述因素综合影响最终施工的结果,决定了沉井能否顺利下沉到预定的位置。

本章主要基于国内超大型桥梁陆上沉井施工的技术成果,结合沉井施工的工艺流程,对陆上沉井的施工工艺、技术措施、注意事项及工程实践等进行阐述,为将来同类工程的设计施工提供借鉴和参考。

(1)施工准备

为沉井制作及下沉施工提供良好的施工场地条件,包括场地平整、地基加固、铺设砂垫层、安放垫块等,如图3-1~图3-4所示。

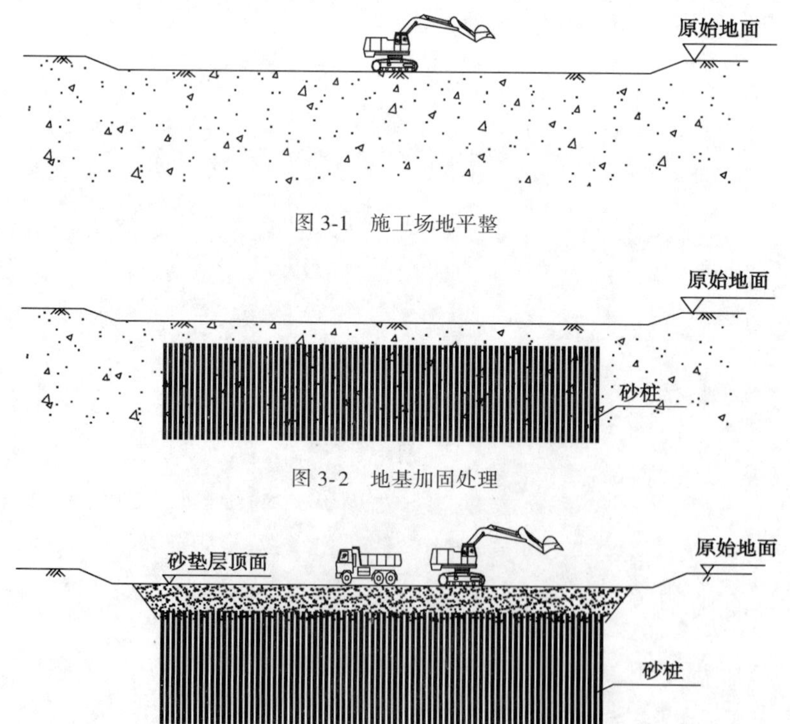

图3-1　施工场地平整

图3-2　地基加固处理

图3-3　基坑开挖及砂垫层施工

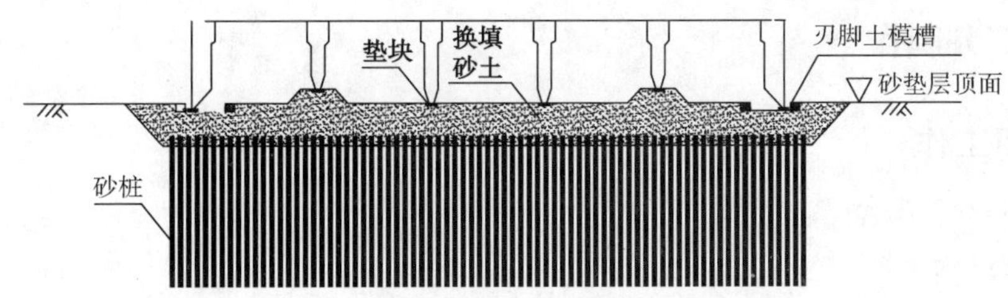

图3-4　刃脚垫块支设

(2)沉井制作

沉井制作包括首节沉井制作、下沉阶段的井壁接高。首节沉井一般采用钢壳沉井,沉井接高工序主要有绑扎井壁钢筋、安装井壁模板、浇筑混凝土等,如图3-5所示。

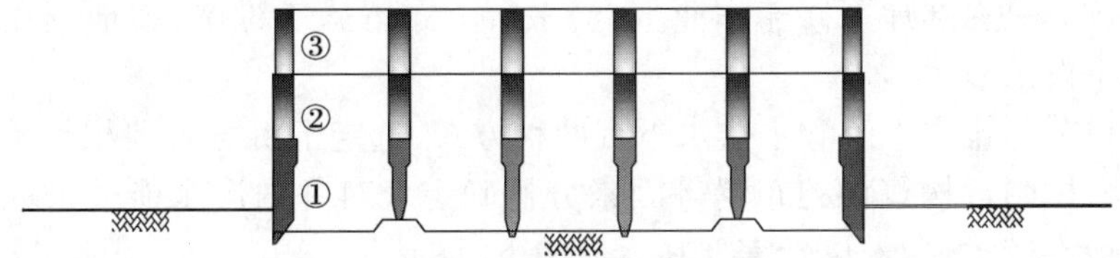

图3-5　沉井制作及接高

(3)沉井下沉

沉井施工的关键阶段,需要井内取土将沉井下沉到设计标高位置,主要包括安装下沉设备、抽除垫块、挖除井内土体下沉、下沉控制等工序,如图3-6所示。

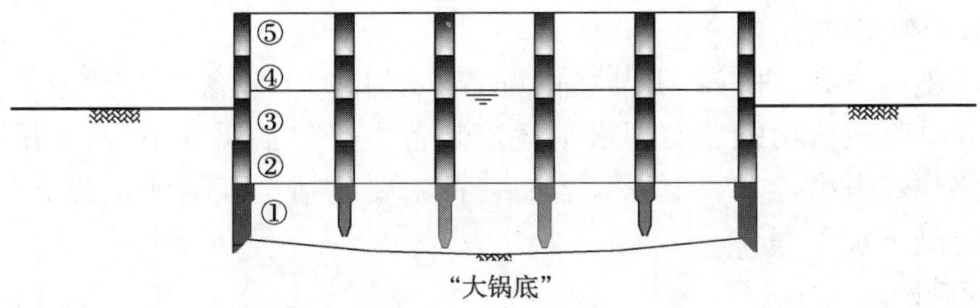

图3-6　沉井取土下沉

(4)沉井封底

沉井施工的收尾阶段,沉井下沉到设计标高位置后,进行封底混凝土的浇筑,如图3-7所示。

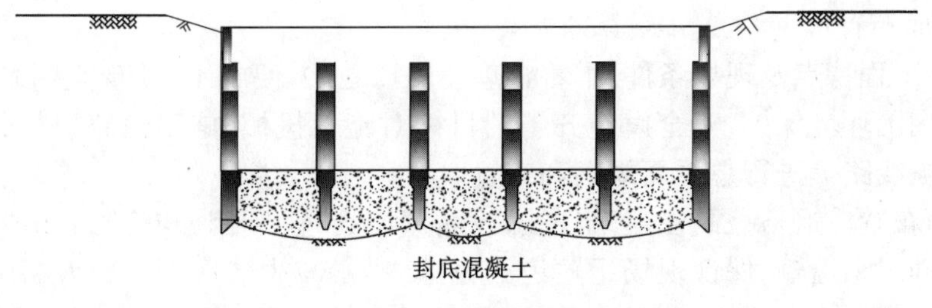

图3-7　沉井封底

3.2 首节沉井制作

3.2.1 前期工作

1)现场准备

(1)地质勘察

工程地质和水文地质勘察资料是编制施工组织设计,确定施工方案的重要依据。沉井设计阶段的地勘资料可以充分利用,根据地质复杂程度如有必要可在施工前进行补充钻孔,对勘察报告中提供的地质情况、地下水情况及地下障碍物情况等进行核验。除此之外,还应做好现场踏勘工作,查清并排除地表及地下障碍物。

(2)施工方案

陆上沉井施工是在陆地上修建作业平台,平台上布置施工设施,就地制作沉井,通过取土借沉井自重下沉。

沉井下沉可分为排水下沉和不排水下沉两种方式,选定下沉方式要根据地下水、地层渗透系数、地质条件、附近构筑物的布置等因素分析确定。对井内渗水能够采取措施排出,卵砾石颗粒较大或有较大孤石,以及需要在岩层中下沉的沉井施工,宜采用排水下沉。对渗水量太大,可能会产生大量流砂涌入井内,以及砾石颗粒较小,大孤石少的沉井,或周边存在重要的建构筑物对降水较为敏感时,宜采用不排水下沉。选定不同的施工方案,对沉井的下沉效果有很大影响,因此应根据工程的结构特点、水文地质情况、技术可行性、施工设备等因素,进行具体分析确定。选择既能满足设计要求,同时又能保证施工要求的技术方案,是沉井施工成功的关键因素。

(3)主要施工装备的配置

根据拟定的施工方案,进行施工装备的配置。沉井施工装备主要是为了实现材料及设备的水平运输及垂直运输功能。实现水平运输装备主要包括履带吊、汽车吊、装载机、土方车、龙门吊、可移动式塔吊等。实现垂直运输装备主要包括空气吸泥机与空气压缩机系统、抓斗、离心泵、混凝土泵车等。

(4)测量控制网

按设计总布置图和沉井平面布置要求设置测量控制网和水准点,进行沉井中心轴线和基坑轮廓线放线,作为沉井制作和下沉定位的依据。在沉井外侧墙中心线处,从刃脚踏面开始向上画出水准尺面,或者在沉井转角处,从刃脚踏面开始向上画出水准尺面,作为沉井下沉深度的控制指示。在邻近建筑物附近下沉沉井时,应在邻近建筑物上设置沉降观测点,对建筑物进行定期沉降监测。

(5)总平面布置

结合实际工程特点及现场条件,本着合理使用场地、方便施工、体现文明施工、节约用地的原则,达到周围环境保护,安全设施齐备的目标对施工机械、施工道路、材料构件的堆场、临时设施、水电线路等进行总平面规划和布置。

施工平面布置应严格控制在建筑红线之内,紧凑合理,利用原有建筑物或构筑物,减少施工用地;合理组织运输,保证现场运输道路畅通,尽量减少二次搬运以及各专业施工的相互干扰;各项施工设施布置均应满足方便施工、安全防火、环境保护和劳动保护的要求;应结合拟采用的施工方案及施工顺序进行布置,便于施工;满足不同施工阶段原材料、半成品、周转材料堆存、钢筋加工以及各专业协作队伍对生产、生活场所的需求;施工机械设备的布置既要满足正常作业的开展,又要便于安装拆卸。

施工总平面布置主要包括以下内容:起重运输设备位置的确定;搅拌站、钢筋加工棚、仓库及材料堆场的布置等;运输道路、临时便道的布置及技术要求;临时设施的布置,包括生产用房、生活用房、办公室、围墙设施等;临时供水、排水、供电设施的布置,包括变压器、线路架设、配电箱、供排水管道、消防设施等。

(6)场地平整

根据设计图纸,施工前测量人员首先将沉井的中心即轴线位置和基坑轮廓尺寸等放样在地面上,作为场地清理范围的依据。对软硬不均的土层区域,应予以换土或加固,避免产生不均匀沉降。对于土质松软或地下水位较高的地段,沉井易失去稳定平衡,宜采用轻型井点降水、砂桩加固地基,或者将刃脚踏面适当加宽,避免沉井在下沉前产生较大的倾斜或突沉,造成重大安全事故。

平整场地至施工要求的标高,接通沉井施工场地的水、电设施,按要求拆迁沉井周围的地上障碍物,如房屋、电线杆、树木及其他设施,移除地面下3m以内的地下埋设物,如上下水管道、电缆线路及基础、设备基础、人防设施等;施工用临时道路贯通。

(7)临时设施

修建临时设施主要包括搅拌站、钢筋加工场、现场办公室、施工道路、排水沟、截水沟,施工设备及相关临时水、电、风管道线路等。

2)基础换填

当沉井制作场地的地基承载力较高,地表土层均匀,可采用不开挖基槽换填进行沉井的制作。当沉井制作场地地表土层软硬不均,为防止沉井制作时发生沉降不均导致井壁开裂,需要现场进行基坑开挖换填,然后在回填料基面上进行沉井制作。

基槽开挖深度,应根据地层土质状况、地下水位、第一节沉井的高度等因素确定。基槽深度不宜过深,多为2~5m。在一般情况下,基槽开挖深度即为要铺筑的砂垫层厚度。有时为减少沉井下沉深度,可适当加深基槽的开挖深度,但如果挖除地表土硬壳层后,坑底土质为软弱淤泥层,则不宜挖除表面硬土。基槽开挖的合理深度,应满足最大允许边坡坡度,确保坑底高出施工期间可能出现的最高地下水位0.5m以上。必要时,可采用井点降水措施后进行基槽开挖。

考虑到沉井施工时周围支模、搭设脚手架,基槽底部的平面尺寸一般比沉井设计的平面尺寸要大些。如果基坑底部有暗浜、软弱的土层,则应予以清除,在井壁中心线两侧各1m范围内,回填中粗砂整平夯实。

开挖基槽应分层按顺序实施,底面浮泥清除干净,保持平整和疏干状态。沉井下沉过程中的挖土一般应外运,临时堆存场地应远离沉井下沉土体漏斗范围,最好在沉井下沉深度2倍距离以外,不得影响场内交通或后续工序。若采用水力机械吸泥,则需经过沉淀池沉淀、疏干后,方可外运出。

基坑底部四周应挖出一定坡度的排水沟(或盲沟)与四周的集水井相通。集水井比排水沟低500mm以上,以便将汇集的地表水和地下水及时排出,保持排水畅通。

当用井点降水时,井点距井壁的距离,根据井深确定。当井点深度为7m以内时,定为

1.5m;井点深度为7~15m时,一般定为1.5~2.5m,并需考虑沉井周围因沉井下沉形成的坍土范围。

为避免第一节沉井施工时产生不均匀沉降,使沉井结构发生破坏,需铺设一定厚度的砂垫层,分散沉井刃脚下荷载。砂垫层厚度一般不小于500mm。

3)地基处理

地基加固是沉井施工中的第一道关键施工工序,地基处理的好坏,将直接影响沉井接高及首次下沉的几何姿态,选择合适的地基处理方式,确保处理后的地基满足承载力要求非常重要。国内目前沉井施工较多采用砂桩进行地基处理(图3-8),砂桩处理深度、砂桩直径、间距等可参照《建筑地基处理技术规范》(JGJ 79-2012)等规范计算。

图3-8 砂桩地基处理方法

实际工程中,在满足沉井首次接高过程中承载力要求的同时,处理后地基极限承载力强度不能太高,因为沉井首次下沉前接高周期长达数月,下部软土地基在沉井重载作用下会发生固结,尤其是采用砂桩加固后,地基承载力会有大幅增长,影响后续沉井下沉施工,因而需考虑土体固结影响因素进行砂桩置换率的调整。国内几个典型沉井工程的置换率如表3-1所示。

采用砂桩加固软弱地基工程 表3-1

工程名称	马鞍山长江大桥北锚碇沉井	南京长江第四大桥北锚碇沉井	泰州长江公路大桥南锚碇沉井	江阴长江公路大桥北锚碇沉井
置换率	0.317	0.159	0.13	0.082

4)砂桩复合地基承载力检测

确定复合地基承载力方法主要有载荷板试验(图3-9)以及静力触探试验。

a)地基处理完成后载荷板试验

b)初次下沉前进行载荷板试验

图3-9 地基载荷板试验

(1)载荷板试验

载荷板试验适用于各类地基土,反映地基土的强度、变形的综合性状。规范规定当出现下列情况之一时，即可终止试验得到土层极限承载力值：①在本级荷载下，沉降急剧增加，承压板周围土体出现裂缝和隆起。②在本级荷载下，持续24h沉降速率加速或近似等速发展。③总沉降量超过承压板直径（或宽度）的1/12。④当达不到极限荷载时，最大压力应达预期设计压力的2.0倍或超过第一拐点至少三级荷载。

针对沉井基础施工，需得到较为精确的地层或复合地基极限承载力值，规范规定的终止条件2~4并不能获得真实的地基极限承载力，因此在进行载荷板试验时，宜进行至试验土层沉降急剧增加阶段，以获得真实的地基极限承载力值。

（2）静力触探试验

将圆锥形探头按一定速率匀速压入土中，可以量测其贯入阻力（锥头阻力、侧壁摩阻力），得到复合地基极限承载力。

采用挤密砂桩对软弱地基进行处理，砂桩成为良好的竖向排水通道，随着沉井接高施工，作用在处理地基上的荷载也不断增加，加快了地基的固结速率，复合地基极限承载力大大增加，如图3-10所示。沉井首次下沉前沉井接高周期长达数月，下部软土地基在沉井重载作用下会发生固结，尤其是采用砂桩加固后，良好的排水通道加速了土体固结，地基承载力大幅增长。首节沉井在建造完成准备下沉前，需对复合地基极限承载力进行量测。确定固结后的复合地基承载力，对完善后续沉井下沉方案制订意义重大。复合地基承载力测试可采用载荷板试验，可利用沉井隔墙进行加载，如图3-9所示。相比载荷板试验，静力触探试验更易于操作进行。

图3-10 淤泥质土砂桩处理后固结

5）垫块设置

沉井自重大，考虑场地地基土分布不均，一般沿井壁周边刃脚下面铺设垫块以扩大支承面积，减少沉井对砂垫层表面的压力。垫块可采用混凝土块（图3-11所示），垫块的数量应该根据第一节沉井的重量及地基承载力而定，垫块的间距一般为0.5~1.0m。

图3-11 沉井垫块布设

垫块的数量可以按下式计算：

$$n=\frac{G}{F[f]} \tag{3-1}$$

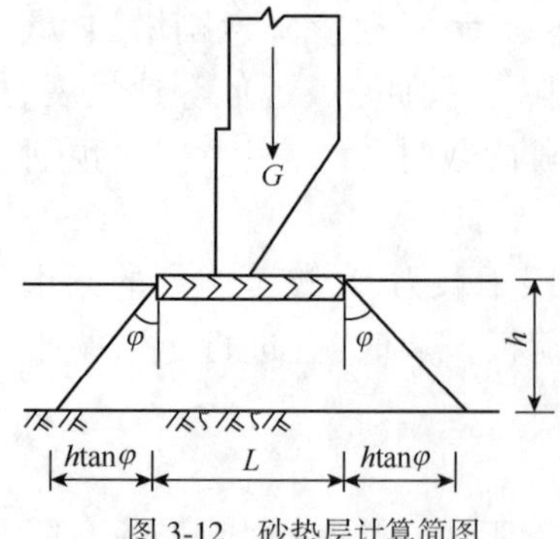

图 3-12　砂垫层计算简图

式中：n——垫块的数量；

G——沉井第一节混凝土结构重量标准值，kN；

F——单个垫块与地基（砂垫层）的接触面积，m^2；

$[f]$——地基土（或砂垫层）的承载力计算值，kPa。

当采用垫块施工时，为便于整平、支模及下沉后抽除垫块，在垫块下铺设砂垫层如图 3-12 所示，将沉井重量扩散到更大的面积上，使表面土层的强度足以支撑第一节沉井的重量，保证沉井首节在施工过程中的稳定性，并使首节沉井在制作时下沉量控制在允许范围之内。

砂垫层的厚度应根据第一节沉井重量和垫层底部地基土的承载力进行计算，计算公式如下：

$$h=\frac{\frac{G}{F_{\mathrm{d}}}-L}{2\tan\varphi} \tag{3-2}$$

式中：h——砂垫层厚度，m；

G——沉井第一节重量的单位长度标准值，kN/m；

L——垫块的长度，m；

F_{d}——地基承载力，kPa；

φ——砂垫层扩散角，°，不大于 45°，一般取 22.5°。

砂垫层宜采用中粗砂，分层铺设厚度为 250～300mm，采用平板振捣器振实。砂垫层密实度的质量控制标准用砂的干重度来控制，中粗砂干重度应大于 1.56～1.60kN/m^3，粗砂干重度可适当提高。

3.2.2　首节沉井制作

对于大型桥梁而言，首节沉井可采用钢筋混凝土结构，也可采用钢壳内充填混凝土形成钢混结构。

1）刃脚支设

大型桥梁的沉井基础规模庞大，首节沉井自重大，需进行沉井的刃脚支设。刃脚支设可采用砂袋垫法、砖垫法、土模法和垫架法等，如图 3-13 所示，刃脚的支设方法与沉井的大小、重量及地质条件等因素有关。

在软弱土层上制作时，常采用砂袋垫法或垫架法。承载力较好的地基或经处理后的地基，优先考虑垫块刃脚支设或土模垫层刃脚支设。垫架及垫块的布置应根据第一节沉井的重量和地基容许承载力计算来确定。

2）井壁制作

陆上沉井井壁一般在基坑内制作，基坑的平面尺寸应比沉井外围尺寸大 2～3m；四周设置排水沟、集水井。

对于首节为钢筋混凝土结构的沉井，井壁制作及施工工艺与沉井接高施工类似，在钢筋加工厂内进行井壁的钢筋笼制作，转运到现场后直接在刃脚垫块上进行井壁钢筋安装和模

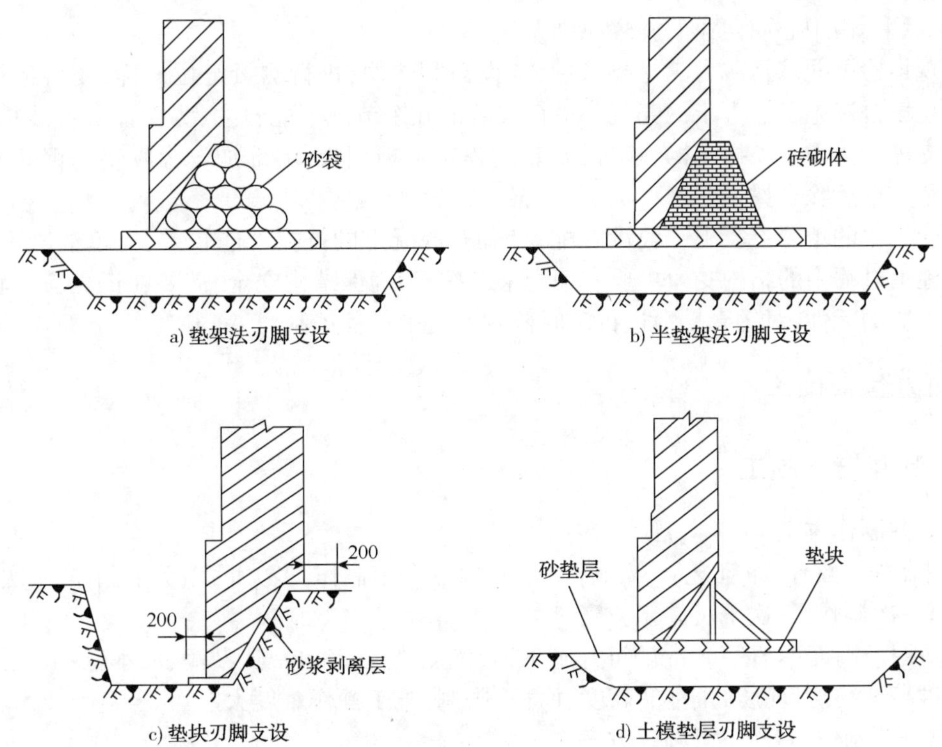

图3-13 刃脚支设方法(尺寸单位:mm)

板支设,浇筑混凝土。

对于首节为钢壳内充填混凝土的钢壳混凝土沉井,一般在工厂进行钢壳单元件的加工拼装,现场组拼成钢壳,然后进行壳内混凝土的浇筑。钢壳沉井制作主要包括钢壳节段拼装胎架制作、钢材预处理、放样及下料、水平桁架及小单元件制作、内外壁及底板单元件制作、节段单元件组装、钢壳现场拼装等工序。

钢壳沉井体积庞大,制造时一般采用分块施工,为确保钢壳沉井的制造精度,应根据结构特点设置拼装胎架,胎架应具有面板定位功能以及有足够的刚度和约束焊接变形的能力,满足钢壳沉井的单元块制造及作业人员工作要求。

钢材预处理工序,主要是对进场钢材进行矫正,并对钢材表面进行抛丸或喷砂除锈,清除表面油污、锈斑等杂物。

放样应在平整的放样台上进行,作样板(样条)是号料的依据,需严格按图纸和工艺要求进行,并按要求预留焊接收缩余量及切割、刨边和铣平等加工余量,样杆、样板按零件号及规格分类妥善存放。

桁架片单元是钢壳沉井的骨架,其制造精度直接影响到单元体的几何尺寸和相邻接口间的匹配精度,应对桁架片单元几何外形尺寸、对角线差、桁片平整度等进行重点控制。桁架单元应先试制一块,准确掌握每一步的焊接和修整收缩量,检查外轮廓尺寸合格后,即可批量制造。

内外壁板单元与底板单元结构相似,在充分考虑焊缝错开以及焊接收缩余量后,可将内、外壁板单元件、底板单元件等大单元件分成若干小块单元进行焊接制作。

节段单元件组装时,应重点控制单元体的几何形状、尺寸精度、圆弧线形,端口设置临时加强件,保证端口尺寸及钢沉井接高时的匹配性。单元体的焊接应分步进行,遵循先内后外、先下后上、由中心向两边的施焊原则。

经现场检测地基承载力满足要求后，铺设刃脚垫块，进行测量定位放样，便可进行钢壳沉井的现场拼装施工。由于钢壳沉井最初安装的几个节段不能自立，为保证其拼装精度，预先设置支撑。为防止支撑结构在节段安装过程中磨损面板，端部加设橡胶垫。钢壳沉井拼装组合稳定后拆除支撑。

钢壳沉井的填芯混凝土一般没有配置钢筋，混凝土的抗拉性能较差，充填混凝土、接高及下沉施工过程中的结构受力主要靠钢壳来支撑，为确保结构安全，需要在钢壳应力较大的位置埋设监测元件，对钢壳受力进行实时监测及施工过程控制。

3.3 沉井接高施工

3.3.1 沉井接高施工

1)沉井制作方案

沉井制作一般有三种工艺：一次制作，一次下沉；分节制作，多次下沉；分节制作，一次下次。

(1)一次制作，一次下沉施工方案

较适用于高度不超过12m的沉井施工，其优点是施工简单、工期短、成本低；缺点是对地基要求过高，受施工现场的净空(高度、面积)限制、施工操作难度大。

(2)分节制作，多次下沉施工方案

分节制作、多次下沉施工时，首节沉井的制作高度一般为6~8m。完成首节沉井井壁混凝土的浇筑，待混凝土强度达到设计强度后，开始挖除井内土体使沉井下沉，当第一节到设计预定标高后，浇筑第二节井壁混凝土，然后进行第二次沉井下沉。制作一节，下沉一节，如此循环进行，直至沉井沉到设计标高。

优点是分节高度小，重量较轻，对地基强度要求不高，施工也比较安全；缺点是工序多、工期长，且在下沉过程中要中途停止下沉再接高井壁。

(3)分节制作，一次下沉施工方案

分节制作、一次下沉是分多节制作井壁，待沉井全高浇筑完毕，混凝土达到设计强度后，即可进行井内挖土，直到沉井下沉到设计标高。

优点是工期短，工序交接清楚，可消除多工序交叉作业拥挤混乱状况，减少安全事故的发生；缺点是井身自重大，对地基承载力要求高，易产生突沉或倾斜现象，高空作业多，起重设备大型化。

2)沉井首次下沉高度

沉井首次下沉高度与地基极限承载力、姿态控制、刃脚受力安全、竖向刚度等因素有关。地基承载力大小为沉井首次接高高度的主要影响因素之一，沉井接高高度越高，所需地基极限承载力越大，当地基承载力较弱时，易出现沉井下沉量过大、沉井偏斜等情况，对沉井姿态控制不利。同时，当刃脚位置处设置斜向支设时，沉井刃脚位置处受到斜向上的力，使得沉井刃脚内侧受拉，而沉井首次下沉时刃脚无外部土体包裹，沉井首次接高高度越大，作用在刃脚位置处的水平向外分力越大，沉井刃脚位置拉裂风险也越高。另外，沉井平面尺寸一般较大，受首次下沉高度的限制，沉井竖向刚度相对较小，首次沉井下沉过程易产生结构拉裂。

(1)沉井分节考虑的因素

①地基承载力的限制。当沉井继续接高时,沉井的刚度不断增加,其荷载也在不断增加,地基承载力的不足则凸显出来。为此,需要提高地基承载力,可在第一节沉井内壁混凝土浇筑后,沿沉井内壁四周刃脚斜面下回填砂,扩大支承面积。

②接高施工的稳定措施。当沉井接高时,如果沉井的下沉系数<1.0,可认为沉井是稳定的。当下沉系数≥1.0 时,需采用井内灌水或填砂等措施,减少沉井产生突沉或过大的变位发生。

③沉井结构刚度限制。当沉井首次下沉时,由于支撑反力的差异,沿高度方向结构竖向刚度不足可能造成沉井结构的拉裂破坏。

已有工程沉井首次下沉高度如表 3-2 所示。

已有陆上沉井接高下沉高度汇总　　表 3-2

序号	桥梁名称	所属桥梁部位	首次接高节数/高度(m)	基础规模(m)长×宽×高
1	江阴长江大桥	北锚碇基础	2/13	51×69×58
2	泰州长江大桥	南锚碇基础	1/7	67.9×52×57
		北锚碇基础	4/23	67.9×52×41
3	南京长江四桥	北锚碇基础	4/21	69×58×58.2
4	马鞍山长江大桥	北锚碇基础	3/18	60.2×55.4×41
		南锚碇基础	4/23	60.2×55.4×48
5	鹦鹉洲长江大桥	北锚碇基础	2/11	外径 66m、内径 41.4m、高 43m
6	杨泗港	1 号主塔	2/13	77.2×40.0×38

(2)接高施工的注意事项

沉井下沉至其底节顶面高出地面 1.5~2.5m 时,应停止下沉和井内挖土工作。接高前,沉井底节应尽可能地正位直立,如有偏斜,应做好纠偏工作,将沉井垂度偏差在控制的允许范围内。对于深埋沉井,无论是下沉偏斜总量还是相对偏差,均要从严控制。接高施工时,还应注意以下几点:

①当沉井底节在偏斜状态时,为保证施工质量和避免下沉困难,严禁接高,应将底节沉井纠偏正位之后,再行接高。接高时,各节沉井的竖向中轴线应与最底节沉井的中轴线相重合,外井壁应竖直平滑。

②接高沉井前,处理好施工缝,先将底节沉井壁顶结合面清理,清水冲洗干净后,再行接高施工。

③沉井接高时,模板不宜直接支撑在地面上。

④沉井接高的质量标准和允许偏差,可参照相关沉井施工规范要求执行。

3.3.2　钢筋制作与安装

井壁钢筋施工多采用在钢筋加工车间集中下料、加工成半成品后,运至现场,用塔吊吊入就位、绑扎。借助井内操作平台和井外脚手架进行钢筋绑扎操作。钢筋施工的关键步骤主要包括钢筋制作、钢筋绑扎、钢筋接头处理等。各工序的质量要求参照现行的施工规范。

3.3.3 模板支设

钢筋施工完成后,进行井壁模板支设及安装。大型沉井的模板施工主要有翻模、滑动模板、液压爬模几种工法。

(1)翻模法

翻模法模板系统主要由内外模板、拉杆、围檩、外部背楞、工作平台等组成。内外模板采用对拉杆固定,在内模上设置工作平台以方便钢筋绑扎及混凝土浇筑施工。内外模均采取竖向分节支设,每节高1.5~2.0m,用直径12~16mm的对拉螺栓拉槽钢圈固定。

(2)滑动模板法

滑动模板工法的滑模系统大体上由支撑杆、门架、内外模板、平台、吊架滑升动力系统等部件组成,主要以液压千斤顶为滑升动力,带动工具式模板或滑框沿着已成型的混凝土表面或模板表面滑动,通常多用于沉井刃脚以上井壁施工。

(3)液压爬模法

液压爬模工法是一种适用于现浇钢筋混凝土竖直或倾斜结构施工的模板工艺,综合了大模板和滑动模板共同的优点,适合沉井一次制作,一次下沉施工。

3.3.4 混凝土施工

一般情况下,混凝土采用搅拌车运送到现场,由混凝土泵车沿沉井周围进行布料分层浇筑。夏季浇筑混凝土时,应尽量避开高温下浇筑。若在大风或烈日下浇筑,在振捣完毕后应及时覆盖,防止水分蒸发出现干裂,同时还应洒水,保持表面湿潮。冬季混凝土浇筑完毕后,及时用覆盖保温,以防混凝土受冻。混凝土初凝后,采用洒水养护,养护期大多为7d。对防水混凝土而言,养护期不得少于14d。拆模时的混凝土表面温度与环境温度的差值不得大于25℃,控制混凝土温度裂缝。

3.4 沉井下沉验算

3.4.1 沉井下沉与接高下沉系数

沉井下沉过程中最主要的参数为沉井下沉系数,该系数主要受沉井自重、活荷载、沉井所受浮力、沉井内外侧摩阻力以及端阻力的影响。沉井浮力主要受不同施工水位的变化影响,水位越低,浮力越小。沉井内外侧摩阻力主要受不同深度地质条件的影响,端阻力与土体的极限承载力及井内土塞的高度有关。

1)计算参数取值

(1)侧摩阻力

沉井下沉过程中,井壁侧摩阻力是沉井下沉的主要阻力之一。沉井进行下沉计算时,侧摩阻力取标准值。侧摩阻力标准值可以通过以下三种方法获得。

①地质勘探。根据工程地质和水文条件,采用现场地质勘察和原位试验的方法获得沉井下沉区各土层的单位面积摩阻力。

②经验值。当缺乏沉井下沉区可靠的工程地质和水文条件时,可根据施工方法和井壁外

形等情况，参照类似条件沉井的施工经验确定，井壁单位面积的摩阻力可参考表3-3选用。

土壤与井壁的单位面积摩阻力标准值 f 表3-3

序　号	土壤名称	单位面积摩阻力(kN/m^2)
1	流塑状态黏性土	10~15
2	可塑、软塑状态黏性土	10~25
3	硬塑状态黏性土	25~30
4	泥浆土	3~5
5	砂性土	12~25
6	砂砾石	15~20
7	卵石	18~30

③理论计算。除按照上述两种方法获得外，井壁单位面积的摩阻力还可按照朗金公式计算的井壁外主动土压力乘以沉井与土层之间摩擦系数获得，其计算公式为：

$$F = f_0 E_a \tag{3-3}$$

式中：F——井壁与土壤之间的单位面积摩阻力，kPa；

f_0——假定的沉井井壁与土的静摩擦力系数，一般取0.18~0.25，见表3-4；

E_a——沉井外壁所受的主动土压力，kN/m。

井壁与土壤间摩擦系数 f_0 表3-4

土壤名称	黏土	亚黏土	砂和砾石	淤泥
f_0	0.18	0.20	0.25	0.08

由于沉井穿越土层地质复杂，f_0尚难以准确测定，计算误差较大。因此，朗金计算公式供校核时参考使用。

(2)端阻力

沉井端阻力是由土层的地基承载力决定，地基承载力计算可参照2.3.2节。

(3)浮力

沉井在进行开挖下沉计算时，排水下沉不考虑沉井所受水体浮力作用；当沉井不排水下沉时，水体对沉井浮力作用是不容忽视的因素。

一般情况下，对于砂层沉井所受浮力不进行折减；而对于淤泥质土地层，沉井所受浮力按照施工经验，需对沉井所受浮力进行折减，折减系数推荐值一般为0.5~0.8。需根据实际情况，按不利状态考虑。

2)下沉系数

沉井下沉系数是衡量沉井能否顺利下沉的重要控制指标，理论上，当下沉系数K大于1.0时，沉井下沉动力大于下沉阻力，沉井能顺利下沉；当下沉系数K小于1.0时，沉井下沉动力小于下沉阻力，沉井无法顺利下沉，需要采取措施减小沉井端阻力、沉井侧摩阻力或者增大沉井自重。目前，不同规范对下沉系数的取值大小规定不尽相同。下沉系数控制值选取时，建议下沉前期取小值，下沉后期取大值。沉井在下沉过程中，若实际施工情况与计算结果有出入,则需及时调整地基承载力、侧摩阻力值等计算参数,进行下沉系数动态分析计算。

(1)按照《给水排水工程钢筋混凝土沉井结构设计规范》(CECS 137:2015)中第六章 6.1 节规定,沉井下沉系数应符合下式要求,需要注意的是,该公式计算时未考虑端阻力影响,这与实际情况有较大出入,建议计算时计入端阻力:

$$k_{st} \geqslant 1.05$$

$$k_{st} = \frac{G_k - F_{fw,k}}{F_{fk}}$$

式中:k_{st}——下沉系数;

G_k——沉井自重标准值(包括外加助沉重量的标准值),kN;

$F_{fw,k}$——下沉过程中水的浮托力标准值,kN;

F_{fk}——井壁总摩阻力标准值,kN。

当下沉系数较大,或在下沉过程中遇到软弱土层时,应根据实际情况进行沉井的下沉稳定验算,并满足下列公式的要求:

$$k_{st,s} = 0.8 \sim 0.9$$

$$k_{st,s} = \frac{G_{ik} - F'_{fw,k}}{F'_{fw} + R_b}$$

式中:$k_{st,s}$——下沉稳定系数;

$F'_{fw,k}$——验算状态下水的浮托力标准值,kN;

F'_{fw}——验算状态下井壁总摩阻力标准值,kN;

R_b——沉井刃脚、隔墙和底梁下地基土的极限承载力之和,kN。

(2)根据上海市工程建设规范《沉井与气压沉箱施工技术规程》(DG/T J08-2084—2011)中 4.4 节规定,采取刃脚切土下沉时,下沉系数应按照下式计算:

$$k_{st} = \frac{G_k - F_t}{T_f + R_1 + R_2}$$

式中:k_{st}——下沉系数,下沉系数应满足 1.0~1.25;

G_k——沉井自重标准值,kN;

F_t——下沉过程中地下水的浮托力,kN,采用排水下沉时取 0,气压沉箱接高时取气压浮托力标准值。

R_1——隔墙和底梁下土的极限承载力,kN;

R_2——刃脚踏面及斜面下土的极限承载力,kN,可按下式计算得到:

$$R_2 = U\left(b + \frac{n}{2}\right)R_d$$

其中,b 为踏面宽度,m;n 为刃脚斜面的水平投影宽度,m;R_d 为地基土承载力极限值,kPa。

沉井与沉箱在下沉过程中遇到软弱土层时,应根据进行沉井的下沉稳定验算,并满足下列公式的要求:

$$k_{st,s} = 0.8 \sim 0.9$$

$$k_{st,s}=\frac{G_k-F_t}{T_f+R_1+R_2}$$

式中：$k_{st,s}$——下沉稳定系数；

F_t——验算状态下水的浮托力标准值，kN；

T_f——验算状态下井壁总摩阻力标准值，kN。

（3）《公路桥涵地基与基础设计规范》（JTG D63—2007）6.1 节规定下沉系数 $k=G/R$ 可取 1.15～1.25，其中 G 为沉井自重，R 为沉井底端地基总反力 R_r 与沉井侧面总摩阻力 R_f 之和；R_f 计算可假定单位面积摩阻力沿深度呈梯形分布，距地面 5m 范围内按三角形分布，其下为常数，$R_f=\mu(h-2.5)f$，式中，μ 为沉井下端面周长，h 为沉井入土深度，f 为井壁单位面积摩阻力加权平均值。

3）接高稳定系数

根据上海市工程建设规范《沉井与气压沉箱施工技术规程》（DG/T J08－2084—2011）中 4.4 节规定，当沉井与沉箱多次制作下沉时，应按下式进行接高稳定性验算：

$$k_c\leqslant 1.0$$

$$k_c=\frac{G_k}{T_f+R_1+R_2+F_t}$$

式中：k_c——接高稳定系数；

G_k——沉井自重标准值，kN；

F_t——下沉过程中地下水的浮托力，kN，采用排水下沉时取 0，气压沉箱接高时取气压浮托力标准值。

T_f——验算状态下井壁总摩阻力标准值，kN。

R_1——隔墙和底梁下土的极限承载力，kN；

R_2——刃脚踏面及斜面下土的极限承载力，kN，可按下式计算得到：

$$R_2=U\left(b+\frac{n}{2}\right)R_d$$

其中，b 为踏面宽度，m；n 为刃脚斜面的水平投影宽度，m；R_d 为地基土承载力极限值，kPa。

公式中规定的沉井自重、沉井所受端承力、侧摩阻力以及浮力与下沉系数计算参数选取相同。接高稳定系数与下沉系数不同点在于，接高稳定系数计算时浮力在计算公式分母位置，下沉系数计算时浮力在分子位置处。

对规范规定的下沉系数、下沉稳定系数及接高稳定系数进行汇总如表 3-5 所示。

沉井接高、下沉系数规范规定汇总　　表 3-5

规范	给水排水工程钢筋混凝土沉井结构设计规范	沉井与气压沉箱施工技术规程	公路桥涵地基与基础设计规范
下沉系数	1.05	1.0～1.25	1.15～1.25
下沉稳定系数	0.8～0.9	0.8～0.9	—
接高稳定系数	—	1.0	—

3.4.2 沉井下沉结构验算

沉井在开挖下沉过程中,沉井支撑条件发生变化,需对沉井在不同支撑条件下的结构受力情况进行验算,防止沉井结构发生破坏。在对沉井结构进行验算时有两种计算方法:荷载结构法和地层结构法。

1)荷载结构法

荷载结构法认为,地层对结构的作用只是产生作用在地下建筑结构上的荷载(包括主动地层压力和被动地层抗力),结构在荷载的作用下产生内力和变形。这一方法与设计地面结构时习惯采用的方法基本一致,区别是计算沉井内力时需考虑周围地层介质对结构变形的约束作用。计算时先按地层分类法或由实用公式确定地层压力,保证沉井结构能安全可靠的承受地层压力等荷载的作用下,按弹性地基上结构物的计算方法计算沉井的内力。采用该方法时,需确定地基弹簧刚度以及土层对结构作用类型。

(1)地基竖向弹簧刚度

沉井结构计算边界条件包含井壁及隔墙底部竖向支撑、沉井进入土体后井壁侧向水平支撑两种。沉井进入土体前,仅考虑井壁及隔墙底部竖向支撑作用,竖向支撑可采用只受压弹簧单元模拟,弹簧刚度系数取基床系数与沉井刃脚水平投影或隔墙底面面积之积,基床系数可以按照表3-6所给的推荐值进行选取。

基床系数推荐值 表3-6

	土的名称	状　态	k(kN/m^3)
天然地基	淤泥质土、有机质土或新填土		$0.1\times10^4 \sim 0.5\times10^4$
	软弱黏性土		$0.5\times10^4 \sim 1.0\times10^4$
	黏土、粉质黏土	软塑	$1.0\times10^4 \sim 2.0\times10^4$
		可塑	$2.0\times10^4 \sim 4.0\times10^4$
		硬塑	$4.0\times10^4 \sim 10.0\times10^4$
	砂土	松散	$1.0\times10^4 \sim 1.5\times10^4$
		中密	$1.5\times10^4 \sim 2.5\times10^4$
		密实	$2.5\times10^4 \sim 4.0\times10^4$
	砾石	中密	$2.5\times10^4 \sim 4.0\times10^4$
	黄土及黄土类粉质黏土		$4.0\times10^4 \sim 5.0\times10^4$
桩基	软弱土层内摩擦桩		$1.0\times10^4 \sim 5.0\times10^4$
	穿过软弱土层达到密实砂层或黏性土层的桩		$5.0\times10^4 \sim 15.0\times10^4$
	打到岩层的支撑桩		800×10^4

(2)水平支撑

沉井进入土体后,考虑土体对沉井基础的侧向水平支撑作用。沉井井壁为直壁形时,可以考虑土层对井壁的侧向支撑,侧向支撑可采用只受压弹簧单元模拟,弹簧刚度系数取水平地基系数与沉井井壁侧面面积之积。沉井侧面的水平地基系数参考《铁路桥涵地基和基础设计规范》附录D进行取值。规范规定：将土视为具有随深度成正比增长的地基系数的弹性变形介质，深度 y 处垂直于基础侧面的水平地基系数 $C_y = my$，深度 h 处基底竖向地基系数 $C_0 = m_0 h$，当 $h<10\text{m}$ 时，C_0 采用 $=10m_0$，地基系数的比例系数 m 和 m_0 的值应采用试验实测值。当无此实测资料时，可参照表3-7查用。

非岩石地基 m 和 m_0 值（kPa/m^2）　　表3-7

序　号	土的名称	和　值
1	流塑黏性土、淤泥	3000~5000
2	软塑黏性土、粉砂、砂土	5000~10000
3	硬塑黏性土、细砂、中砂	10000~20000
4	坚硬黏性土、粗砂	20000~30000
5	角砾土、圆砾土、碎石土、卵石土	30000~80000
6	块石土、漂石土	80000~120000

当井壁为变截面内缩时，内缩部位以下考虑侧向支撑作用，内缩部位以上部分土体因沉井下沉可能造成的松散效果，按主动土压力考虑其侧向作用。

2）地层结构法

地层结构法为利用岩土数值软件，构建沉井结构及地基土层，按照不同开挖方式开挖土体，模拟真实施工条件下沉井结构受力及变形情况（图3-14）。与荷载结构法相比，地层结构法充分考虑了沉井与周围地层的相互作用，结合具体的施工过程可以充分模拟沉井以及周围地层在每一个施工工况的结构内力以及周围地层的变形。

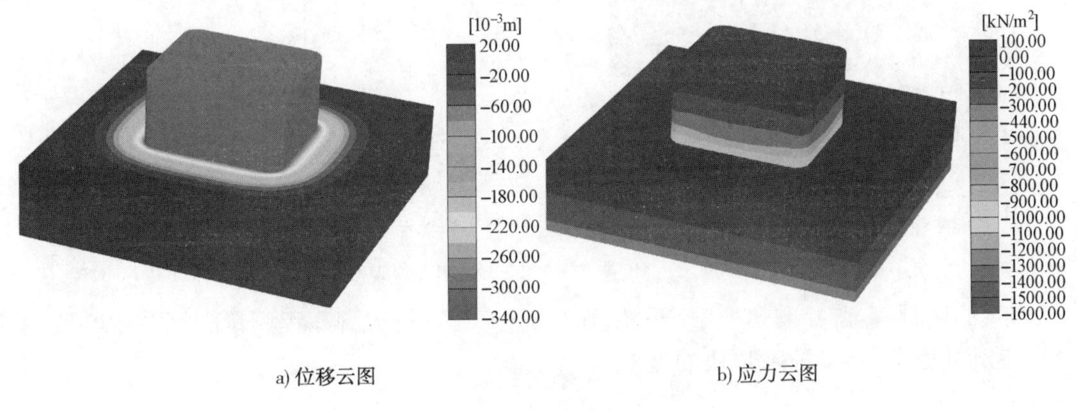

a) 位移云图　　b) 应力云图

图3-14　地层结构法计算结果示意图

3）沉井结构验算关注点

根据以往计算经验，沉井从中心向外逐步开挖下沉时，沉井在跨中位置以及刃脚位置处结构受力较大，受力较大位置处需注意沉井结构是否安全，结构不能满足要求时需对结构进行相应加强。在计算方法上，荷载结构法与地层结构法在结构受力大小，甚至最大受力方向上会存在一定偏差，分析时需特别注意。

3.5 沉井下沉施工

3.5.1 垫块及刃脚支设抽除

1) 垫块抽除

大型沉井混凝土强度达到100%,小型沉井混凝土强度达到70%以上,便可以抽除支承刃脚下垫块,如图3-15所示。抽除垫块是沉井下沉工作的开始,也是沉井下沉施工过程中的重要工序之一,应精心而谨慎地进行,否则会造成沉井下沉困难。

抽除垫块应分区、分组、依次、对称、同步进行。抽除垫块的先后顺序与沉井的结构形式有关。对圆形沉井而言,先抽除一般垫块,后抽除定位垫块;对矩形沉井,应先抽内隔墙下垫块,然后分组对称抽除外墙两短边下的定位垫块,再抽除长边一般垫块,最后同时抽除余下垫块的顺序进行。

抽除方法是将垫块底部的砂垫层挖去,利用人工或机具将相应的垫块抽除或破除。每抽除一垫块,应立即用回填材料将空隙填实,同时在刃脚内外侧筑成小堤,并分层夯实。回填材料可用砂或砂夹碎(卵)石,回填时应分层洒水夯实,每层20~30mm,如图3-16所示。当沉井采用水力机械吸泥下沉时,由于卵碎石不能与泥浆混合排出,大部分会沉积在水力吸泥机泥口下端,影响吸泥效果,不宜采用卵碎石作为回填材料。

图3-15 混凝土垫块抽除

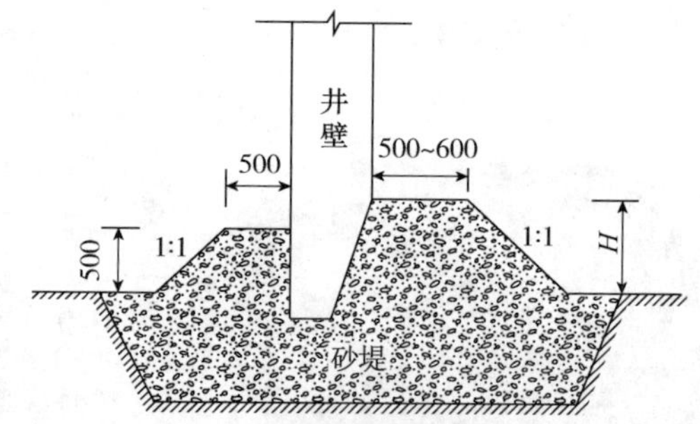

图3-16 沉井刃脚内外回填砂土(尺寸单位:mm)

抽除垫块时,在沉井四角外壁墙上做好测量标尺,进行刃脚高程测量和沉井中心线的测量,观察沉井姿态,指导抽除垫块的施工。

2) 刃脚支设拆除

沉井下沉前需对沉井刃脚部位支设进行拆除,对支设进行拆除时需对称、分次进行,避免沉井在拆除支设过程中发生倾斜以及不均匀沉降引发的结构破坏。支设拆除后,需及时回填砂,拆除一段即回填一段,不应待拆除完毕后一次性回填。

3.5.2 沉井下沉

沉井下沉方式主要有排水下沉、不排水下沉两种,不同下沉方式的优缺点对比见表3-8。

不同下沉方式的优缺点对比　　表3-8

序号	下沉方式	优点	缺点	适应条件
1	排水下沉	将地表水降低至沉井刃脚以下，减小沉井下沉时阻力，加快沉井下沉速度	对沉井周边土体干扰比较大，容易引起井外砂土向井内管涌、翻砂等以及周边构筑物基础发生不均匀沉降，导致沉井及周边构筑物发生破坏	适合于地基渗水量不大、黏性土（如黏土、粉质黏土及各种岩质土）或在砂砾层中渗水量虽然很大，但排水并不困难时使用，且对周边构筑物基础影响较小。一般用于沉井施工的初沉阶段
2	不排水下沉	对沉井周边土体干扰相对较小，降低刃脚底管涌、翻砂等现象发生的概率，便于控制沉井下沉时的几何姿态	沉井下沉时受浮力作用影响，下沉阻力较大，下沉速度较慢	适合于地基渗水量很大、排水困难的情况，或排水施工引起土体扰动对周边构筑物基础的影响不可接受。一般用于沉井施工的中间和终沉阶段

3.5.3 排水下沉相关计算

1）降水井点数量与布置

根据《建筑基坑支护技术规范》（JGJ120-2012）章节7.3.11第3条，管井的单井出水能力可按下式计算：

$$q_0=120\pi r_s l\sqrt[3]{k} \tag{3-4}$$

式中：q_0——单井出水能力，m^3/d；

r_s——过滤器半径，m；

l——过滤器进水部分长度，m；

k——含水层渗透系数，m/d，按设计提供详勘资料；

理论上，降水管井的数量 $n=\dfrac{1.1\times Q}{q}$。

在降水井实际布设时，应沿沉井对称均匀布置；考虑实际排水下沉施工工序以及降水过程中随着抽水井工作时间的延续，降水井过滤器会产生堵塞，应适当增加降水井数量。在初步确定降水井数量及布置位置以后，可以采用专业降水软件进行验算，若降水井数量不能满足降深要求，则需增加降水井数量。

2）降水对周边环境影响

当沉井周边存在重要建筑物时，可能引起周边建筑物的沉降，此时需评估沉井降水施工对周边建（构）筑物的影响。

（1）计算方法

①沉降计算。按照《建筑基坑支护技术规程》（JGJ 120—2012）规范进行沉降计算。

$$S=\psi_w\sum_{i=1}^{n}\frac{\Delta\sigma'_{zi}\Delta h_i}{E_{si}}$$

式中：S——计算剖面的地层压缩变形量，m；

ψ_w——沉降计算经验系数,应根据地区工程经验取值,无经验时,宜取1;

$\Delta\sigma'_{zi}$——降水引起的地面下第 i 层土中点的平均附加有效应力,kPa;

Δh_i——第 i 层土的厚度,m;

E_{si}——第 i 层土的压缩模量,kPa。

②降水计算。计算土层厚度 Δh_i 以及平均附加有效应力 $\Delta\sigma'_{zi}$ 均与降深有关,其关系如下式表示。

$$\sum \Delta h_i = \Delta z$$

$$\Delta\sigma'_{zi} = \frac{1}{2}\gamma_w \Delta z$$

式中:Δz——降深,m。

(2)沉井降水计算边界条件

采用降水井进行降水计算时,计算主要边界条件有:降水影响半径以及土层渗透系数的取值。

①影响半径。《基坑降水手册》提供经验值,通过单位出水量可以给出降水井降水影响半径大致范围,如表3-9所示。

根据单位出水量确定影响半径(R)经验值　　表3-9

单位出水量[(m^3/h)/m]	影响半径 R(m)	单位出水量[(m^3/h)/m]	影响半径 R(m)
>7.2	300~500	1.8~1.2	25~50
7.2~3.6	100~300	1.2~0.7	10~25
3.6~1.8	50~100	<0.7	<10

②渗透系数取值。渗透系数不仅与含水层的颗粒大小、性状、排列、充填情况、裂隙岩溶的性质和发育程度有关,而且与地下水的运动状态、物理性质(重度、黏性系数等)有关。渗透系数的经验取值如表3-10所示。

渗透系数经验取值　　表3-10

岩性	岩层颗粒		渗透系数(m/d)	岩性	岩层颗粒		渗透系数(m/d)
	粒径(mm)	所占比例(%)			粒径(mm)	所占比例(%)	
粉质黏土			0.05~0.1	粗砂	05~1.0	>50	25~50
黏质黏土			0.10~0.25	砾砂	1.0~2.0	>50	50~100
黄土			0.25~0.5	砾石夹砂			75~150
粉土质砂			0.5~1.0	砾卵石夹粗砂			100~200
粉砂	0.05~1	70以下	1.0~1.5	漂砾石			200~500
细砂	0.1~0.25	>70	5~10	圆砾大漂石			500~1000
中砂	0.23~0.5	>50	10~20				

(3)沉井降水对周边环境影响分析

根据确定的降水井降水参数及布置位置进行降水计算分析,可以得到不同降深范围的等值线分布。计算得建筑物所处降水深度,进而采用下式进行沉降计算。

$$S=\psi_{\mathrm{w}}\sum_{i=1}^{n}\frac{\Delta\sigma'_{zi}\Delta h_i}{E_{si}}$$

3.5.4　下沉取土方法

1)排水下沉施工

(1)取土工艺及工效

排水下沉取土工艺主要有人工或小型机械挖土、抓斗抓土、水力机械或水力冲射吸泥挖土(图 3-17)等几种。对于地质土层较好的胶结层或岩层,需风镐和小爆破破土,其中以水力机械或水力冲射吸泥挖土效率最高,工程中也经常采用。

图 3-17　水力冲射吸泥开挖方法

(2)沉井内的取土

挖土必须对称、均匀进行,使沉井均匀下沉。井内取土的顺序根据井内土质情况而定。

对于一般的软土层而言,开挖前,先在沉井内侧沿边界线数米处的位置上,形成一条与沉井平面形状相似的闭合线,该闭合线与踏面内沿边界线间所夹的环状区域称为支撑带,闭合线包围的区域称为中央内区。按照先中央内区后支撑带的原则进行开挖。内区分层挖土层厚不得大于 1.0m,开挖支撑带之前,先对支撑带分区,即把环状支撑带按 2～3m 的间隔作均匀、对称的分区。然后对支撑带对称的分层开挖,直至沉井下沉,如图 3-18 所示。

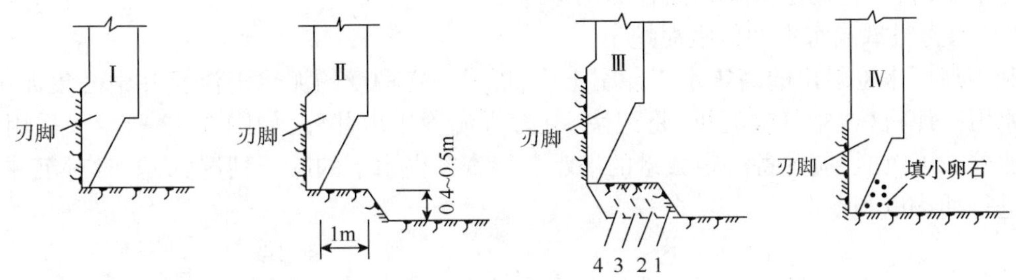

图 3-18　一般软土层的取土开挖顺序

对于硬土层或夹卵石层而言,不易出现崩脚现象,需采取逐层对称掏空刃脚,甚至超挖外壁以外 5～10cm,掏空后立即填塞小石子,待全部掏空填塞结束后,再分层挖除卵石层直至沉井刃脚下沉,如图 3-19 所示。

对于涌砂层,采用先挖支撑带后内区的顺序开挖,见图 3-20。

2)不排水下沉施工

沉井不排水下沉施工,通常采用水下抓土下沉、水力机械或水力冲射吸泥机吸泥下沉、钻吸法、冲吸法进行除土下沉。

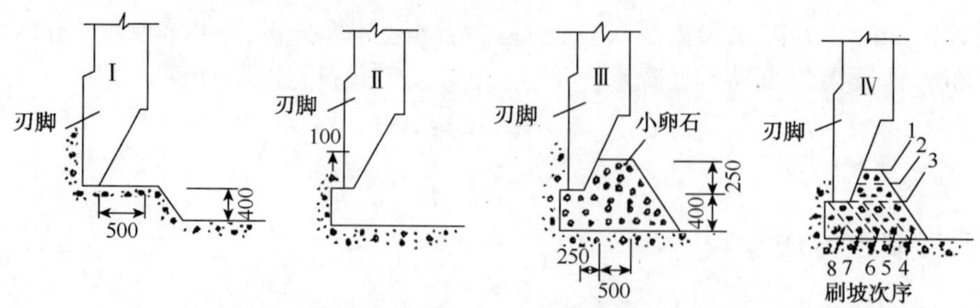

图 3-19　硬土层或夹卵石层取土开挖顺序(尺寸单位:mm)

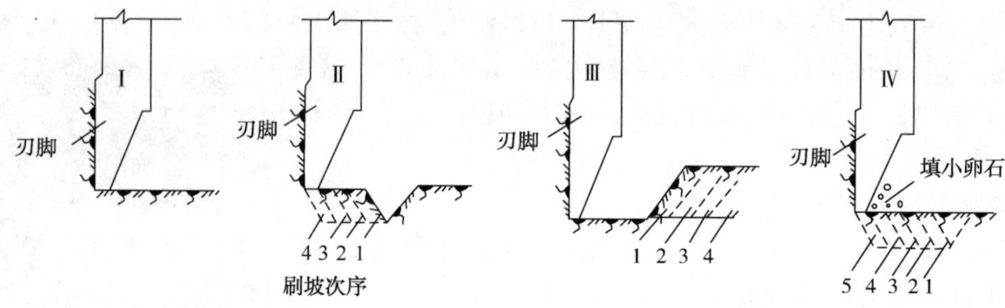

图 3-20　流砂层开挖取土顺序

(1)水下抓斗挖土

吊车配合抓斗挖掘中央部分的土体,形成锅底,然后刃脚切土下沉。在砂或砾石类土中,一般当锅底比刃脚低 1.0~1.5m 时,沉井依靠自重下沉;刃脚下的土体挤向中央锅底处,再从井孔中继续抓土,沉井即可继续下沉。在黏质土或紧密土中,刃脚下的土不易向中央坍落,配射水装置松土。沉井由多个井孔组成时,每个井孔宜配备一台抓斗。当采用抓斗抓土时,对称逐孔轮流进行,各井孔内面高差应不大于 0.5m,使其均匀下沉如图 3-21 所示。在水中抓斗挖土时,禁止掏挖刃脚踏面外的土体。

(2)水力机械或水力冲射吸泥挖土

利用高压水枪射出的高压水流冲刷土层,形成一定稠度的泥浆汇流至井中心集泥坑,然后用水力吸泥机(或空气吸泥机)将泥浆吸出,排泥管排出井外,如图 3-22 所示。采用空气吸泥法除土下沉时,应配备一定数量的潜水员检查井内水下的除土情况,必要时对沉井刃脚四周进行冲掏以利下沉。

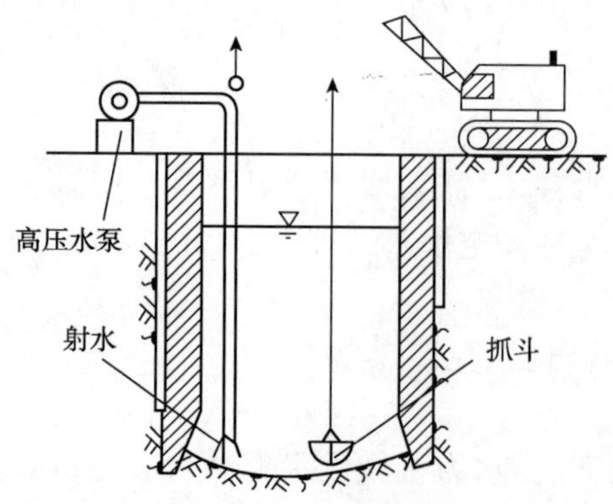

图 3-21　水枪冲土与抓斗在水中抓土

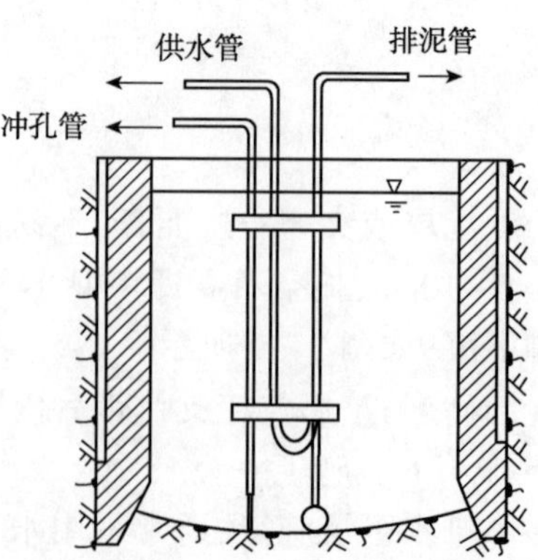

图 3-22　水力吸泥机在水中冲吸土

冲掏黏性土时,宜使喷嘴接近90°角冲刷立面,将立面底部冲成缺口使之坍落。一般不宜冲空刃脚踏面下的土层,避免发生突沉。施工时,高压水枪冲入井底的水量和外部渗入的水量应与水力吸泥机吸出的泥浆量保持平衡。

水力机械冲泥的主要设备包括吸泥器(水力吸泥机或空气吸泥机)、吸泥管、扬泥管和高压水管、离心式高压清水泵、空气压缩机(采用空气吸泥时用)等。

在吸泥施工时,应将各种土冲洗具有适宜稠度的泥浆重度:砂类土为1.08~1.18;黏性土为1.09~1.20。吸入泥浆所需的高压水流量与泥浆量相当,吸泥器配备数量按沉井规模及土质综合确定。

水力吸泥机冲土,适用于在粉质黏土、轻亚黏土及粉细砂土。使用不受沉井内水深限制,出土效率随水压、水量的增加而提高,必要时可向沉井内注水,增加井内水位,提高吸泥效率。

吸泥机除土、吸泥时,沉井内大量的水随泥浆带走,井内水位逐渐降低,从而与土体外水位产生水头差,为防止泥砂因井内外水位差由刃脚涌入井内,另备抽水机向井内灌水。在砂类土和粉砂土层中,井内水位一般不低于井外水位,在淤泥或浮土中使用水力机械吸泥时,保持井内水位高出井外水位1~2m。

(3)钻吸法吸泥取土

对于较坚硬黏性土可采用钻吸法,钻吸法吸泥取土是通过2台潜水电钻和1台潜水砂泵特制组装成的钻吸机组,以潜水钻机为动力在水中对土体进行切削破碎,辅以高压水枪将破碎土体搅成泥浆,然后用潜水砂泵进行反循环排泥工作。主要设备包括钻吸机组、供水(取水泵、高压水管、增压泵)、供电(防水电缆、电缆卷筒、配电厢等)、提升设备和泥浆管路。

钻吸法下沉须按照“定位正确、先中后边、对称吸钻、深度适当”的原则进行。用高压水枪,冲除刃脚斜面下的泥土,使沉井下沉,按沉多少钻、沉少多钻的原则实施。钻吸施工前,应测量井内水位和河床面的标高,并控制好排水量对井内水位的变化,井内水深一般不低于5~10m。沉井钻吸下沉时,应对称分层均匀钻吸,钻吸深度不大于2.5m。相邻隔仓的锅底标高高差应控制在0.5~1.0m,使沉井保持均匀、平稳、缓慢下沉。钻吸中应加强测量,指导钻吸下沉的施工。

(4)冲吸法吸泥取土

空气吸泥机与高压射水配合使用的吸泥称为冲吸法。空气吸泥设备包括进气管路、空气吸泥器、排泥管路、高压射水装置等,如图3-23所示。当空气吸泥装置工作时,压缩空气沿进气管进入空气箱以后,通过内管壁上的一排排小孔眼进入混合管,在混合管内与水混合形成气水混合物。当送入压缩空气足够充足,空气箱在水面以下又有相当的深度,混合管中的混合物在管外水头压力的作用下,便顺着排泥管上升而排出井外。水深越大,吸泥效果越好;供气量越大,气、水、土混合物的容量越小,压差越大,吸泥效果也越好,过大的供气量将使单位体积空气的有效除土量降低,效率降低。

吸泥从沉井中央开始,对称扩向刃脚,使井底开挖的泥面处于锅底状态。吸黏性土时,可辅以射水冲松淤泥质亚黏土;吸砂类及砂土时,为防止流砂发生,井内水位一般不宜低于井外;吸淤泥及流砂时,井内水位宜高于井外2m;对较为坚硬、密实的土层,为提高吸泥效果,将高压射水管与空气吸泥器固定在一起,同时进行射水及水下吸泥作业,射水管与吸泥管一起升降移动,边冲边吸,射水压力控制在1.5~2.5MPa。

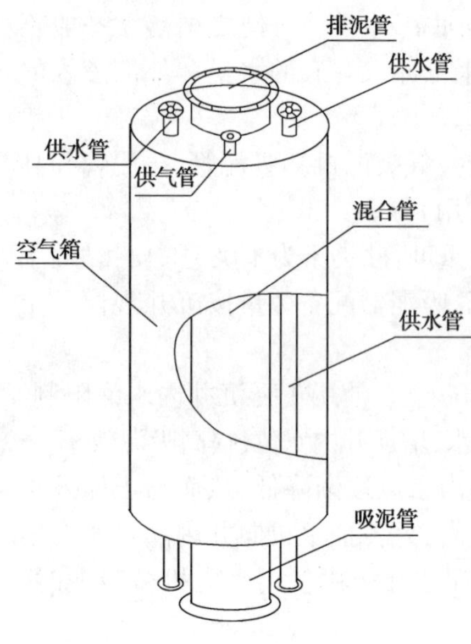

图 3-23　空气吸泥装置

吸隔墙下泥土时，采用弯头吸泥机，避免弯头向刃角方向吸泥；排泥管弯头半径不宜过小，以减少管道堵塞；经常检查气压，防止回风使排泥管内泥浆倒灌入空气吸泥器的空气箱和进气管内；停止吸泥时，先把吸泥器提升到一定高度后，关闭进气阀；当吸泥深度大，采用接力式空气吸泥器。

空气吸泥机吸泥过程中，可在井壁预埋的射水管配合冲刷刃脚土层，清除阻沉点。下沉过程中随时向井内补水，始终保持井内水头不低于 1～2m。

3）大型沉井精细化开挖下沉

大型沉井平面尺寸大，沉井分次接高分次下沉，沉井结构竖向刚度由柔变刚，故沉井取土下沉过程应重点关注沉井刚度的变化。沉井开挖下沉时中心位置处悬空跨度的变化，对结构受力影响较大，因此需根据沉井竖向刚度由小增大的变化，采取从“小锅底”到“中锅底”再到“大锅底”的开挖下沉方法。若盲目按照传统大锅底方法施工时，对结构安全带来不利影响。

沉井基础上覆土层物理力学性能一般较差，为保证沉井首次下沉姿态及防止沉井突沉，首节沉井下沉高度不宜太高，因此首次下沉时沉井长高比及宽高比均较大，结构竖向刚度较小。在施工中应采取间隔解除刃脚下支垫并回填砂保证地基土支撑力均匀性。同时，首节沉井下沉一般采用排水法下沉工艺，应采取单个格仓取土形成“小锅底”，对沉井沿着井壁或隔墙形成连续土体支撑，减少纵横向跨径及沉井结构内力，保证了沉井结构在首次下沉沉井竖向刚度较小的情况下结构安全与下沉姿态的控制。

随着沉井接高，沉井长高比及宽高比逐渐变小，沉井结构竖向刚度逐步增大。接高后沉井再次下沉一般采用不排水下沉工艺，采取沉井平面内多个格仓分区取土形成若干个“中锅底”对沉井沿着井壁或隔墙形成若干连续土体反力支撑。

当沉井接高完成，沉井结构竖向刚度至最终状态，沉井下沉采用不排水下沉工艺至沉井终沉阶段，可继续采取“中锅底”取土工艺。当下沉接近终沉阶段，下沉较为困难时，此时结构竖向刚度较大以及沉井周圈土体约束作用，可采取井内取土形成“大锅底”，辅助助沉措施下沉至设计位置。

对于陆上超大型沉井结构宜采用精细化开挖方法，需要注意的是，沉井首次下沉时，姿态控制是施工控制重点之一，尤其沉井下沉初期结构刚度柔，按照“柔性沉井结构”下沉控制理念，采用“小、中、大”锅底渐次开挖下沉工艺，控制策略以挠度控制为主、内力为辅的施工控制方法。

4）沉井精细化开挖下沉实例

某长江特大桥锚碇沉井基础长 100.7m、宽 72.1m、高 56m。沉井共分 10 节，第 1 节为钢壳混凝土沉井、高 8m，第 2 至第 10 节为钢筋混凝土沉井。沉井顶面标高为+1.0m，基底标高为-55.0m，基底置于砂层中。

沉井分三次接高与三次下沉。第一次接高前三节，采用排水辅助下沉至标高-8.0m。第二次接高第4、5、6节,采用不排水下沉至标高-30.0m,第三次接高第7、8、9、10节,采用不排水下沉至设计标高。

沉井第一次采用排水小锅底开挖下沉法,在每个井孔底部同步取土,确保沉井稳步下沉,隔墙(井壁)结点处形成有效支撑,控制钢壳混凝土拉应力,确保结构安全。沉井小锅底开挖如图3-24所示,沉井下沉过程如图3-25所示。

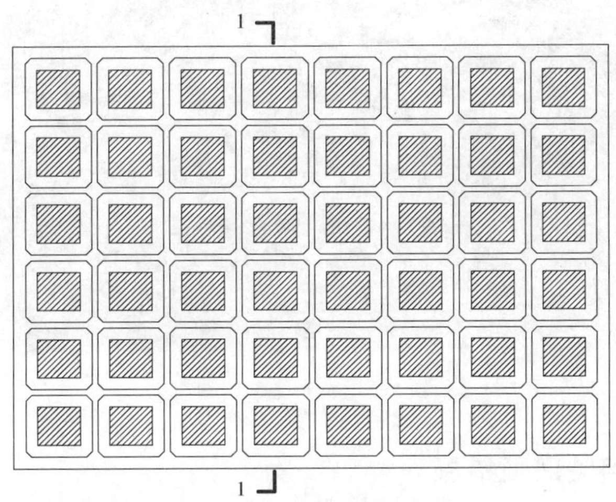

a) 沉井"小锅底"开挖平面示意图

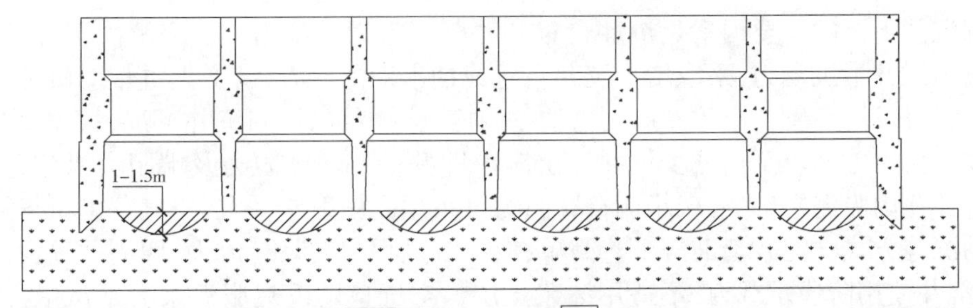

b) 沉井"小锅底"开挖剖面图

c) 现场"小锅底"开挖

图3-24 沉井"小锅底"开挖

图 3-25　沉井现场下沉过程

3.5.5　沉井下沉相关保障措施

1)助沉措施

控制沉井下沉的主要因素是沉井自重和井壁摩阻力及端阻力。为解决沉井顺利下沉,一方面增加沉井下沉动力,采取增加沉井自重或抽水助沉等方式,增大重量对沉井下沉是有利的,但达到设计标高后,土质基底则需清基封底,往往难以控制沉井下沉,故需适当控制沉井的重度。另一方面可采用减少沉井下沉阻力即井壁侧面摩阻力及端阻力措施,其中端阻力可通过井孔内吸泥来解决,减小侧壁摩阻力可采用高压射水助沉、空气幕助沉、砂套、触变泥浆套助沉等方式。泥浆套助沉工艺简单,但下沉过程中泥浆易流失,四周井壁泥浆不易固结,降低沉井使用阶段承载力,不适用漏浆土层。空气幕助沉克服泥浆套助沉缺点,既可控制沉井下沉速度,也不影响沉井终沉后的承载力,工艺成熟、经济性好,但在卵石土层及硬黏土层效果较差。

(1)高压射水助沉

高压射水下沉是用预先安装在沉井外壁的喷水口,借助高压水冲刷壁外土层,减少外井壁摩阻力,促使沉井下沉。射水管均匀布置在井壁外侧四周,喷水口应高出沉井刃脚底面1.5m 以上,如图 3-26 所示。

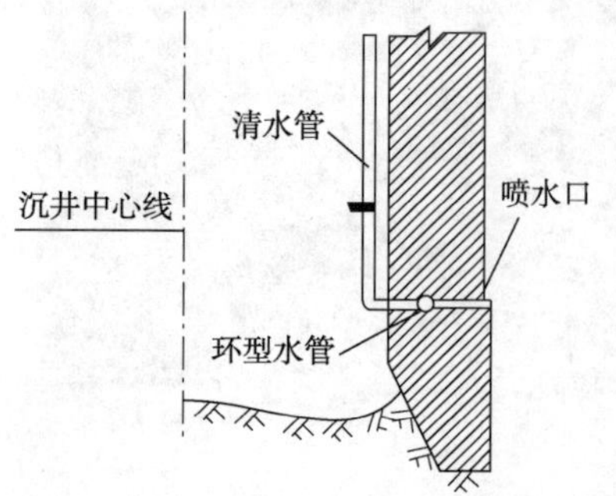

图 3-26　沉井预埋射水管路

在砂土中,水深在 8m 以下时,水压宜控制在 0.4~0.6MPa;在砂卵石地层中,水深在 10~12m 时,宜控制在 0.8~2.0MPa。高压射水助沉法不适用于在黏土中助沉。

(2)空气幕助沉

空气幕助沉,是在沉井外壁周围沿高度方向预埋若干层管路,每层管路上,钻有若干小孔,下沉时在管路内压入高压气流,气流由喷气小孔向井壁外面喷射,使沉井周围形成一层空气帷幕,气流上升,带动泥沙翻滚,周围土体松动或液化，减少了井壁与土体之间的摩阻力，促使沉井下沉（图 3-27）。

图 3-27　空气幕助沉措施

采用空气幕助沉时，下沉量相对容易控制，下沉完成后，井壁与土体之间的摩擦力可逐渐恢复，不需要采取其他措施，对提高沉井的稳定和使用期的抗震能力均有一定的作用。

空气幕由沉井外壁上布设的气龛、井壁内预埋的水平风管、竖向风管及供气系统组成。空气幕开启时机需要根据沉井下沉情况确定，过早地开启空气幕，会引起局部风管管路及孔道发生堵塞，影响后期助沉效果，当沉井进入距设计标高 3～5m 的终沉阶段，下沉困难时开启空气幕助沉。

①气龛。沉井在下沉中，气龛主要保护喷气孔与土壤不直接发生接触，使喷出的气体能均匀扩散。气龛是井壁平面呈 15cm×15cm～25cm×25cm 倒梯形，深度 3～5cm 的凹槽结构，凹槽底部设置水平管。立模时用木板将模板与水平管隔离，间距约为 3cm。在拆模后将木板凿除，清理出水平管，然后在水平管上钻 1 个 3mm 的喷气孔，气龛结构详见图 3-28 所示。

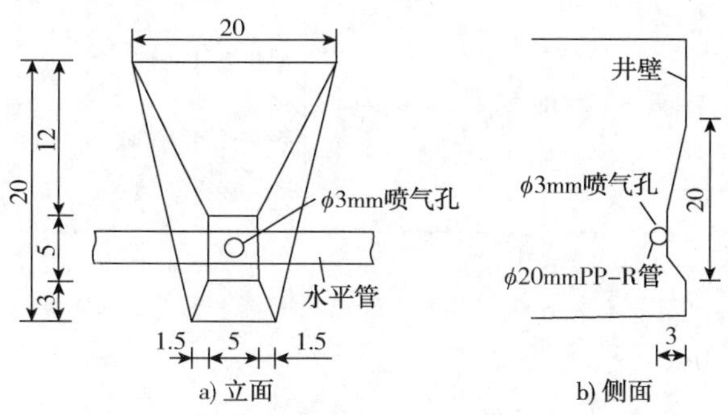

图 3-28　气龛结构图（尺寸单位：cm）

②风管分为水平风管和竖向风管，一根竖向风管往往与多层水平风管相连接，竖向风管的直径大于水平风管的直径。竖向风管上端需伸出沉井顶部，以便与地面风管相接。每次沉井接高时，竖向风管相应接长。

③供气系统主要为空气压缩机，风压须大于最深处的水压力与沿程送气时的损失值之和，一般为水压力的 2～2.5 倍。空气幕应设置简洁，长度短，弯头和接头少。每个气龛正常情况下的气体耗费量为 0.02～0.03m^3/min。

④现场安装。在沉井立模板之前，用木料做成气龛木模，沉井外模板内侧放线，并固定气

龛木模。安装沉井内、外模板后，在外模板内壁上安装水平风管，水平风管中线与气龛木模水平线重合，用 U 形扒钉将水平管固定在模板上，然后安装竖向风管。混凝土强度达到要求后，拆除模板及气龛木模，用电钻钻出气龛上的喷气孔。沉井接高时，对竖向风管进行相应接高。

⑤空气幕运行。保持沉井内部水位比沉井外部地下水位高 1~2m，对沉井刃脚处土体进行吸泥操作，在保证刃脚安全埋深的前提下尽量减小端部阻力。

根据沉井的偏位和高差，明确开启空气幕的目的是以调偏为主还是以下沉为主，然后确定各个面开启空气幕的顺序和时间。向预埋管内压风 1min，检查喷气孔是否通畅。在保证沉井内部水位比沉井外部地下水位高的前提下，同步降低沉井内、外水位，减小水浮力。

向风管内送风，气龛按照从上层到下层的顺序逐层开启。送风时应控制好风力分配器，确保沉井在同一层平面上的气龛能同时喷气，使沉井平稳、均匀下沉。送风时间不宜过长，一般为 3~5min。下沉过程中对沉井周边或沉井拐角点进行观察，及时汇总下沉数据，发现沉井不均匀下沉时，应立即采取相应措施。沉井下沉一段高度后，若井壁长时间溢出气泡且无下沉量，停止竖向风管供风，按照从下层到上层的顺序逐层关闭。供气气压应逐渐降低，以免突然停气造成瞬间负压，使喷气孔吸入泥沙。关气时同步关闭空气幕竖向风管顶部所设的阀门，使空气幕风管内保持一定压力，防止地下水沿气龛孔倒灌，堵塞气孔。

(3)砂套助沉

大型沉井井壁砂套设计原理：通过设置在混凝土井壁四周的齿坎构造，使堆放在沉井四周的砂随沉井下沉逐步回填，松散的回填砂在井壁凹槽范围内隔绝井壁与原状土的直接接触，有效减小井壁四周摩阻力。与传统的全断面内凹相比，既保证了砂的有效回填，又有利于控制沉井下沉姿态。砂套结构设置如图 3-29 所示。

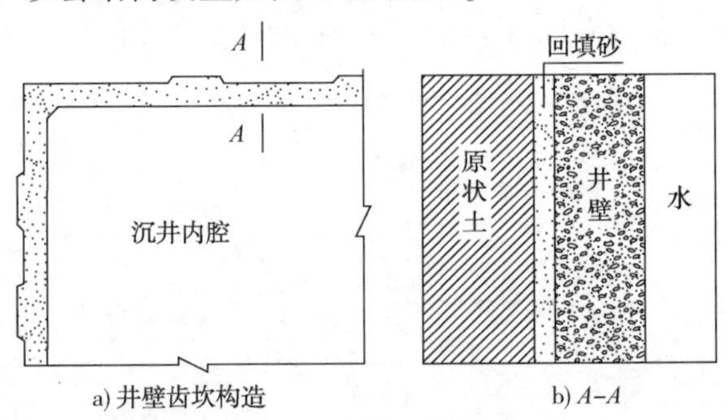

图 3-29　砂套结构设置

(4)触变泥浆套助沉

触变泥浆套助沉，主要是在井壁与土体之间形成一层隔离层，沉井在下沉过程中与周围的土体隔开，可减少约 80%的井壁摩阻力，保持周围土体不受破坏而发生塌陷，保证临近建构筑物的安全。触变泥浆隔离层的厚度，一般以 15~20cm 为宜。隔离层过厚则泥浆消耗量大，不经济，沉井下沉容易倾斜；隔离层过薄，泥浆置换困难，隔离效果不佳。触变泥浆助沉主要包括泥浆的制备；在下沉过程中利用预先埋置于井壁内管路压浆形成泥浆套；沉井下沉到设计标高或封底之后压砂浆置换排除泥浆。

①压浆管路布置。压浆管路的布置可分为内管法和外管法。

内管法一般在厚壁沉井中采用，压浆管埋入井壁内或在井壁预留管孔。外管法又分为井外外管法和井内外管法，即压浆管可置于井壁内侧或外侧。井外外管法是将压浆管顺井壁外侧直插入泥浆套内进行压浆。井内外管法是将压浆管从井孔内插在接近沉井台阶高度处,穿过井壁将压浆管出口引至泥浆套内。为确保在沉井下沉过程中压浆管安全,一般采用井内外管法。压浆管的直径为38~50mm,间距一般3~4m,射口方向与井壁成45°。排浆孔位置如图3-30所示。

②泥浆射口挡板安装。射口挡板的作用是防止泥浆射出时直冲土壁,避免土壁局部坍落时堵塞出浆口。挡板用角钢或钢板弯制,置于出浆口处,并固定在井壁的台阶上,如图3-31所示。

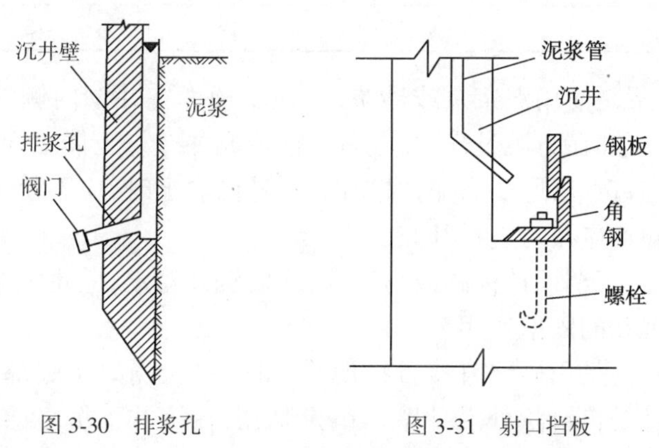

图3-30 排浆孔　　　图3-31 射口挡板

③井壁地表围圈制作。地表围圈的作用是确保泥浆套的宽度,储存及调整出浆的均衡,防止土壁坍落到泥浆套内,可用木制、钢制或钢筋混凝土构成。高度一般为1.0~1.5m,顶面高出地面约0.5m,其上加盖以防止杂物落入或流水冲蚀,外侧用黏性土回填夯实。

④泥浆制备。触变泥浆由水、黏土、化学处理剂及其他惰性物质所组成,黏土是配制泥浆的主要材料,其指标对泥浆质量有直接影响。泥浆在制备、存储和使用过程中,均应做好取样试验工作,均应做好取样试验工作,保证泥浆质量达到要求。

针对不同土层的情况和施工要求,泥浆制备时应重点控制泥浆的主要控制指标,试配后确定。黏土地层:地层结构紧密,地下水渗透较缓慢,宜选用密度大、失水量小的泥浆。各类砂土(中等颗粒土层):饱和的细、粉砂地层,易产生翻砂漏浆,宜采用黏度和切力较高的泥浆。砂夹卵石土层:土层颗粒间空隙较大,结构松散,地下水流动较为通畅,泥浆易于局部坍落漏失,宜采用高黏度、高切力、密度较小的泥浆。触变泥浆的物理力学性能要求可参照表3-11中的规定选用。

触变泥浆的物理力学性能指标 　　表3-11

指　标	土　层			
	砂	砾石、卵石	亚黏土	黏土
密度(g/cm^3)	1.20~1.25	1.10~1.15	1.10~1.20	1.10~1.15
失水量(mL/30min)	12~15	10~12	15~20	12~15
泥皮厚(mm)	2~4	1	2~3	2~5
静切力(mg/cm^2)				
1min	30~60	75~150	30~50	20~40
10min	60~80	150~200	50~80	40~80

续上表

指　标	土　层			
	砂	砾石、卵石	亚黏土	黏土
黏度(s)	25~35	40~50	22~30	20~25
胶体率(%)	99~97	100~98	100~98	98~97
稳定性(g/cm³)	0.01~0.02	0.01~0.02	0.00~0.03	0.02~0.03
pH 值	≥8	≥8	≥8	≥8
含砂率(%)	<4	≤1~2	≤3	≤4

⑤压浆。触变泥浆是使用泥浆泵或砂浆泵,通过预埋在井壁内侧的管路或设在井内的垂直压浆管压入的。沉井在下沉过程中,左右摇摆造成井壁与土体之间形成间隙,为了防止漏浆,在刃脚台阶上宜钉一层厚 2mm 的橡胶板,同时在取土时,应不使刃脚底部掏空致使泥浆流出。当泥浆泄漏时,应及时进行补充。

⑥泥浆置换。沉井沉至设计标高或封底后,为使沉井稳定,应将泥浆套中的泥浆进行置换,及时恢复土层对沉井的固壁作用。

置换方法有两种:一是用砂浆直接置换泥浆,将砂浆从隔离层底部压入,使泥浆被压进的砂浆所排出;另一种是自台阶处沿井壁预留排浆孔,在沉井下沉之前,先堵塞浆孔或安装阀门,待沉井封底后,破坏泥浆套,排出泥浆,用砂浆置换填实。

(5)抽水助沉

抽水助沉主要原理是降低井内水位,减小沉井下沉过程中所受浮力,从而加快沉井下沉速度。

抽水助沉措施应防止井外向井内出现翻砂、管涌等现象,由于抽水助沉措施对沉井周边土体扰动较大,对于周边有重要构筑物,应慎用抽水助沉措施。

(6)压重助沉

在沉井下沉施工过程中,如果下沉系数小于 1.05 时,可采用加载助沉。此时,根据不同情况和施工条件搭设承重平台,将型钢、钢板、钢锭以及其他重物,均衡对称地置于其上,或采用沉井接高增加荷载的方法配重加压,促沉井下沉。

加载平台应符合重物堆放方便和结构安全的要求,重物堆放的重心和加载的重量应计算分析确定。加载时,应逐步分批进行,在加载范围内的其他工作应停止,沉井下沉到设计标高后,随即分批卸载,卸下重物应及时运走,不得堆放在沉井周边。如果沉井在下沉过程中出现较大高差,压重可按照偏压布置,作为纠偏措施。

2)防止突沉措施

下沉沉井时,特别是在软弱土层中,沉井可能发生突沉,若没有采取有效措施防止沉井突沉,将可能会造成沉井倾斜,严重的将导致人员伤亡及设备损坏。

(1)沉井突沉的原因分析

软弱土层土壤未进行处理,沉井下沉过程中,沉井刃脚进入该土层时,正面端阻力大幅降低,下沉系数突然增大;在下沉过程中刃脚被掏空,沉井处于临界状态;沉井接高过程中,荷载急剧增大。

(2)防止突沉的具体措施

适当地减小下沉系数,使沉井刃脚在下沉过程中始终埋在土中有一定深度;沉井下沉过程中,不宜将锅底的土体挖过深,取土要均匀、对称;合理设置隔墙位置及数量,必要时增加一定数量的下横隔梁,可承受突沉时部分竖向反力。

3)纠偏措施

(1)沉井偏斜原因分析及预防措施

沉井施工过程中产生偏差的原因很多,其原因分析及预防措施如表3-12所示。

沉井偏差原因及预防措施　　表3-12

序号	产生原因	预防措施
1	沉井刃脚下土层软硬不均匀	随时掌握地层情况,多挖土层较硬地段,对土质较软地段应少挖,多留台阶或适当回填和支垫,必要时应采取地基加固
2	没有对称地抽除垫块或凿除混凝土垫层	认真制订和执行抽除垫块操作细则,注意及时回填夯实
3	除土不均匀,使井内土面高低相差过大	除土时严格控制井内各仓面的泥面高差不超过50cm
4	刃脚下掏空过多,沉井突然下沉	严格控制刃脚下的挖土量,禁止挖空,刃脚边应留有土层
5	刃脚一角或一侧被障碍物搁住,没有及时发现和处理	发现后技术处理障碍物,对未被障碍物搁住的地段,应适当回填预制块或支垫枕木,防止沉井倾斜
6	井外弃土或河床高低相差过大,偏土压对沉井的水平推移	弃土时应尽量远弃,或弃于水流冲刷作用较大的一侧,对河床较低的一侧可抛土石回填
7	排水开挖时,井内大量翻砂	刃脚处应适当留有余土,不宜挖通,或采用深井井点降低地下水位,以免在刃脚下形成翻砂涌水通道,引起沉井倾斜
8	土层或岩面倾斜较大,沉井沿倾斜面滑动	在倾斜面低的一侧回填土,刃脚达到倾斜岩面后,应尽快使刃脚嵌入岩层一定深度,或对岩层钻孔,以桩锚固
9	在软塑至流动状态的淤泥土中,沉井易于偏斜	可采用井点降水、踏面宽度适当加宽,以免沉井下沉过快而失去控制

在施工过程中,严格按照操作规程和施工规范施工,贯彻"预防为主,纠偏为辅"的原则,主要措施如下:

①沉井下沉中要根据测量资料随偏随纠,动中纠偏,做到勤测、勤纠和缓纠,将偏差控制在最小范围之内。

②随时检查沉井是否垂直下沉,可在井壁外侧面画上标尺,或在井壁内四周根据沉井形状在井壁中线处各悬挂一个锤球,观察锤球线是否与事先在井壁上画出的垂直线相重合。当精度要求较高时,水准仪测量沉井各点的高差,及时纠正。对于大型沉井(特别是圆形沉井),可在井壁外侧隔一段距离设立一个竖直玻璃管,并与外围水管连接,根据竖管中的水位来观察沉井的水平偏差,也可在井壁上安装自动监测仪表。

③在井内除土,应先从中间开始,均匀对称、逐步地向四周刃脚处分层取土。

④沉井井壁区域的除土泥面不宜低于刃脚踏面,中间井孔的除土泥面,深度不宜低于刃脚踏面1~2m,相邻井孔间泥面高差不宜超过0.5~1.0m。

⑤应勤测量井内除土的泥面标高、沉井下沉量、倾斜和位移的变化情况。

⑥随时掌握土层变化的情况,分析和检验土壤阻力与沉井重量的关系,选定适当的除土下沉方法,控制除土部位和除土数量。

⑦采取不排水下沉方式施工时，特别注意井内水位不得低于井外水位，挖砂性土壤时，应保持井内水位高出井外水位不少于1~2.0m。施工过程中应随时监测和控制井内水位，防止涌砂发生。

⑧沉井下沉挖出的土方，应及时运走，如确实不能及时外运，应远离沉井基坑四周均匀堆放，禁止将弃土堆放至井壁的一侧，避免产生偏土压力而使沉井偏斜。

⑨分节下沉的沉井，当每节沉井快接近下沉预定标高时，应注意调平沉井姿态，防止沉井下沉过快、下沉量过大而产生较大的偏斜，增加后续接高工作的困难。

⑩沉井下沉距设计标高2.0~3.0m时，严格控制井内的除土量、下沉速率，同时还应调平沉井，防止因除土量过大和除土不均匀，使沉井产生突沉，从而引起较大的偏斜。沉井下沉初期，重心较高，井壁四周并无约束，要求第一节沉井的重心不宜过高，沉井刃脚下的基础垫层必须均匀密实。挖土时，宜采用抓土斗和人工均匀对称挖土，不宜采用吸泥机除土。沉井倾斜一般发生在入土深度小于8m，当入土较深后，只要沉井不发生突沉，沉井下沉过程中不易产生较大倾斜。

（2）纠偏方法

①倾斜纠偏。当沉井入土浅而向某侧倾斜时，可利用纠偏除土的方法，使沉井在下沉过程中逐渐纠正偏差。

排水下沉纠正偏斜时，可在刃脚较高的一侧多挖土和在刃脚较低的一侧少挖或不挖土，即“沉多则少挖”和“沉少则多挖”的原则在开挖中纠偏。刃脚下的挖土要逐步扩大，不能一次过量掏挖，不应通过大量挖土来纠偏。若为不排水下沉，可在刃脚较高的一侧吸泥或挖土，必要时可配合潜水员在较高的一侧刃脚下除土。采用上述措施后，若还不能纠正到位时，还可在井外采用措施，如在井外偏填偏挖等方法纠偏。

a.外射水冲气方法纠偏。在沉井偏高的一侧井壁外插入射水管或冲气管（也可预先埋设在井壁内适当的地方预备）进行射水或冲气，以减少偏高一侧井壁与土层之间的摩阻力，同时用空气吸泥机在偏高一侧井内刃脚处取土，加快偏高一侧下沉，达到纠偏目的，如图3-32所示。

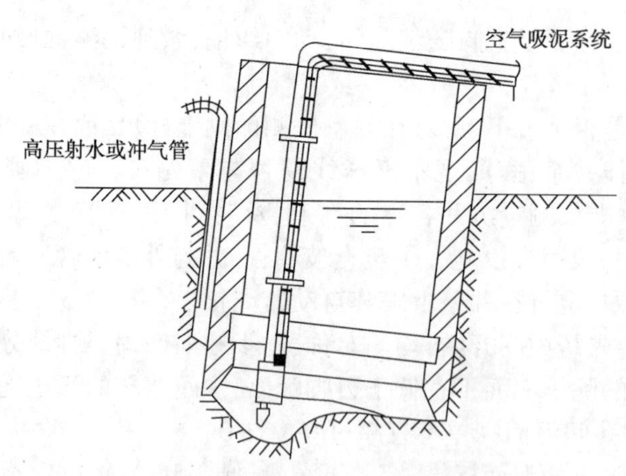

图3-32 井外射水纠偏

b.偏心压重和偏挖土纠偏。当沉井向右侧倾斜时，其纠偏方法为，可在较高一侧加偏心压重,多挖左侧井孔内的土,停止或少挖右侧井孔内的土,沉井逐渐下沉恢复水平,如图3-33所示。

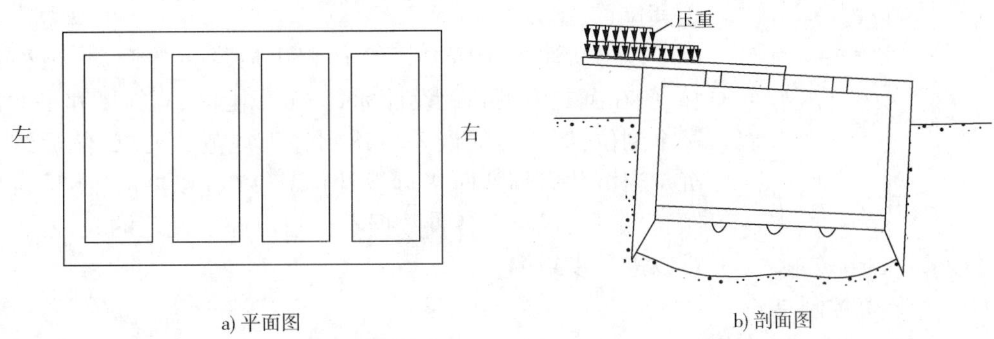

图3-33　偏心压重纠偏

c.增加偏土压纠偏。可以在沉井需要偏移的一侧(即高的一侧)堆石或堆土,使高的一侧的土压力大于另一侧的土压力,达到纠正沉井偏位的目的。

d.圆形沉井的纠偏。当圆形沉井的直径与其高度来说较小时,沉井下沉到一定深度后出现了倾斜,如仍采用在下沉少的一侧井内多挖土的方法来进行纠偏,不仅效果不大,反而会得到相反的效果。应改为反向方法,即在靠近下沉多的一侧方向进行井内挖土少挖慢挖,下沉少的一侧增加偏心压重。

②位移纠偏。当沉井中心线与设计中心线不重合时,可先一侧挖土,使沉井倾斜,然后均匀挖土,使沉井沿倾斜方向下沉到沉井底面中心线接近设计中心线位置时,再纠正沉井的倾斜,使其达到规范允许偏差的范围之内,纠偏方法如图3-34所示。

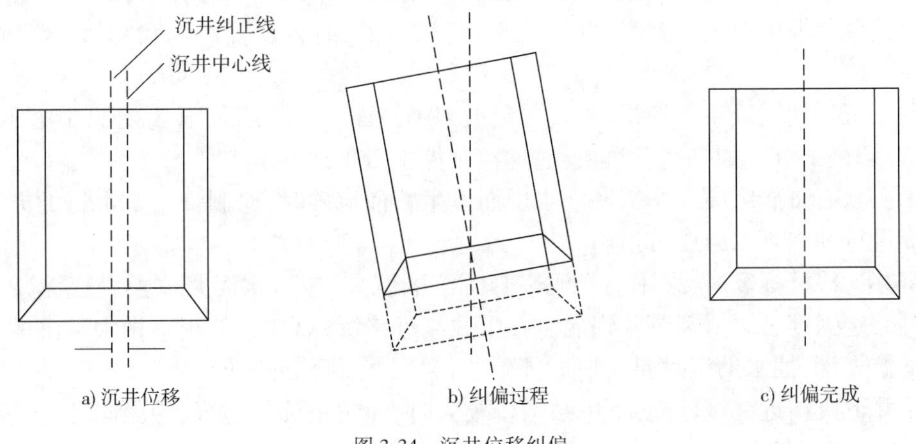

图3-34　沉井位移纠偏

对排水下沉的沉井,可在沉井一侧刃脚下加铺支垫,使沉井质点旋转面向有利方向倾斜。拆除支垫后,若沉井不能沿倾斜方向下沉,则可将支垫移至对侧,落平沉井,如此反复进行,直至纠偏为止。

两侧土压力不对称的沉井,一般是在土压力较大的一侧井壁外先挖去一部分土体,以减少其不对称性,另外在定位时,可根据土质、沉井尺寸、下沉深度等有关因素,将沉井向有土压力大的一侧预先外移适当的距离,为沉井下沉偏位留有一定的预偏量。

③扭转纠偏。沉井位置如发生扭转，如图 3-35 所示，纠偏时可在沉井的 A、C 两角除土，B、D 两角填土，借助于刃脚下土压力不相等所形成的扭矩，逐步纠正其位置。

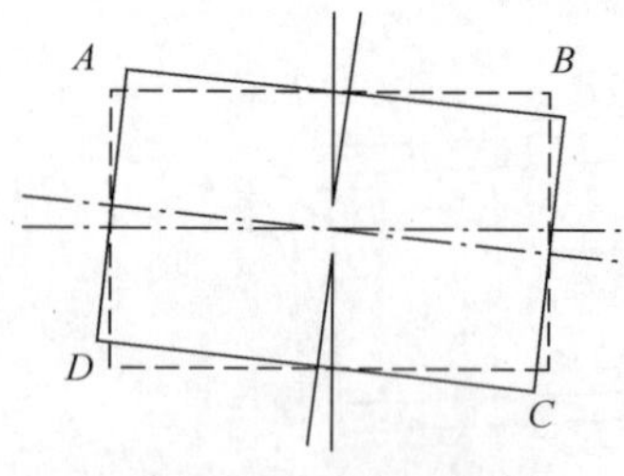

图 3-35 沉井扭转纠偏

以上所述关于沉井下沉过程中所产生的倾斜、位移和扭转，应在沉井下沉到距设计标高 3m 以上时，倾斜度和平面位置基本到位，纠正后的误差应达到施工规范的要求，然后继续下沉。当沉井刃脚踏面接近设计标高 2.0m 以内时，测量得出的倾斜、位移、扭转等各种数据不得超出施工规范的允许值，否则难以进一步纠偏。

4）沉井超沉控制措施

沉井超沉是指沉井在下沉施工过程中，终沉后刃脚的实际标高超过了沉井刃脚设计标高。

（1）沉井超沉的原因

沉井下沉后期，沉井的偏斜与位移仍较大，均不满足规范的验收标准要求，也不能满足沉井作为某种特定功能（桥墩或泵房或顶管工作井或接收井等）的使用要求，需进行纠偏。

当沉井下沉后期下沉系数仍然过大，如不进行挖土施工既不能满足封底要求，又不能满足刃脚设计标高要求，只能进行井内取土，造成沉井超沉。

沉井下沉到接近刃脚设计标高时，井内发生了管涌流砂，引起沉井超沉。

（2）防止超沉的措施

沉井下沉应进行各阶段的计算分析，判断沉井下沉后期下沉系数是否偏大。如果偏大，可采用增宽刃脚踏面及增加隔墙来扩大支承反力。

沉井下沉过程中坚持"纠偏为主，下沉为辅"的纠偏原则和始终保持沉井处于滑动摩擦状态下沉连续作业的要求，避免沉井下沉接近设计标高时再反复纠偏和突然下沉而造成沉井超沉。

沉井下沉后期锅底不要挖得过深，尽量沿刃脚斜面一层一层削土，或逐步掏挖隔墙下土方，使沉井缓慢下沉。如果速度过快，通过控制挖土量来调整。

当承压水有可能突破井内锅底隔水层而发生管涌流砂时，应制订切实可行的方案，如沿井外四周进行井点降水减压等措施。

当沉井达终沉标高时，采用触变泥浆套下沉的沉井，应压水泥浆置换触变泥浆，并等水泥浆达到一定强度后再清理沉井锅底。在沉井接近终沉标高时，采用不排水下沉的沉井，锅底不要冲挖太深，抽水助沉时要"抽抽、停停、看看"，控制下沉速度。

当沉井下沉接近终沉标高，下沉系数仍较大时，为防止沉井超沉，考虑向井内灌水，增加浮力，或改排水下沉为不排水下沉。

当沉井下沉接近终沉标高，可采取对称分格仓出土分格仓封底，控制沉井超沉。沉井接近设计标高时，考虑沉井会在不挖土的情况下发生自沉的现象，根据下沉系数的大小和井内土面高低及土质情况，预留 500~1000mm 厚度土层，应对沉井因自沉而引起的沉井超沉。

5）翻砂、管涌等处理

在特殊的水文及地质情况下，沉井下沉会产生翻砂及管涌现象。如在粉细砂层下沉沉井时，常遇到流砂的现象，对施工影响很大。一般在出现流砂现象以后，井内的流砂由井外的砂土来补充,井内随挖随涌,井内土面将始终保持一定的标高,而井外地面却出现大量坍塌现象,井边地面下陷深度可达数米以上。

(1)翻砂原因

根据土层的物理力学特性指标进行计算分析,容易发生流砂的地质情况包括以下几种情况:

①地下水位以下的土层为亚砂土或粉细砂层;

②颗粒级配中不均匀系数 $K_0=\dfrac{d_{60}}{d_{10}}<5$ 时,式中,d_{60}——相当于粒度成分累计曲线上60%含量的直径,d_{10}——相当于同一曲线上10%含量的直径;

③土层含水率大于30%~40%;

④土层孔隙率大于43%;

⑤土的颗粒组成中,黏粒(粒径大于0.005mm)含量小于10%,粉粒(粒径=0.005~0.05mm)含量大于75%。

上述性质的土层,在沉井施工过程可能会产生流砂现象。当地下水动水压力的水力梯度越大,为产生流砂提供的条件越充分,当水头压力达到临界时,即会产生流砂,临界水头可按下式计算,如图3-36所示。

$$I_{kp}=\frac{H_1-H_2}{l}>\frac{\gamma'}{\gamma_w}$$

式中:I_{kp}——临界水头梯度;

H_1——地下水位高度,m;

H_2——沉井内水位高度,m;

l——地下水流动时经过的路程,m;$l=H_1+H_2$;

γ'——地基土的浮重度,kN/m³;等于土重度扣除浮力,即 $\gamma'=\gamma-10\text{kN/m}^3$;

γ_w——水的重度,kN/m³;通常取10kN/m³。

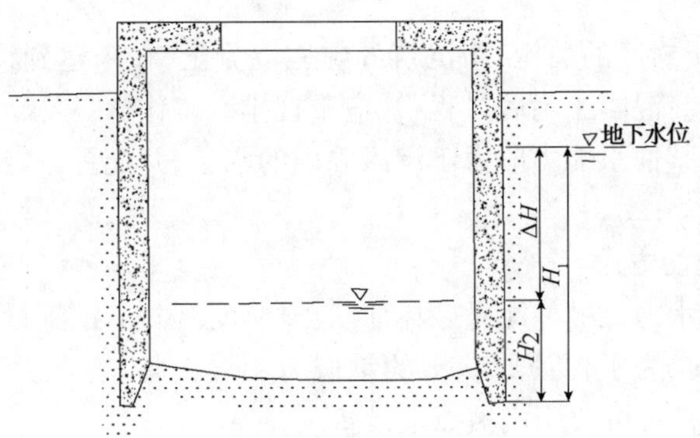

图3-36　沉井动水压力水头梯度计算

(2)预防措施

为避免流砂发生,可采取以下方法:

①减少水头梯度。向井内注水,使 $I_{kp}=(H_1-H_2)/l$ 中的 H_2 增加,l 加长,达到减少水头梯度的目的,破坏产生流砂的水动力条件。当井内注水后,可采用水下取土方式进行沉井下沉。

②改变水头梯度的方向。当动水压力向上,对土体产生浮托力,土颗粒处于悬浮状态时,土就容易失去稳定产生流砂。如果使井外地下水位下降,减小水头,也不会产生流砂。可采用井外降水,防止流砂的产生。

6)周围构筑物的保护

当沉井穿过粉细砂层、软黏土层,且地下水位较高时,沉井下沉将会引起下沉深度三倍以上距离平面周围的土体产生变形、坍陷,导致邻近建筑物沉降、倾斜、倒塌以及环境破坏等。

为防止沉井施工对周围构筑物造成的破坏或损坏,优先考虑采用不排水下沉施工工艺;若采用排水施工方式,控制排水下沉的深度;加长沉井刃脚,刃脚切入土中1~3m,避免井外土体进入沉井;也可在沉井四周设置柔性隔水层等措施。当井外四周土体坍塌时,应及时回填。

3.6 封底混凝土施工

沉井下沉至设计标高,经过观测沉井在8h内累计下沉量不大于10mm或沉降速率在允许范围内,表明沉井已处于稳定状态,即可进行沉井封底施工,主要有排水干封底和水下封底两种混凝土封底施工方法。

3.6.1 排水干封底

1)施工准备

沉井封底前,在井壁底部凹槽内和隔墙预留钢筋处进行凿毛,清理刃脚处封底混凝土厚度内的污泥。

在井点降水条件下施工的沉井,在封底前可用大石块或其他砌块将刃脚斜面垫实,防止封底期间沉井继续下沉;同时检查井点降水设备是否完好,以保持连续抽水。并做好井内集水井,便于封底后抽除地下水。

采用触变泥浆套护壁下沉的沉井下沉至设计标高,即可进行置换触变泥浆工作。

2)排水设施

排水工作是沉井干封底的关键,新浇筑的封底混凝土,在未达到设计强度之前,不能承受地下水压力。因此,在混凝土封底过程中,应重视排水工作。

集水井内的水泵,其抽水能力应大于渗入井内的水量,并配置一定数量的备用水泵。

3)施工措施

(1)改变沉井取土的方法

与机械抓土相比,水力机械冲泥易破坏原状土层,使沉井下沉到设计标高时土体不易稳定。当土层地质较差时,为了保证原状土的承载力不被破坏,在沉井下沉接近设计标高时(距离设计标高1m左右),可改用机械抓土设备。

另外,沉井在软土中下沉,当沉井自重较大时,其刃脚插入软土层中较深,因此,沉井下沉接近设计标高时(距离设计标高1m左右)应先挖锅底,保留刃脚内侧的土体尽量使沉井挤土下沉,同时沉井封底时,可减少涌土涌水现象发生。

(2)分批分仓进行封底施工

当土层较差,沉井自重又较大时,沉井虽已下沉到位,但井内涌土高度达到封底底板标高以上,如果井内再挖土,沉井将会继续下沉。因此,封底施工宜按分仓分批进行。

浇筑封底混凝土时,可掺入一定数量的早强剂,提高混凝土的早期强度,缩短工期。

封底前,一般先铺一层碎石或砾石,再浇筑封底混凝土,浇筑混凝土时均需要沿井壁四周向中央进行。分格、分批、逐段、对称进行混凝土封底浇筑,不得中途停顿,避免产生施工缝而造成渗漏。排水浇筑封底混凝土时,不得堵塞集水井,保证井内排水工作正常进行,确保终凝前混凝土不浸水或不受浮托力。

3.6.2 水下封底

不排水下沉施工的沉井或采用排水下沉但干封底有困难时,一般采用垂直导管法浇筑水下混凝土进行水下封底。水下封底要求将井底浮泥清除干净,若沉井锅底较深,为了减少混凝土的用量,可在锅底处抛石料,上面铺碎石垫层找平,然后进行水下封底混凝土浇筑施工。

1)施工准备工作

浇筑混凝土之前要进行一系列准备工作,主要包括水下清基、搭设施工平台、设施布置等。

(1)水下清基

清除锅底部及井壁侧面的各种杂物,测量锅底深度、高程及范围大小是否满足设计要求。

(2)施工平台

沉井基础混凝土浇筑一般采用导管法进行。导管法浇筑水下混凝土的施工平台一般采用双层面板形成上、下工作平台,下层工作平台专门用于导管升降操作,上层为混凝土供料平台也可采用只有一层工作平台,浇筑时,依次把转料斗移至各导管的承料漏斗上卸料。

目前使用较为广泛的是单层施工平台进行混凝土浇筑施工,也称为集中料斗法,平台布置如图3-37所示。浇筑时,将混凝土集中倒入中央大集料斗,通过溜槽依次将混凝土倒入小料斗、导管中。

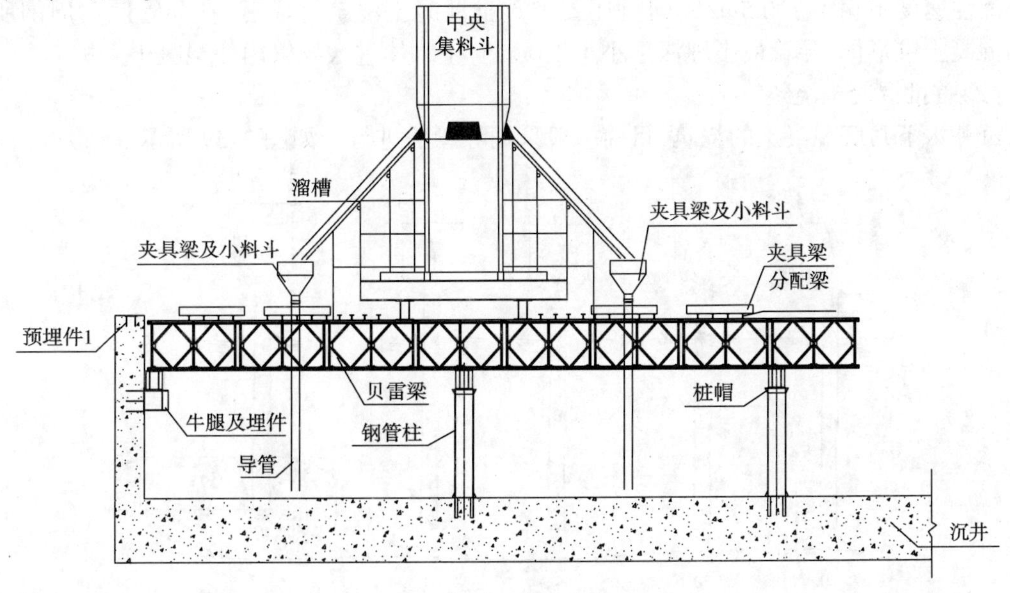

图3-37 集中料斗法施工

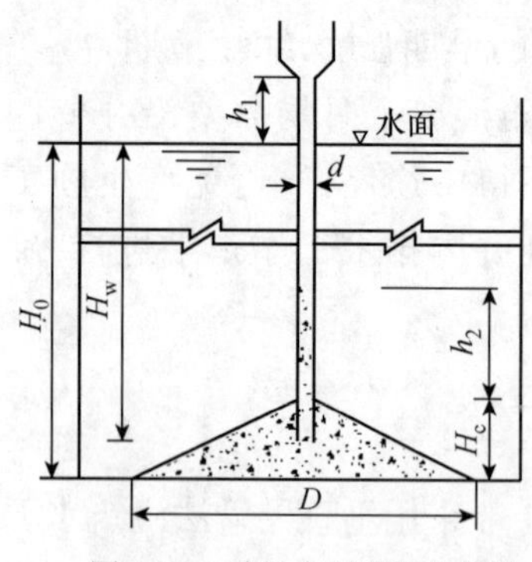

图 3-38　首批水下混凝土方量

(3)仓面布置

导管布置必须使整个仓面都在导管内混凝土流动半径范围之内。当采用两根或多根导管浇筑水下混凝土,可根据实际情况,适当调整导管的位置。

2)水下混凝土的浇筑

(1)首批混凝土数量计算

导管浇筑首批混凝土,管脚堆高不宜小于 0.8m。首批混凝土储料数量按下列公式计算,计算原理如图 3-38 所示。

$$V=h_2\frac{\pi d^2}{4}+\frac{H_c}{3}\frac{\pi D^2}{4}$$

式中:V——灌注首批混凝土所需数量,m^3;

D——混凝土扩散直径,m;根据漏斗到沉井底高度及是否采取混凝土下落降速措施决定,一般可按 4~6m 考虑;

d——导管直径,m;

H_c——首批混凝土灌注所需的高度,m,可按 0.8~1.0m 考虑;

h_2——井孔内混凝土高度达到 H_c 时,导管内混凝土立柱与导管外水压平衡的高度,m,即 $h_2=\frac{H_w\gamma_w}{\gamma_c}=\frac{10H_w}{\gamma_c}=\frac{H_w}{2.4}$,其中,$\gamma_w$ 为井内水的重度,按照 $10kN/m^3$ 考虑,γ_c 为混凝土拌和物的重度,按 $24kN/m^3$ 考虑,H_w 为井内水面至首批混凝土角堆体中心高度,$H_w=H_0-\frac{1}{3}H_c$,其中 H_0 为沉井内水面至沉井内地面高度。

按照计算出的每小时混凝土生产量,再以沉井面积除之,即为灌注速度。水下混凝土的最小灌注速度不宜小于 0.5m/h,同时还要求首批混凝土浇筑完成后,在导管底部周围所形成的混凝土锥形体,导管最小埋深不小于 1.0m,防止水体进入导管内使混凝土离析。

(2)首批混凝土浇筑

沉井水下封底混凝土的浇筑,目前一般采用导管法进行。如图 3-39 所示。

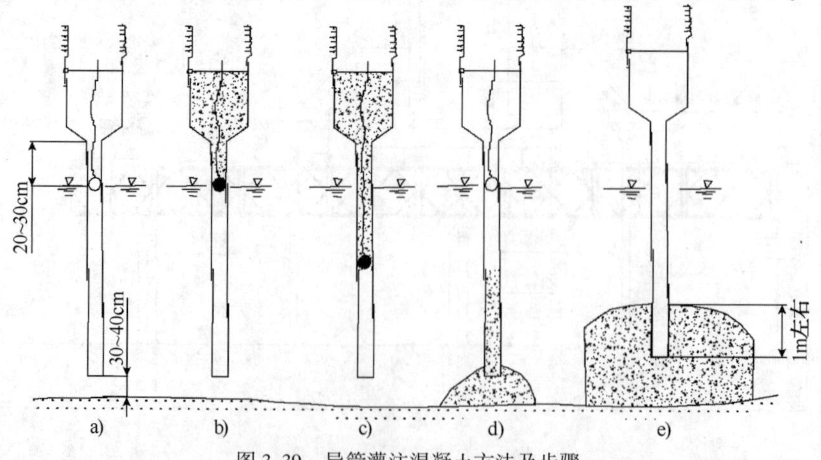

图 3-39　导管灌注混凝土方法及步骤

首批混凝土灌注采用隔水薄膜拔塞法，封底前，必须实测每根导管底口与泥面的距离，一般控制为15~20cm，确保首批混凝土封口成功。

(3)混凝土正常灌注

正常浇筑阶段，整个井孔要对称、均匀灌注混凝土，均衡加载，防止沉井倾斜或偏位。

每个导管处正常浇筑布料间隔控制在2h以内，防止导管底口混凝土间隔时间过长，流动性降低，堵塞导管。浇筑过程中注意控制每一浇筑点标高，每灌注一次，能引起混凝土面变动的点，即该导管混凝土流动半径范围内的测点都要测一次，记录灌注、测量时间。在灌注过程中，导管的埋置深度宜控制在2~6m，通过混凝土浇筑方量和实测浇筑高度提升导管及时拆卸导管，注意协调各导管浇筑速度使混凝土保持大致相同的标高。

(4)混凝土终浇

当混凝土面浇筑到距离预计高度约50cm时，应减小浇筑速度，加强观测，控制封底混凝土面标高。根据实测混凝土面高程，确定是否终止浇筑，终止浇筑前上提导管，适当减小埋深，但仍需保持导管埋深1m，尽量排空导管内混凝土，并检查各仓水下混凝土的流动范围内是否有死角。

混凝土浇筑临近结束时，再次测量混凝土面标高，重点检测导管作用半径相交处、周边角部等部位，根据结果对标高偏低的测点附近导管增加浇筑量，力求混凝土顶面平整，保证浇筑厚度达到要求。当所有测点均符合要求后，暂停混凝土浇筑，核对混凝土的灌入数量，确认混凝土的顶面标高到位后，终止混凝土浇筑。

3.7 工程实践

本节以某长江大桥北锚碇沉井基础为例，对陆上沉井施工工艺进行介绍。某长江公路大桥北锚碇沉井基础标准断面尺寸为60.2m×55.4m，总高41m，其中钢壳混凝土沉井高8m，钢筋混凝土沉井高33m。沉井平面分为25个井孔隔仓，除第一节钢壳未设倒角外，其余七节井壁与隔墙间、隔墙与隔墙间、井壁与井壁间均设0.5m×0.5m的倒角，沉井下沉到设计位置时的底面标高为-36.5m，封底混凝土厚度8m，具体结构尺寸如图3-40所示。

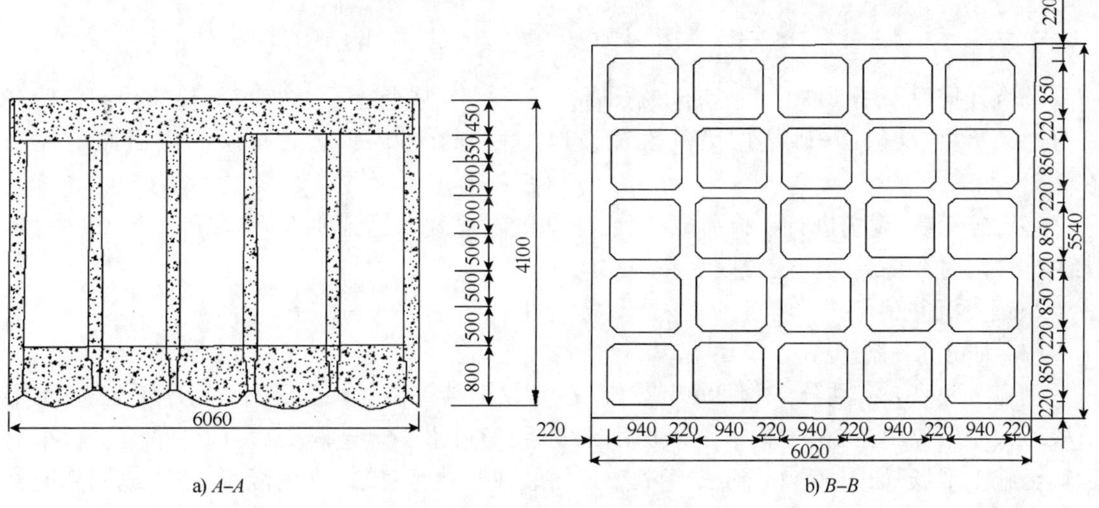

图3-40 北锚碇沉井基础结构(尺寸单位：cm)

北锚碇沉井位于长江中下游，南距长江大堤约240m，墩位处地面高程5.0~6.1m，主要为耕地及水塘。地表覆盖层厚约45m，自上而下依次为可塑状粉质黏土（厚2.5~3.5m）、流塑状淤泥质粉质黏土（厚15~16m）、稍密~中密状粉细砂（厚18~22m）及中密状中砂（厚4~10m）。下伏基岩为砂质泥岩及砂岩，岩面平缓，高程为-39~-40m，基础坐落在中密状中砂层上。

沉井所处土层上部的黏性土及淤泥质土为相对隔水层，下部的粉细砂及中砂为强透水层，地下水主要为孔隙承压水，水量丰富，稳定水位0.65~1.07m，下部承压水位0.44~1.07m，地下水与长江相通，涨幅基本与长江水位一致。

沉井从3月开始进行地基加固处理施工至12月下沉到设计标高，共历时10个月，主要工作内容包括复合地基处理、钢壳沉井制作、钢壳沉井拼装、钢壳内充填混凝土、混凝土沉井接高及下沉、水下清基及封底等施工工序。沉井终沉到位后，实测中心最大偏位为35mm，最大倾斜度为0.41%，平面扭转角最大值为0.03°，终沉姿态控制较好，满足相关规范及技术要求。本书将以北锚碇沉井施工流程为主线，对陆上沉井基础的施工工艺及技术要点分别进行阐述。

1）复合地基

沉井施工前，在现场放样沉井刃脚位置，进行基础的加固处理（及垫层施工），加固的地基整体顶面要控制在同一个水平面上，确保钢壳沉井的拼装垂直精度。采用砂桩复合地基加固，砂桩加固后，地表2.5m深度范围内的软弱土层进行砂垫层换填，满足换填后现场平板荷载试验极限承载力大于660kPa。

砂桩间距85cm，桩径0.5m，采用振动沉管桩机进行施工。施工顺序为“先施工周边、后施工中间”，砂桩加固后，即进行地基开挖及换填作业（图3-41）。由于沉井处地下水埋深较浅，在基坑范围内结合沉井排水下沉降水措施，采取深井降水降低地下水位进行基坑干施工作业。

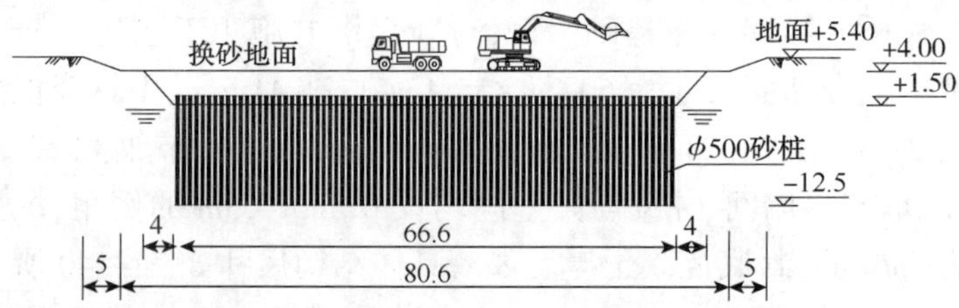

图3-41　复合地基加固及换填示意图（尺寸单位：m）

基坑开挖后采用50%中粗砂+50%石屑换填材料作为砂垫层，将换填材料搅拌均匀后进行分层铺筑、分层碾压，砂垫层第一次铺设厚度控制在50cm，之后每层的铺设厚度控制在20cm。

垫层施工后，现场进行平板荷载试验，地基极限承载力达到要求后，方可进行下一道施工工序。同时在垫层四周设置截水和排水沟。

2）钢壳沉井制作

（1）钢壳沉井制作

钢壳沉井高8m，共分23类96个节段，在专业钢结构制作厂家制作，为方便运输，单个节段最大质量控制在20t以内。节段加工完成后，通过水路运至码头边，构件吊至平板车上运输至施工现场，如图3-42所示。钢壳就位拼装成整体，浇筑钢壳内混凝土，形成钢壳混凝土沉井。

图3-42　钢壳沉井分段运输至施工现场

(2)刃脚垫块支设

为了减少钢壳拼装时地基的不均匀沉降,在刃脚下设置混凝土垫块。当砂层铺设至设计标高后,安放垫块,垫块高20cm,其标准平面尺寸有0.6m×1.2m、1.2m×1.2m两种。每个钢壳节段下安放2~4块垫块,交叉点处增加一块垫块,其布置如图3-43所示。

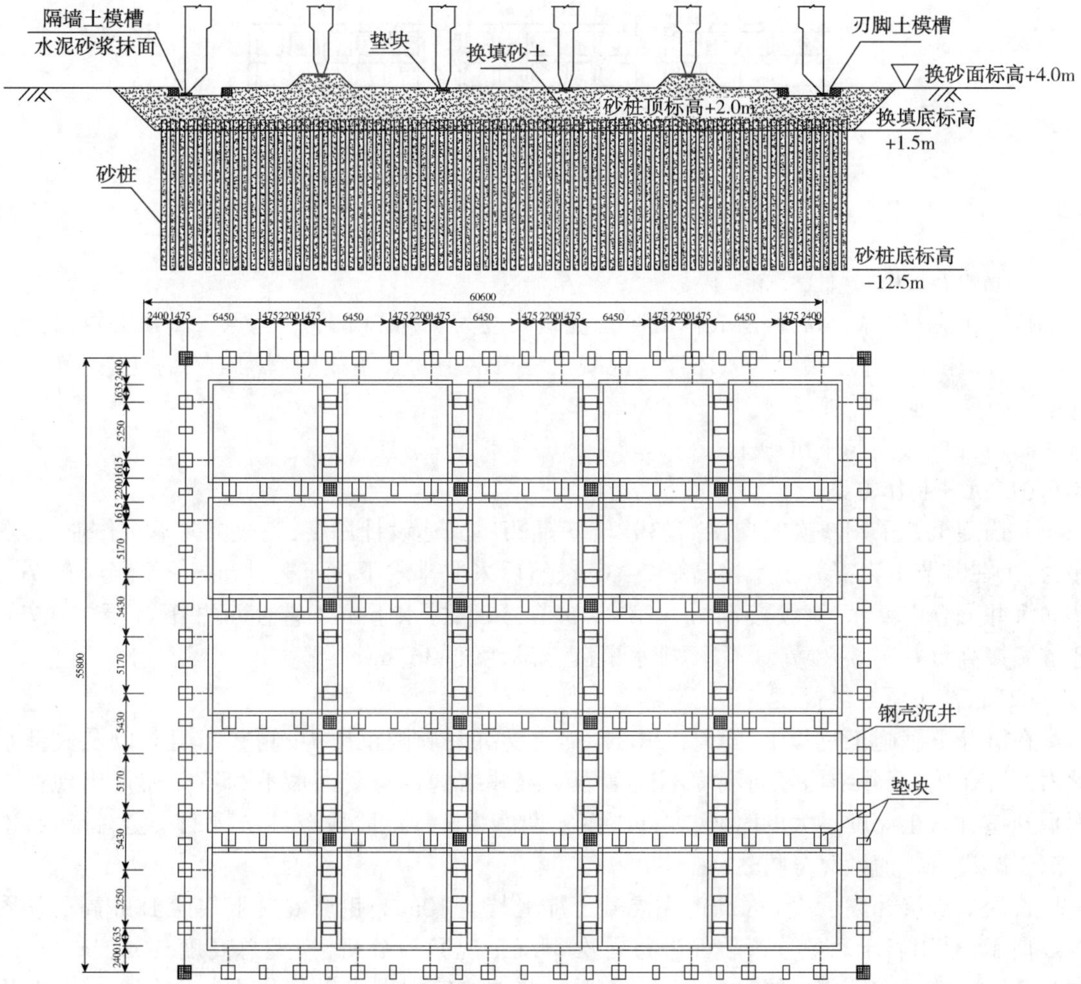

图3-43　钢壳沉井下垫块布置(尺寸单位:cm)

(3)钢壳沉井的拼装

采用全站仪在砂垫层顶面精确放样沉井平面位置,主要控制沉井的轴线点和角点。利用水准仪精确测量沉井刃脚位置处的高程,控制沉井底口标高。2台履带吊按照从一侧拐角展开到对角合并的顺序进行拼装、焊接,现场拼装顺序如图3-44所示。

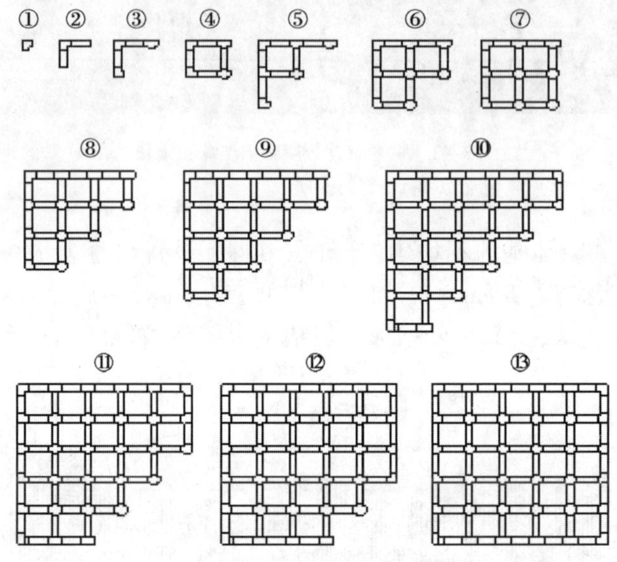

图3-44 钢壳沉井拼装顺序

(4)钢壳沉井混凝土浇筑

首节钢壳沉井高8m,首次壳内混凝土浇筑高度为7.0m,留1.0m与第二节沉井混凝土共同浇筑,以保证沉井连接段的整体性。混凝土浇筑从中间开始往四周均匀对称进行,施工过程中进行钢壳应力监控量测。

3)沉井的接高与下沉施工

(1)沉井制作方案

北锚碇沉井采用3次竖向接高、3次下沉后刃脚到达设计深度,完成沉井下沉作业,其顺序为:①在首节钢壳混凝土上接高第2~3节,然后采取排水下沉工艺使沉井下沉至-10.7m;②向沉井隔仓内灌水,继续接高沉井第4~5节,采取排水下沉工艺使沉井下沉至-20.7m;③继续接高沉井第6~8节,采取不排水下沉至设计值-36.5m。

(2)首节下沉沉井高度

在沉井下沉施工过程中,随着沉井的下沉,受沉井周围土压力、侧壁摩阻力以及底部端承力综合作用,沉井结构竖向刚度不断增强。沉井结构自身受力最不利工况往往出现在大面积开挖且入土深度不大的时候,亦即下沉初期。为确保此阶段沉井结构的安全,针对首次下沉工况进行数值计算分析。

首次下沉沉井高度为8m高钢壳混凝土加上其上10m高钢筋混凝土共计18m高。如图3-45所示,采用岩土数值分析软件进行首次下沉工况数值分析,模型总高度54m,长303m,宽277m,底部至中风化岩层,模型中的各土层参数取值根据地勘报告进行取值。模型四周法向约束,沉井与周围土体采用接触单元。

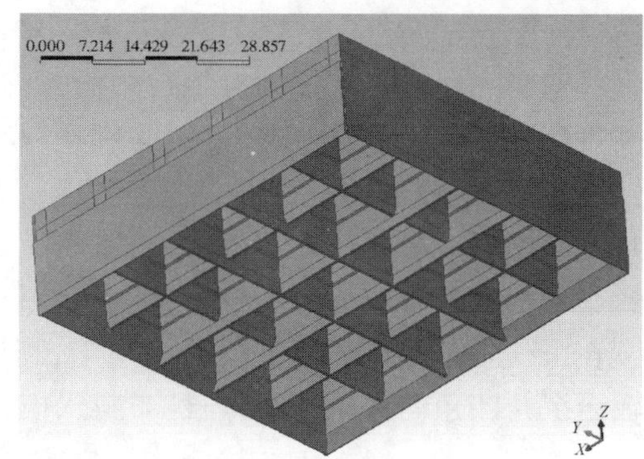

图3-45　首次下沉整体模型及沉井结构模型

首次下沉施工阶段分析结果表明，首次下沉到位后沉井应力最大，如图3-46~图3-49所示。

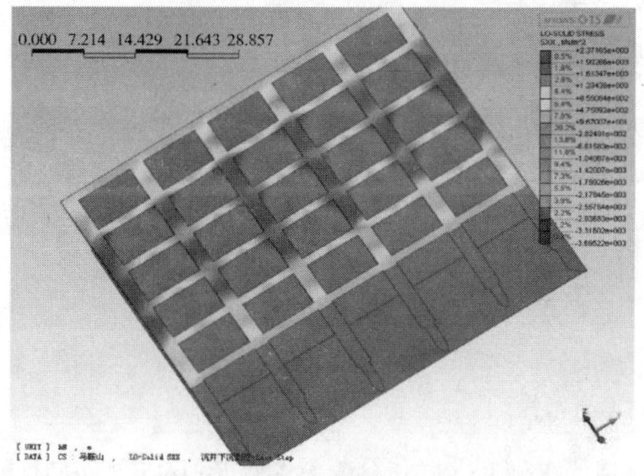

图3-46　首次下沉沉井顺桥向应力云图（俯视）

图3-47　首次下沉沉井顺桥向应力云图（仰视）

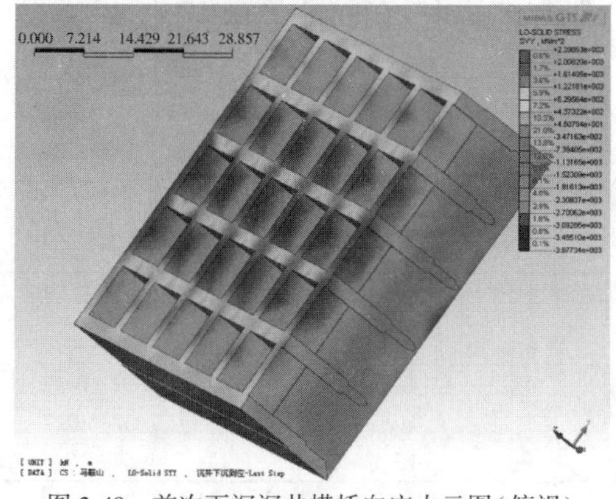

图3-48　首次下沉沉井横桥向应力云图（俯视）

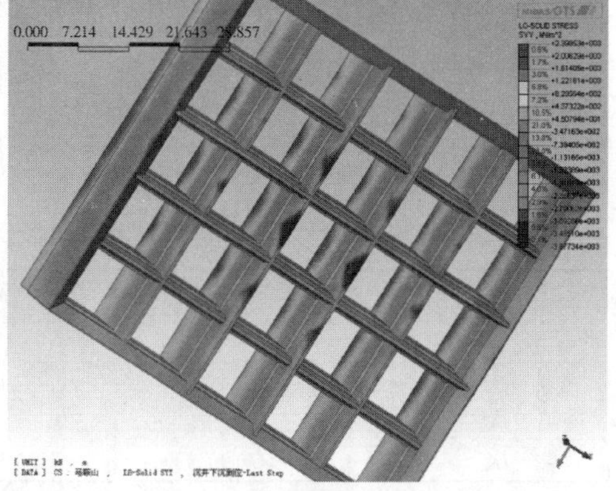

图3-49　首次下沉沉井横桥向应力云图（仰视）

从顺桥向计算结果来看，最大压应力点出现在中隔墙中跨位置，约3.7MPa。最大拉应力约2.4MPa，在边隔墙中跨位置。

从横桥向计算结果来看，其应力分布与顺桥向规律一致，最大压应力点出现在中隔墙中跨位置，约3.9MPa。最大拉应力约2.4MPa，在边隔墙中跨位置。施工重点监控中隔墙中跨、次中跨底部及隔墙顶部等应力较大部位。

首次下沉实施过程中，监测钢板应力、混凝土应力未出现超应力现象，底节钢壳没有发现拉裂情况。

(3)沉井接高施工

井壁和隔墙接高采用大块钢模板翻模法,选用2台双轨移动式塔吊与2台履带吊作为沉井接高施工的起重设备,辅助钢筋绑扎、模板支立及混凝土浇筑作业。

沉井接高时,塔吊沿轨道水平移动至沉井附近进行钢筋、模板等吊装。沉井下沉时,为防止地面沉降对塔吊作业造成影响,塔吊沿轨道退至距沉井边线30m以外处。利用履带吊完成小型构件的吊装。

在沉井附近的加工区进行钢筋加工,利用现场的吊装设备进行安装。运输车将混凝土运输至沉井四角的拖泵处,布料机布料入模,如图3-50所示。

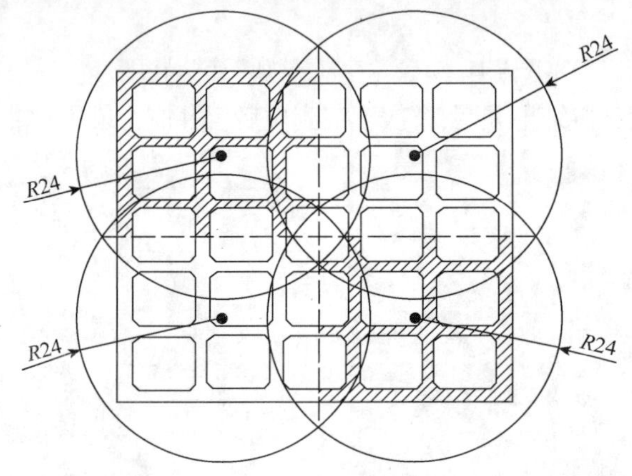

图3-50　布料杆平面布置

为防止沉井在混凝土浇筑过程中发生倾斜,分仓对称浇筑混凝土,按照由四周向中间、先井壁后隔墙的顺序浇筑。不排水下沉阶段井内吸泥取土时,在隔仓顶设10台10t轨道式门吊配合作业。

(4)沉井下沉施工

沉井分三次接高三次下沉,各阶段下沉信息如表3-13所示。

各阶段沉井下沉信息　　表3-13

下沉次数	节段组合	接高/总高(m)	单次/累计下沉深度(m)	沉井顶/刃脚底标高(m)
第一次	(1)+(2)+(3)	18/18	14.2/14.2	7.3/-10.7
第二次	(4)+(5)	10/28	10/24.2	7.3/-20.7
第三次	(6)+(7)+(8)	13/41	15.8/40	4.5/-36.5

在施工过程中对沉井刃脚土压力、井内水位、井壁土压力进行实时监测,根据各阶段的实时量测结果,得出不同下沉施工阶段的沉井下沉系数,如表3-14所示。

各阶段沉井下沉系数计算　　表3-14

计算工况	刃脚踏面标高(m)	工况	沉井重(t)	正面阻力(t)	外侧面摩阻力(t)	施工荷载(t)	浮力(t)	下沉系数 K
施工第三节混凝土	3.50	沉井接高(全截面支撑)	54056.30	53946.75	0.00	205.06	0.00	1.01

续上表

计算工况	刃脚踏面标高(m)	工况	沉井重(t)	正面阻力(t)	外侧面摩阻力(t)	施工荷载(t)	浮力(t)	下沉系数 K
下沉沉井稳定	-10.70	半刃脚支撑	54056.30	8992.00	19555.20	205.06	0.00	1.90
		全刃脚支撑	54056.30	17984.00	19555.20	205.06	0.00	1.45
		全截面支撑	54056.30	41331.20	19555.20	205.06	0.00	0.89
施工第四～五节		沉井接高(刃脚及分区隔墙全截面支撑)	88181.30	41331.20	19555.20	205.06	0.00	1.45
下沉沉井稳定	-20.70	半刃脚支撑	88181.30	8992.00	28913.76	205.06	0.00	1.44
		全刃脚支撑	88181.30	17984.00	28913.76	205.06	0.00	1.88
		全截面支撑	88181.30	36578.11	28913.76	205.06	0.00	1.35
施工第六～八节		沉井接高(刃脚及分区隔墙全截面支撑)	118188.53	36578.11	28913.76	205.06	33752.22	1.29
下沉沉井稳定	-36.50	半刃脚支撑	118188.53	8992.00	46443.60	205.06	52696.16	1.19
		全截面支撑	118188.53	41537.86	46443.60	205.06	52696.16	0.75

①沉井初沉。在第三节沉井混凝土强度达到设计要求后，移除垫块。垫块抽除一定要对称、均匀、分段进行，同时应尽可能减少地基产生不均匀下沉，避免造成沉井产生较大的倾斜，给纠偏带来困难。内部隔仓垫块抽除按先一般隔墙、后分区隔墙、最后井壁，从高往低的拆除顺序进行。

沉井下沉采取大锅底井内除土方式，井孔内除土应采用从中心对称、均匀、分层的开挖方式，分层厚度控制在30cm以内。先在沉井中心9个隔仓形成锅底，隔墙和刃脚周围有一定尺寸的土堤，最后对称分层逐步开挖，形成下沉的大锅底。采用料斗和吊机将弃土送至沉井外。

下沉时，两台移动塔吊均后退至距沉井外的安全距离。为保证塔吊运行安全，应定期测量轨道标高，如有不均匀下沉，及时调整；施工过程中如有需要使用，应停止吸泥作业，确认塔吊轨道平整度满足使用要求后，方可进行塔吊作业。

②排水下沉。在基础外围沿沉井平行布置降水井，共24口。距沉井外边缘最近仅7m，沿长边两井间距12.4m，沿短边两井间距11.6m，设计最大降水深度为20.8m。

沉井排水下沉阶段采用水力吸泥机取土，利用高压水泵的高压水流，冲刷稀释土体，形成相应稠度的泥浆，汇流向集水坑，泥浆泵排出井外。每个井孔布置一台泥浆泵，共25台，配套布置25套高压射水设备，如图3-51所示。

北锚碇沉井前五节采用排水工艺下沉，下沉深度24.2m，刃脚底标高降至-20.7m，此时需将井区水位降至-20.7m。根据水位统计资料，结合施工工期安排，地下水位按+3.0m考虑，则最大降水深度为24.0m，水面线上部的土体由浮重度变化为饱和重度，从而增大周边土体固结度，引起周边地表沉降。为确保排水下沉期间井外土体及周边建筑物的安全，有必要进行降水渗流及沉降分析，同时对影响范围内的既有建构筑物进行监测。

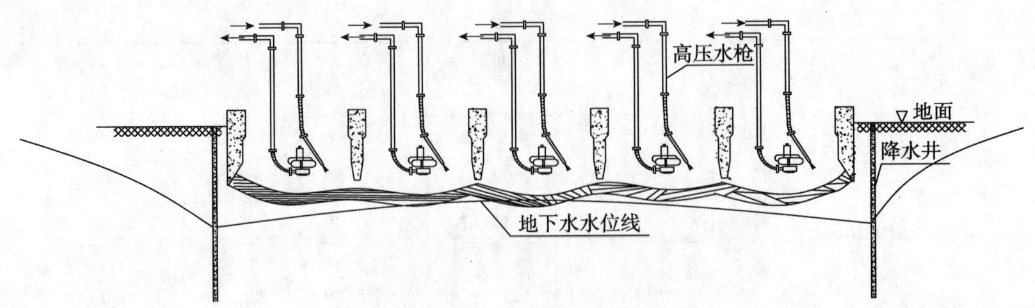

图 3-51　排水下沉井内设备立面布置

根据详勘资料，沉井降深为 24. 0m 时土体的渗透系数 K=23. 84m/d，此时降水影响半径为 628m，即降水影响线已达长江河道。考虑江水与地下水连通，设定最大降深工况下，降水实际影响半径为 320m（距沉井中心）。选择水位下降最大的横剖面作为模拟对象，建立稳定流条件下剖面二维流模拟模型，土体采用摩尔库伦本构模型，各层土体参数取值与沉井首次下沉工况模型一致，部分水文、地质参数经验值取用，采用梁单元模拟沉井壁和隔墙刚度。

地面高程为+6. 0m，地基基础模型高 100m，长 640m，共计 2619 个单元，计算模型如图 3-52 所示。由于地下水与长江相通，供水充足，降水施工期可认为长江河道处地下水位不变。渗流分析中，考虑长江及地下水位+3. 0m，即假定模型边界距沉井中心 320m 处保持水位+3. 0m。分两步考虑降水施工工况，近似模拟沉井下沉工况，重点分析降水引起的渗流及土体沉降。

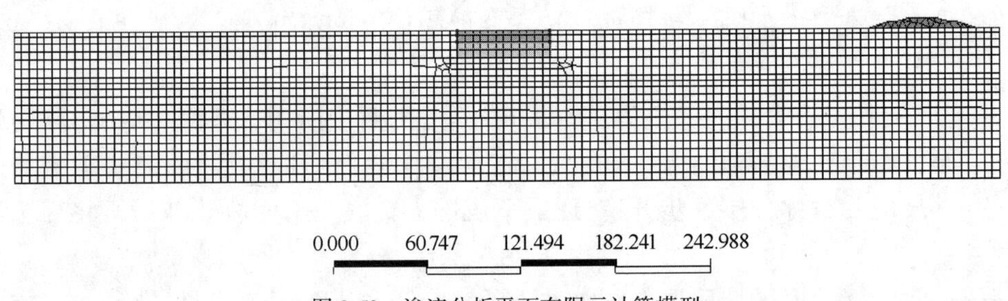

图 3-52　渗流分析平面有限元计算模型

通过数值计算得到渗流分析竖向位移分布图如图 3-53 所示，水平位移分布图如图 3-54 所示，土体剪应力分布图如图 3-55 所示。从计算结果上来看，土体沉降与水头边界的选取及土层弹性模量取值关系密切。在最不利工况下，井周地表最大沉降约 12. 8cm，出现在距离沉井边约 25m 处附近。长江大堤中心线处堤顶沉降约为 1. 1cm；堤顶水平向最大位移−0. 8cm（指向江侧为正）。

随着季节变化，地下水位也会随长江水位出现较大变化，不同初始地下水位，井区水位降深及所影响到的土层均会发生变化，因此有必要分析不同初始地下水位条件，降水施工对井址周边地面沉降的影响。根据平均水位统计资料，分别计算在地下水位处于+1. 0～+6. 0m 情况下，降水施工对井址处及大堤沉降的影响（图 3-56）。结果显示，初始地下水位为+6. 0m 时，降水施工造成的井址处最大沉降 15. 2cm，大堤堤顶沉降 2. 5cm。

对于井壁周边可能出现的土体沉降，应及时进行砂或石粉回填。江堤为土质大堤，属柔性结构，一般认为土堤堤身适应地基的变形性能较好，满足相应规范要求。

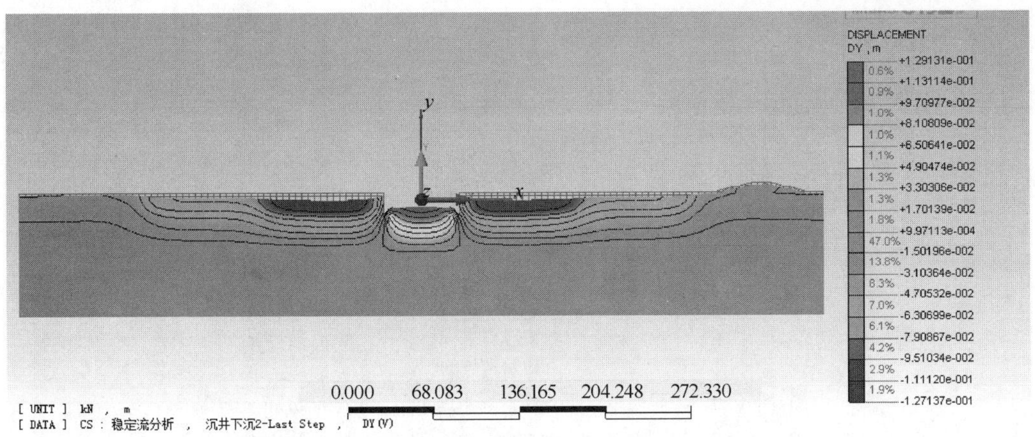

图 3-53　渗流分析竖向位移分布

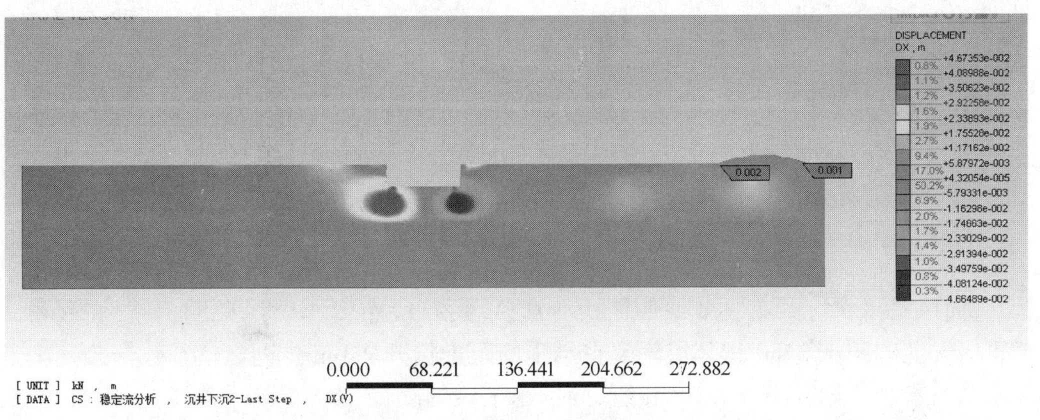

图 3-54　渗流分析水平位移分布

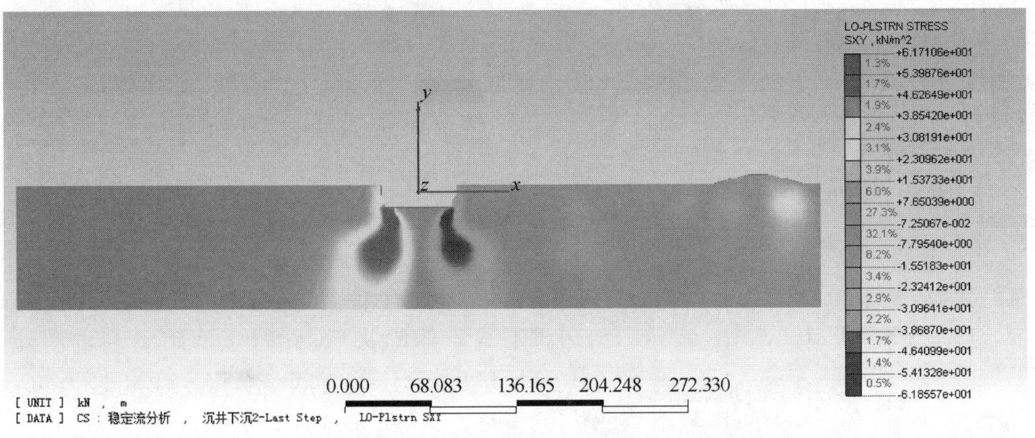

图 3-55　渗流分析土体剪应力分布

③不排水下沉。第六～八节沉井下沉时，取土深度较大，水力吸泥机的工效不如空气吸泥机，且降排水过深将会对大堤的稳定产生影响，选用空气吸泥机取土，进行不排水下沉施工。

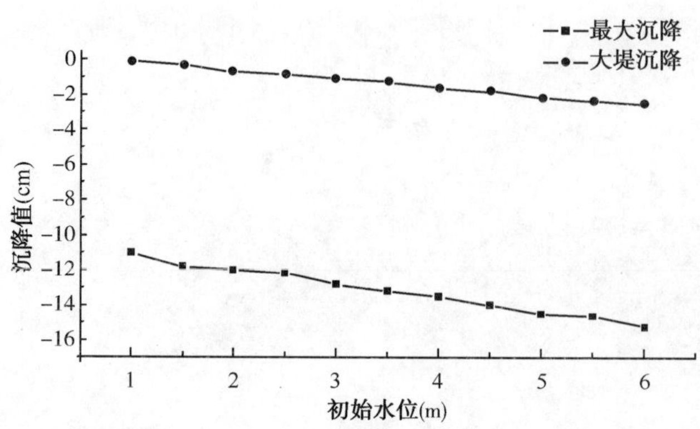

图 3-56　不同初始水位条件下降水施工引起的地面沉降

现场布置10台轨道式龙门吊，每台龙门吊配置一个10t电动葫芦，在两台250t·m塔吊配合下进行不排水下沉施工。为了提高吸泥效率，将高压射水管与空气吸泥机固定在一起，同时进行水下吸泥作业。射水管与吸泥管一起升降移动，边冲边吸，射水压力控制在1.5~2.5MPa。供风设备为12台20m^3/min的空气压缩机，配6只风包组成高压供气总站。

沉井下沉按照“定位准确、先中后边、对称取土、深度适当”的原则进行。将沉井内部隔仓分为两个区域，分别为A区和B区，吸泥顺序从A区开始，对称同步向外延展，如图3-57所示。

④空气幕助沉。

沉井的空气幕布置在第二节沉井外壁上，包括沉井外壁布设的气龛、井壁内预埋的水平风管、竖向风管。将沉井第二节壁体四边分成八段，每段布置四层气龛，上下层气龛错开排列。每层气龛间距1.25m，相邻层气龛在水平间距上错开2.0m排列。

水平风管采用内径20mm PP-R管，同一水平段的气龛，水平风管两端向下弯曲，端头堵死，水平管向下弯曲部分，主要储存从喷气孔挤入管内的少量泥砂。竖向风管采用内径32mm PP-R管，每根竖管用塑料连通接头与水平管相连。竖向风管上端伸出沉井顶部，沉井接高时，每根竖管均需相应接长。

压气设备为空气压缩机，沉井高41m，最大水压410kPa，现场使用的螺杆式空气压缩机最大可以达到1000kPa的风压，容积流量达21m^3/min。

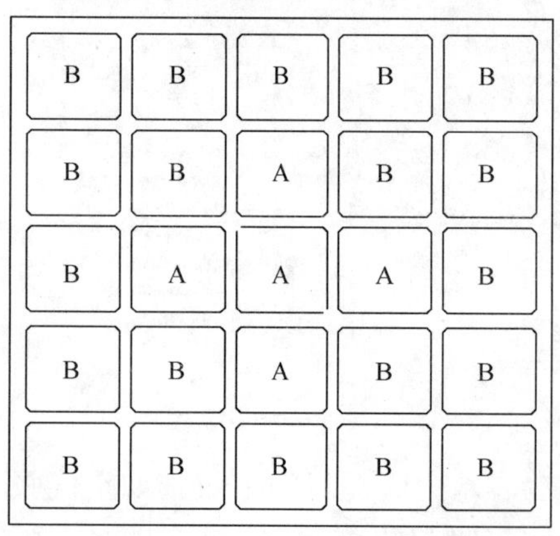

图 3-57　沉井分仓编号

沉井下沉前，应对气龛作压气检查，预埋管(水平管和竖管)须在每节模板完全立好后再进行安装。操作时不得损坏预埋管，清洁干净，保持喷气孔畅通。待刃脚下方土体除去后，此时正面阻力基本消除后，空气幕压气助沉，压气时间一般一次不超过1min。压气与除土交替进行，实现沉井下沉。

4)清基及封底施工

当沉井刃脚下沉距离设计高程2m时，即开始以清基为目的进行吸泥除土。对井孔内、刃脚及隔墙下的土层进行清理，以形成封闭的锅底状，最后使沉井刃脚平稳落于持力层上。沉井下沉到设计标高后，进行沉降观测，待沉降速率满足要求后，进行封底施工。

采用35m^3的集料斗和1m^3料斗进行首批混凝土封导管施工，首批混凝土施工完成后，换0.5m^3小料斗进行水下混凝土浇筑的常规施工，采用先低处、后高处，先周围、后中间的顺序对称同步均匀浇筑。沉井施工平台如图3-58所示。

图3-58　沉井封底施工平台

采用1台75m^3/h和2台120m^3/h拌和站集中生产混凝土，通过3台80m^3/h拖泵供应，单个隔仓最大混凝土方量约759m^3，每次连续浇筑1~6个隔仓，整个沉井25个隔仓，分6次连续浇筑完成。

沉井封底时，采用逐仓连续封底方法，为保证对称施工和效率，从拐角四个区域向中间十字区域进行，逐个区域连续进行封底，直到所有隔仓封底完成。先施工拐角区域封底混凝土，中间十字区域内9个隔仓回填2m高的中砂，使拐角形成四个封闭的区域。待拐角四个区域封底完成后，再进行中间十字区域的混凝土封底施工。

第4章　水中沉井基础施工

4.1　概述

4.1.1　水中沉井施工与陆上沉井施工之异同

受建设条件的影响,水中沉井施工难度变得异常复杂,如水流、波浪、河(海)床的局部冲刷等均会对沉井施工带来不利的影响。从施工工艺上来讲,水中沉井与陆上沉井施工最大不同之处在于沉井的定位。陆上沉井定位是通过测量放样定位沉井的坐标位置,然后在原位处进行制造和下沉,施工受外界因素干扰小,定位误差一般控制在5cm以内;而水中沉井制造完成后,通过浮运或驳运等方式将沉井运输至桥位处,然后再利用其他辅助定位系统对其进行准确定位。由于沉井在着床前处于悬浮状态,定位时需要克服风阻力、水流力和波浪力等,同时还需要考虑河(海)床局部冲刷造成的不利影响,其定位施工工艺必然比陆上沉井施工工艺要复杂许多,使水中沉井定位施工难度明显增大。

水中沉井基础在我国公路桥梁建设中并不常见,目前已建成桥梁工程采用沉井基础的仅有南京长江大桥、海口世纪大桥、泰州长江大桥等。某长江大桥4号、5号主墩沉井基础在进行定位施工中,一次不寻常的洪峰破坏了定位系统中的边锚锚绳,引发了沉井、导向船以及上下游锚碇船不断地摆动现象。5号墩沉井基础在施工过程中五天内接连拉断了九根边锚(包括重新抛设在内),4号墩沉井基础在一天内拉断了8根边锚,给沉井施工安全带来了极大的风险。虽然在后来的施工中采用"平衡重止摆船"成功地抑制了沉井的大幅度摆动现象,但是这也充分暴露了当时条件下沉井施工所存在的技术问题和施工风险,对沉井结构在桥梁深水基础中的应用影响深远。泰州长江大桥中塔深水沉井基础的成功实施,解决了桥梁工程界多年困扰的技术难题,并取得了多项技术创新,为沉井基础在桥梁工程中的推广应用奠定了坚实的基础,如在建的福合铁路铜陵长江大桥3号墩、沪通长江大桥主航道孔桥主墩均采用了深水沉井基础。

一般说来,水中沉井基础施工(筑岛施工除外)涵盖了钢壳沉井段制作与浮运、沉井定位与着床、钢壳内填充混凝土、混凝土沉井段接高与下沉和沉井封底五个主要施工工序。其中钢壳沉井制作主要设备包括塔吊或起重船等起重设备,沉井浮运主要设备包括拖轮、警戒船等,沉井定位与着床主要设备包括定位装置、调位装置、大型工程船舶及水下取土设备等,沉井接高与下沉主要设备包括塔吊、取土设备、混凝土搅拌船等,沉井封底施工主要设备包括混凝土搅拌船、水上拌和楼等。

本章结合泰州长江大桥中塔沉井基础施工经验,重点对沉井的制作与浮运、定位与着床等关键技术进行介绍,其中包括了施工期河床冲刷形态分析、沉井摆动机理及运动形态等内容。水中混凝土沉井段接高、下沉与封底施工与陆上沉井施工工艺基本相同,本章中不过多涉及其中内容,详细可参见第3章内容。

4.1.2 大型水中沉井——泰州长江公路大桥中塔沉井

泰州长江公路大桥位于江苏省长江中段的扬中河段,处于江阴长江公路大桥和润扬长江公路大桥之间,北接泰州市,南连镇江市和常州市。

泰州长江公路大桥为三塔两主跨的悬索桥,其主跨为1080m,大桥桥址位于长江中下游,为感潮河段。江中的中塔墩采用具有刚度大、抵抗(船撞或地震)水平力强的沉井基础。基础位置河床标高-15m,最大流速2.61m/s。沉井基础下沉至标高-70m,需依次穿过粉细砂层、含砾中砂及粗砂层,基础坐落于粗砂层上。

中塔沉井基础标准断面尺寸为58.0m×44.0m,总高76m,其中钢沉井高38m,混凝土沉井高38m。沉井平面分为12个隔舱,四角采用圆端形倒角,倒角半径8m,沉井下沉到设计位置时底面标高为-70.00m,封底混凝土厚度11m,见图4-1。

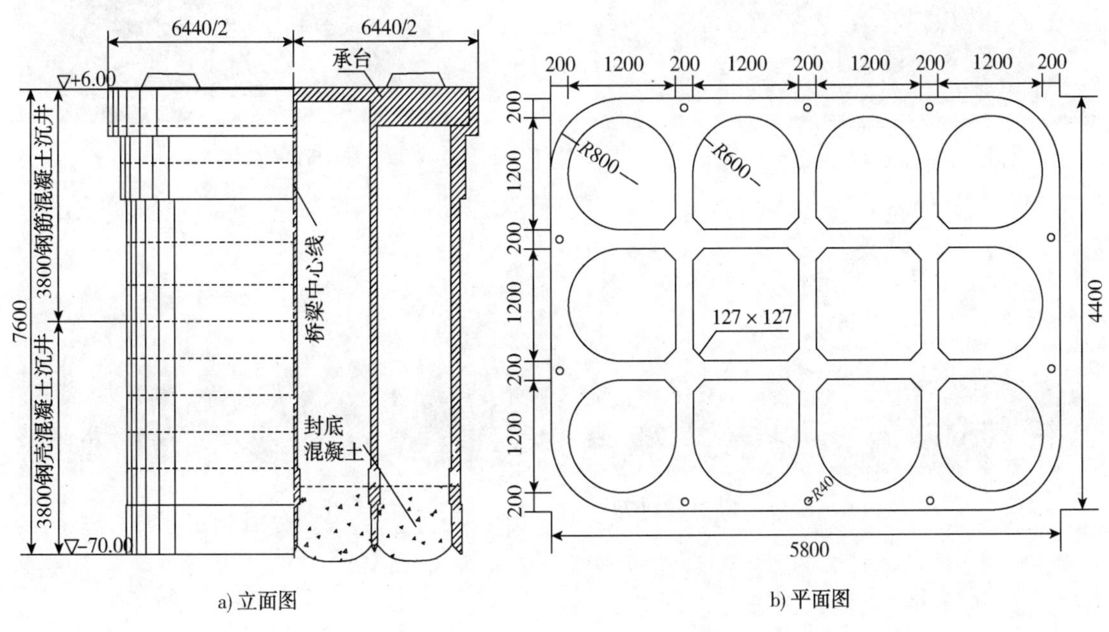

图4-1 泰州长江大桥中塔沉井基础结构图(尺寸单位:cm)

泰州长江公路大桥中塔沉井从2007年4月预制至2008年9月下沉到设计标高,历时20个月,主要施工工艺流程:a)首节钢沉井制造及下水→b)其余钢沉井靠岸水域接高→c)定位锚墩施工→d)38m高钢壳沉井浮运→e)“钢锚墩+锚系”进行钢壳沉井定位→f)钢壳沉井注水着床→g)隔舱夹壁混凝土浇筑→h)格仓内吸泥下沉→i)混凝土沉井接高→j)封底混凝土施工→k)沉井顶板施工,如图4-2所示。

a）首节钢壳沉井滑道下水

b）其余钢壳沉井靠岸水域接高

c）定位锚墩施工

d）38m高钢壳沉井浮运

e）采用“钢锚墩+锚系”进行38m钢壳沉井定位

f）38m高钢壳没井注水着床

g）隔舱夹壁混凝土浇筑

图 4-2

h) 格仓内吸泥下沉

i) 混凝土沉井接高

j) 11m厚封底混凝土施工

k) 沉井顶板施工

图 4-2 泰州长江公路大桥中塔沉井基础施工流程

4.2 施工期河床冲刷形态分析及防护措施

4.2.1 冲刷机理

沉井基础周围水流流态的改变是造成局部河床冲刷的主要原因。沉井基础周围水流结构主要包括井前向下水流、井前水面涌波和尺度很大的螺旋形旋涡体系。旋涡体系是一种综合水流结构,其中包括在井前冲刷坑边缘形成的绕沉井两侧流向下游的螺旋形旋涡、沉井两侧水流分离引起的尾流旋涡,如图 4-3 所示。旋涡体系在沉井两侧及后面还不断地由床面附近释放出小旋涡,向水面发展。当沉井前面水流流线接近沉井前端时,发生急剧弯曲变化,剧烈淘刷沉井周围泥砂,特别是迎水面的河床泥沙,沉井前端开始产生局部冲刷坑。随着冲刷坑的不断加深与扩大,水流流速减小,挟沙能力也随之降低。与此同时,冲刷坑内发生了土壤粗化现象,留下粗粒土壤,铺盖在冲刷坑表面上,增大了土壤的抗冲能力和坑底粗糙度,一直到水流对河床泥沙的冲刷作用与河床泥沙抗冲作用达到平衡时,冲刷则停止。这时冲刷坑外缘与坑底的最大高差,即局部最大冲刷深度。

目前,工程上常用于确定最大局部冲刷深度的方法有两种,其一为依据现行规范的经验公式进行计算,其二是通过河工模型试验获取。由于经验公式计算结果与实际冲刷深度存在较大误差,均需采用河工模型试验的方法确定。

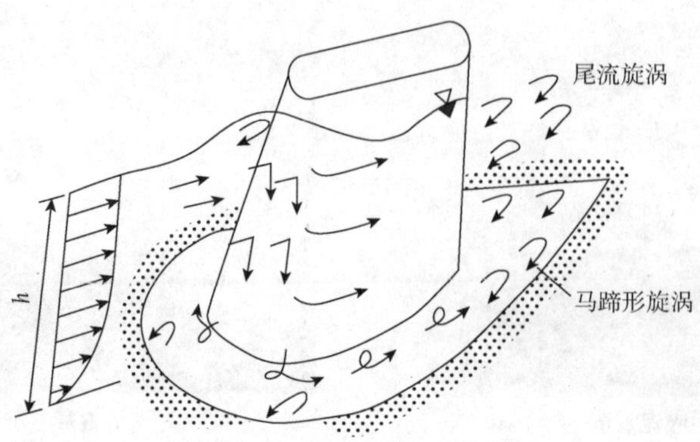

图 4-3　沉井周围水流结构

4.2.2　冲刷理论计算

目前,用于计算河床最大局部冲刷深度的经验公式可依据国内外相关方面的规范,国内规范主要以行业标准《公路工程水文勘测设计规范》(JTG C30—2015)为主,国外规范则以美国水力工程通报(HEC-18)推荐的相关计算公式为主。

(1)国内规范

我国行业标准《公路工程水文勘测设计规范》(JTG C30—2015)对桥墩局部冲刷做出了如下规定,沉井基础的冲刷机理与其相同,可参照执行。

对于非黏性土河床,桥墩局部冲刷可按规范式(65-2)进行计算:

当 $v \leqslant v_0$

$$h_b = K_\xi K_{\eta 2} B_1^{0.6} h_p^{0.15} \frac{v - v'_0}{v_0} \tag{4-1}$$

当 $v > v_0$

$$h_b = K_\xi K_{\eta 2} B_1^{0.6} h_p^{0.15} \left(\frac{v - v'_0}{v_0}\right)^{n_2} \tag{4-2}$$

$$K_{\eta 2} = \frac{0.0023}{\bar{d}^{2.2}} + 0.375\,\bar{d}^{0.24}$$

$$v_0 = 0.28\,(\bar{d} + 0.7)^{0.5}$$

$$v'_0 = 0.12\,(\bar{d} + 0.7)^{0.55}$$

$$v = \frac{A_d^{0.1}}{1.04}\left(\frac{Q_2}{Q_c}\right)^{0.1}\left[\frac{B_c}{\mu(1-\lambda)B_{cg}}\right]^{0.34}\left(\frac{h_{cm}}{h_c}\right)^{\frac{2}{3}} v_c$$

$$n_2 = \left(\frac{v_0}{v}\right)^{0.23+0.19\lg\bar{d}}$$

式中:h_b ——桥墩基础局部冲刷深度,m;

K_ξ ——形状系数,对于圆形沉井取 1.0,对于圆端形沉井取 0.92~1.12;

B_1 ——桥墩计算宽度,m;

h_p ——一般冲刷后的最大水深,m;
d ——河床泥沙平均粒径,mm;
$K_{\eta 2}$ ——河床颗粒影响系数;
v ——一般冲刷后桥墩基础前流速,m/s;
v_c ——河槽平均流速,m/s;
h_c ——河槽平均水深,m;
A_d ——单宽流量集中系数,按 $A_d = (\sqrt{B_z}/H_z)^{0.15}$,其中 B_z 为造床流量下的河槽宽度,H_z 为造床流量下的河槽平均水深,且 A_d 不大于 1.8;
Q_2 ——桥下河槽部分通过的设计流量,m^3/s;
Q_c ——天然状态下河槽部分设计流量,m^3/s;
B_c ——河槽总宽度,m;
B_{cg} ——桥长范围内的河槽宽度,m,若全桥长度大于河槽宽度时取河槽总宽度 B_c;
λ ——设计水位下,在 B_{cg} 宽度范围内,桥墩阻水总面积与过水面积的比值;
μ ——桥墩水流侧向压缩系数,对于跨度大于 200m 桥梁,一般取 1.0;
h_{cm} ——河槽最大水深,m。

对于黏性土,桥墩局部冲刷可按下式进行计算:

当 $h_p/B_1 \geqslant 2.5$ 时, $h_p = 0.83K_\xi B_1^{0.6} I_L^{1.25} v$

当 $h_p/B_1 < 2.5$ 时, $h_p = 0.55K_\xi B_1^{0.6} h_p^{0.1} I_L^{1.0} v$

式中:I_L ——冲刷坑范围内黏性土液性指数,适用范围为 0.16~1.48。

(2)国外规范

采用美国水力工程通报(HEC-18)推荐的桥墩局部冲刷公式:

$$\frac{h_b}{b} = 2.0k_1k_2k_3k_4\left(\frac{h}{b}\right)^{0.35} Fr^{0.43} \tag{4-3}$$

式中:h_b ——冲刷深度;
h ——桥墩上游水深;
k_1 ——墩形系数;
k_2 ——水流冲击系数;
k_3 ——河床状况系数;
k_4 ——河床沙粒径系数;
b ——墩宽;
Fr ——Froude 数;$Fr = v/\sqrt{gh}$;
v ——桥墩上游平均行近流速。

当水流冲击角 θ 大于 5°时,由 k_2 支配,k_1 应取 1.0,k_2 计算式为 $k_2 = (\cos\theta + \sin\theta L/b)^{0.65}$。

4.2.3 施工期河床防护措施

沉井从着床至下沉到位需要经历一定的时间周期。在不同的施工阶段,随着水流速度的变化,河床局部冲刷形态亦有所不同,需定期进行水下地形测量。河床局部冲刷深度与沉井刃脚下沉深度是确定施工期是否需要进行动态防护的重要依据。

当沉井刃脚的下沉深度大于河床局部冲刷坑深度(即刃脚始终埋设于泥面以下),且沉井处于较为稳定的状态(即不会发生较大的偏位与倾斜)时,通常情况下河床不需要进行动态防护,可满足沉井着床及渡汛要求,如图 4-4 所示。

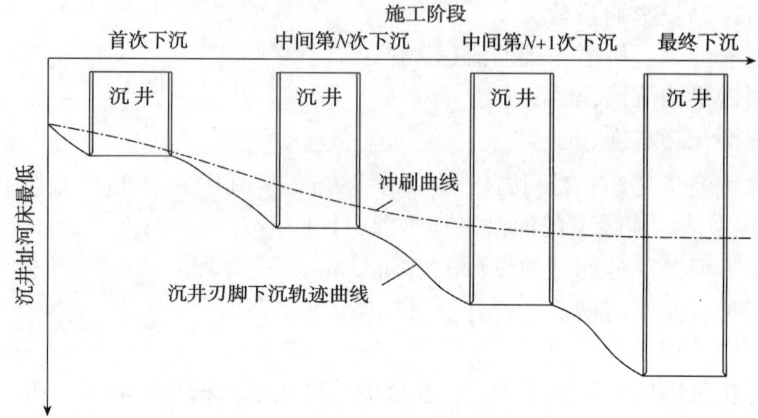

图 4-4　沉井下沉深度大于河床局部冲刷深度

对于沉井处于不稳定状态(如沉井上游侧冲刷、下游侧淤积引起上下游井壁所受土压力差过大,而导致其发生偏位与倾斜等)的情况,虽然刃脚的下沉深度大于河床局部冲刷坑深度,仍需要进行河床动态防护。

当沉井刃脚的下沉(入泥)深度小于河床局部冲刷坑深度时,沉井部分刃脚始终处于悬空状态,此时沉井处于不稳定状态,河床亦需进行动态防护,如图 4-5 所示。

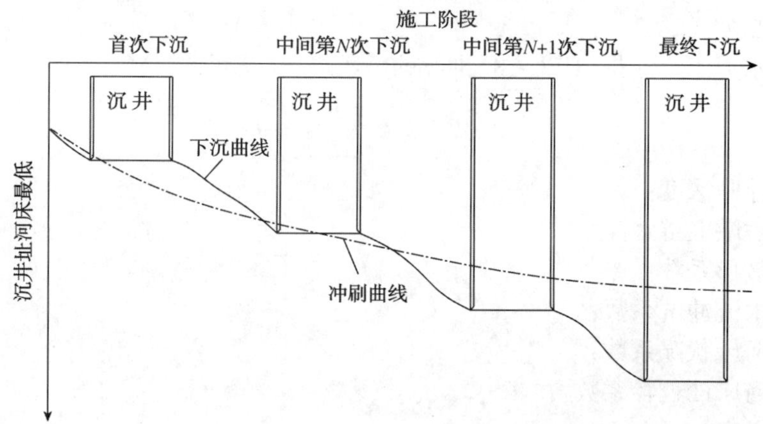

图 4-5　沉井下沉深度小于河床局部冲刷深度

河床动态防护措施可根据河工模型试验,确定防护材料及防护范围。在实际工程中,一般采用抛填块石、碎石、砂袋等进行河床局部防护。

4.2.4　河工模型试验

1)试验目的

沉井着床与下沉期间,河床冲刷河工模型试验的目的主要体现在以下两个方面:

(1)为沉井着床作业窗口的选择提供依据

水中沉井基础施工将引起沉井附近局部区域过水断面的变化,在水流动力作用下,局部河床将产生较大的冲刷变化,导致河床面标高出现较大的高差。在沉井着床阶段,这种高差将引起沉井前后刃脚支撑状态的不同,导致沉井在这个阶段出现倾斜、偏位等现象,危及施工安全。

根据河工模型试验局部冲刷结果,合理选择沉井着床施工的作业窗口,并确定是否需要采取预防护措施。这样既保证了着床精度及稳定性,又可以为沉井定位系统设计提供基础数据。

(2)为洪水期沉井下沉是否需要进行动态防护提供依据

沉井从着床到下沉到位需经历一个较长的过程,而这一期间水流也是不断发生变化的,甚至可能遇到多年之中最大的洪水流速,引起沉井施工局部河床产生更大的冲刷,危及沉井施工安全。因此,有必要对沉井在下沉过程中最不利的流速条件下进行模型试验研究,为基础施工期是否需要进行动态防护提供决策依据。

2)试验内容

河床的冲刷最终会达到一种平衡状态,但是随着沉井施工的进程及流速的变化,其冲刷平衡的状态也有一定的差异,故在河工模型试验时应充分考虑。河工模型试验内容应包括沉井着床和下沉两个控制阶段的河床冲刷形态,河床防护措施模型试验验证。

(1)沉井着床阶段河工模型试验

试验的主要目的是为了根据河床局部冲刷形态,确定沉井着床时机及设置合理的预偏量,其主要试验工况应包括以下几个方面:

①沉井未着床(即"悬浮状态")。在实际工程中,沉井底面距离河床的高度(即"悬浮高度")不同,也会造成冲刷坑深度的不同。为更好地指导施工全过程,在试验时应对距离河床6m、4m、2m不同的悬浮高度,分别进行冲刷试验。

②沉井部分刃脚着床。在水流冲刷作用下,河床局部将形成冲刷坑,造成了河床面形成一定的高差,沉井在下沉过程中必然会有部分刃脚先着床、部分刃脚悬空,引起沉井的偏位与倾斜。实际工程中,在沉井着床阶段,可沿沉井易产生偏位的反方向设置一定的预偏量,预偏量设置应参考河床冲刷试验及计算分析综合确定。

③沉井全部刃脚着床。冲刷坑的存在,将导致沉井刃脚全部着床需要持续一段时间。在刃脚未全部着床时,沉井前水流作用会发生变化,其冲刷形态也不会达到稳定状态。当刃脚全部着床后,在流速和流向不变的情况下,其冲刷形态才会达到最终的平衡。

(2)沉井下沉阶段河工模型试验

试验的主要目的是为了验证施工期河床动态防护的必要性,确保沉井下沉期间的安全。对于长江流域,洪水期和枯水期水流速度差别很大,引起河床的冲刷形态也不同。而沉井的下沉需要经历一个漫长的周期,洪水期河床过大的冲刷,可能引起沉井处于不稳定状态,影响施工安全。为确保水流增大情况下沉井施工的安全,下沉阶段河工模型试验主要内容如下:

①最大流速作用下河床冲刷形态。沉井下沉一定深度时,当流速增加较为明显后,河床冲刷范围及冲刷坑深度将发生很大变化。若冲刷坑深度大于沉井下沉深度,易引起沉井偏位及倾斜,危及沉井稳定安全。根据最大流速作用下河床局部冲刷形态,确定沉井在此情况下的最小埋土深度,合理安排工期,优化施工方案。

②河床动态防护后其冲刷形态。若在最大流速发生前,沉井未下沉至最小稳定深度,需要提前对河床进行防护。根据不同材料类型及不同防护范围,通过模型试验,确定合理的防护措施。

3)工程实践

采用河工模型试验,对泰州长江大桥中塔墩基础沉井施工期河床的冲刷形态进行了研究,如图4-6所示。

a) 沉井定位(悬浮)阶段

b) 沉井着床与下沉阶段

图 4-6　河床冲刷试验

(1)沉井定位(悬浮)阶段河床局部冲刷试验

针对不同的流速和悬浮高度,沉井在着床前后,河床局部冲刷试验结果见表 4-1。

沉井悬浮时局部冲刷最大深度(尺寸单位:m)　　表 4-1

沉井底部封闭情况	沉井底部距河床面高度(m)	沉井迎水面流速(m/s)		
		0.80	1.00	1.20
不封底	6	无冲刷	无冲刷	无冲刷
	4	< 1.00	3.80	5.80
	2	3.60	5.20	7.50
封底	0	—	7.10	—

图 4-7~图 4-8 为泰州长江大桥中塔沉井在不同流速不同悬浮高度下,河工模型试验的河床局部冲淤形态。图中仅示出了沿水流方向长 100m 局部范围内冲淤情况,沉井前端刃脚为横轴的坐标原点。

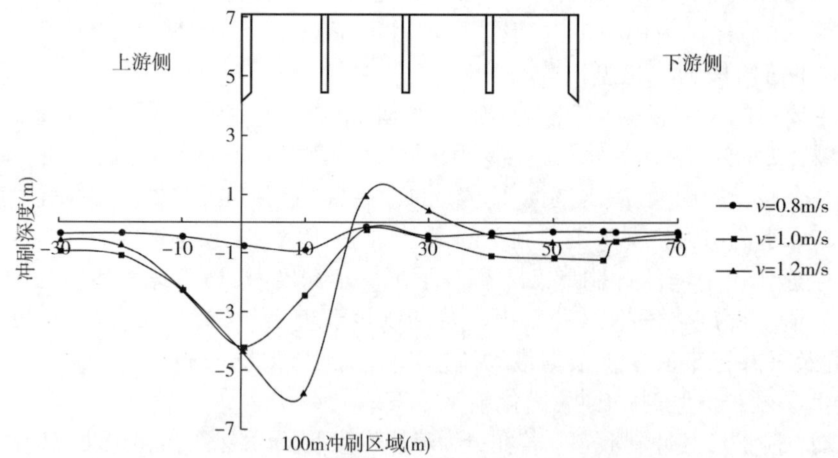

图 4-7　悬浮高度为 4m 时不同流速作用下冲刷形态

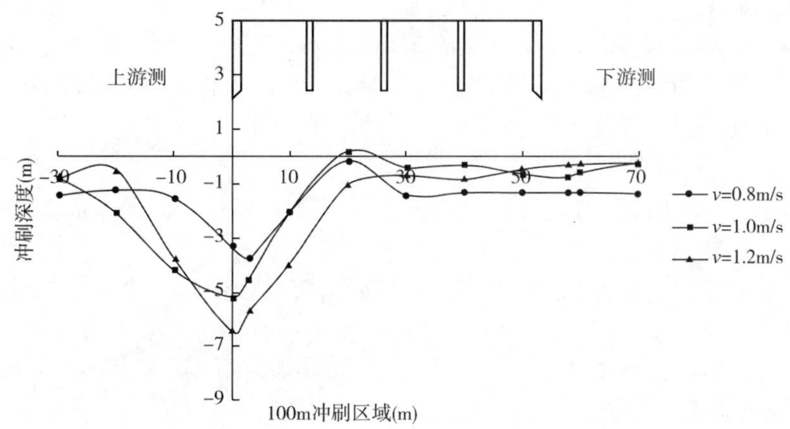

图 4-8 悬浮高度为 2m 时不同流速作用下冲刷形态

根据上述结果,确定了沉井着床阶段,在沉井底面距离河床面 2m 时,保持该状态使河床达到冲刷平衡,然后再进行沉井着床。

(2)沉井着床阶段河床局部冲刷试验

除需要得到沉井悬浮状态时的河床局部冲深和形态外,还须重点了解沉井在着床阶段的局部冲刷。针对沉井着床阶段可能出现的水文情况,为沉井施工工期的合理安排提供参考,为此进行了枯季代表性流速条件下的冲刷试验,获得沉井枯水期 0. 8~1. 2 m/s 流速条件下的冲刷形态。试验冲刷形态如图 4-9~图 4-11 所示。

图 4-9 沉井着床阶段局部冲刷形态(v=0. 80m/s)

图 4-10 沉井着床阶段局部冲刷形态(v=1. 00m/s)

图 4-11 沉井着床阶段局部冲刷形态(v=1. 20m/s)

冲刷形态图显示：

当流速为0.8 m/s时，随着沉井离床面距离的减少至沉井着床，冲刷逐步加剧，冲刷坑至上游沉井第1排隔舱，冲至4.1m深度后趋向稳定，下游局部区域有少量回淤现象。

当流速为1.0m/s时，沉井第1排隔舱及上游侧最大冲深6.6m达到平衡，而下游则逐渐淤积。

当流速为1.2 m/s时，上游最大冲刷深度达到9.2m，沉井底部河床面大部分受到冲刷，沉井倾斜的风险明显增大。

根据以上试验结果，为保证泰州中塔沉井着床下沉过程中的安全，沉井着床施工时应采取以下原则：

①尽可能选择流速小于1.2m/s时机进行沉井着床下沉施工，若着床时流速大于1.2m/s，应采取河床动态防护措施。

②沉井应快速定位着床下沉至稳定深度，缩短沉井定位着床下沉至稳定深度的时间，减小河床冲刷对沉井着床定位精度的影响。

③若沉井无法避免在流速较大时着床下沉，则应加强对河床冲淤变化的监测，必要时对河床采取临时稳定措施，如在一定范围内抛填碎石，或对冲刷坑进行抛填碎石，对淤积区进行冲挖，减少沉井着床定位时的不均衡土压力。

(3)沉井下沉阶段河床局部冲刷试验

沉井下沉阶段河床局部冲刷形态与沉井悬浮状态时河床冲刷形态有较大的差异，且局部冲刷深度进一步增大。沉井着床后下沉阶段河床局部冲刷试验结果见表4-2，试验图形如图4-12所示。

沉井下沉阶段不同流速条件下河床局部冲刷深度 表4-2

序号	流量 $Q(m^3/s)$	流速 $v(m/s)$	局部冲刷深度试验值 $H(m)$
1	12000	0.8	4.10
2	20000	1.0	6.60
3	30000	1.2	9.21
4	43000	1.5	13.8
5	65000	2.0	23.10
6	80000	2.38	31.7
7	91000	2.81	41.00

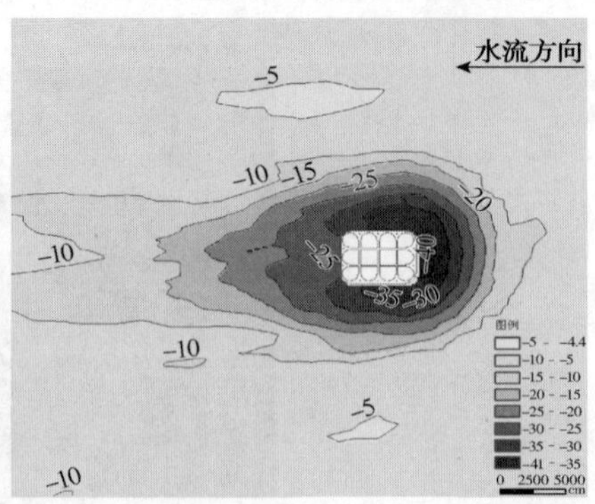

图4-12 沉井基础局部冲刷形态(v=2.81m/s)

(4)渡汛河床稳定措施试验分析

由试验可知,河床面随着流速的增大局部冲刷越严重,若沉井下沉速度小于冲刷速度,则无法保证沉井下沉施工过程的稳定。因此,需实施动态的床面临时稳定措施,保证河床面的相对稳定。

在汛期20%保证率流量对应的流速2.81m/s的情况下,采用粒径30cm(40%)+25cm(60%)的级配石料进行防护,对沉井基础稳定措施及范围进行试验,方案如表4-3所示。

沉井基础护底稳定措施的区域划分和稳定措施尺度 表4-3

方案	防护范围	河床稳定措施厚度(m)	流速(m/s)	水深(m)
方案1	134m(垂直水流向)×148.2m(顺水流向)	2.0~3.0	2.81	20.63
方案2	84m(垂直水流向)×98.2m(顺水流向)	2.5	2.81	20.63

稳定措施方案1试验显示:经受最大洪水后,沉井四周各区的护底工程稳定性良好,洪水过后护坦边坡仍然稳定。沉井背水面稳定措施区内形成局部堆积,稳定措施工程外最大冲深增大到13.8m(图4-13、图4-14)。

图4-13 方案1沉井预稳定措施后周边床面冲刷形态(20年一遇,v=2.81m/s)

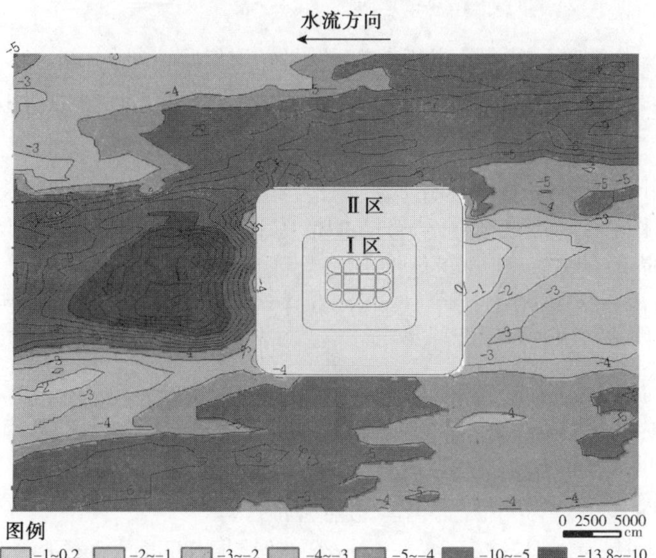

图4-14 方案1沉井中等范围预稳定措施后周边河床冲刷形态(20年一遇,v=2.81m/s)

稳定措施方案 2 试验显示:洪水过后,虽然紧靠沉井四周宽 10m 左右的护底基本稳定,但 10m 以外至护坦边坡范围内的护底均发生坍塌,整体护底工程处在不稳定状态。由于护底面积较小,工程外的最大冲深进一步增大,背水面最大冲深为 15. 5m(图 4-15、图 4-16)。

图 4-15　方案 2 沉井预稳定措施后周边床面冲刷形态(20 年一遇,v=2. 81m/s)

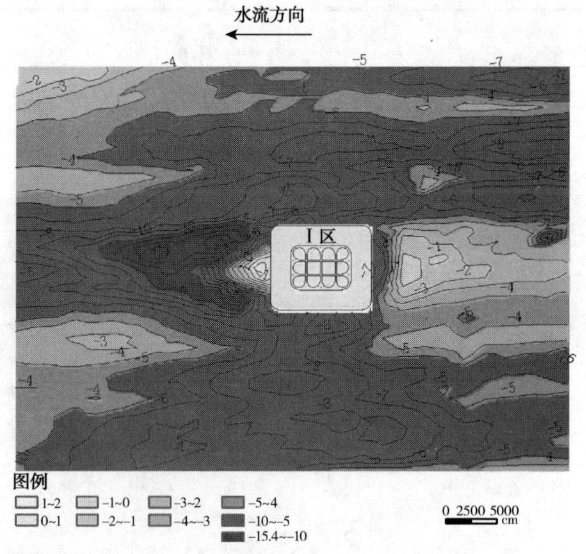

图 4-16　方案 2 沉井小范围预稳定措施后周边河床冲刷形态(20 年一遇,v=2. 81m/s)

从试验结果来看,方案 1 具有渡汛后,稳定措施工程及边坡稳定,能确保沉井基础安全和稳定以及抛投量适中等优点。方案 2 虽然具有抛投量小的优点,但渡汛护底工程效果较差,可能会危及沉井施工安全和下沉精度。实际施工过程中,根据现场水文条件情况及冲刷的实际影响,综合评估后确定有效的动态防护措施。

(5)沉井着床阶段的实际冲淤变化情况与验证

泰州长江大桥中塔水中沉井施工从 2007 年 12 月 1 日着床到 2008 年 9 月 1 日下沉到设计标高处,历时 197 天,经历了整个枯水期—丰水期。

枯水期沉井着床时实测流速 0. 82m/s,实测局部最大冲刷深度 3. 3m,冲刷发生在沉井上游第一排隔舱,下游局部区域有少量回淤,沉井着床后姿态正常。其过程实测沉井周边河床地形如图 4-17~图 4-18(原始河床平均标高-15. 0m)。

(6)沉井下沉阶段的实际冲淤变化情况与验证

洪水期实测流速为 1. 42m/s 和 1. 64m/s,对应局部最大冲刷深度分别为 9. 1m 和 17. 8m,实测沉井周边河床地形如图 4-19~图 4-20 所示。

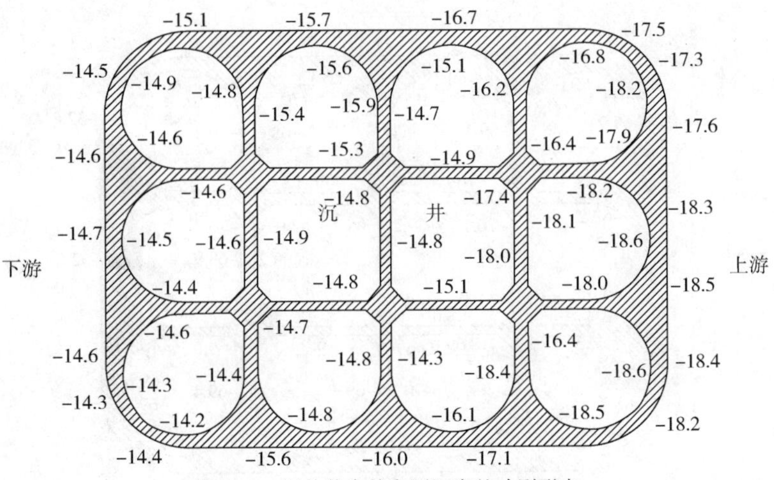

图 4-17 沉井着床前实测河床的冲刷形态

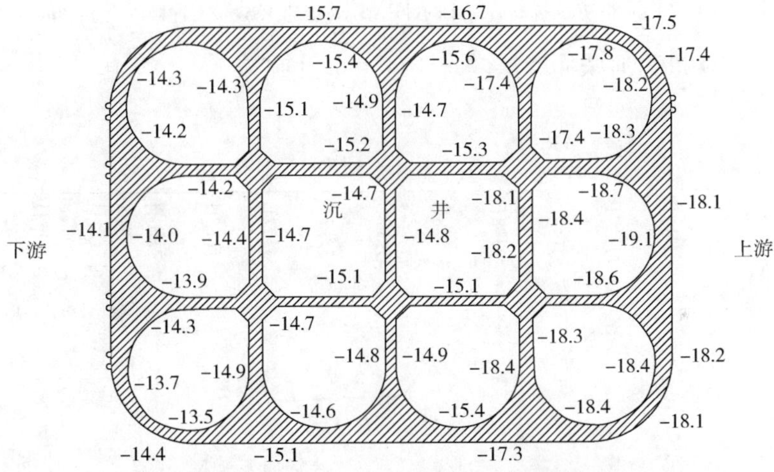

图 4-18 沉井着床 48h 后实测河床的冲刷形态

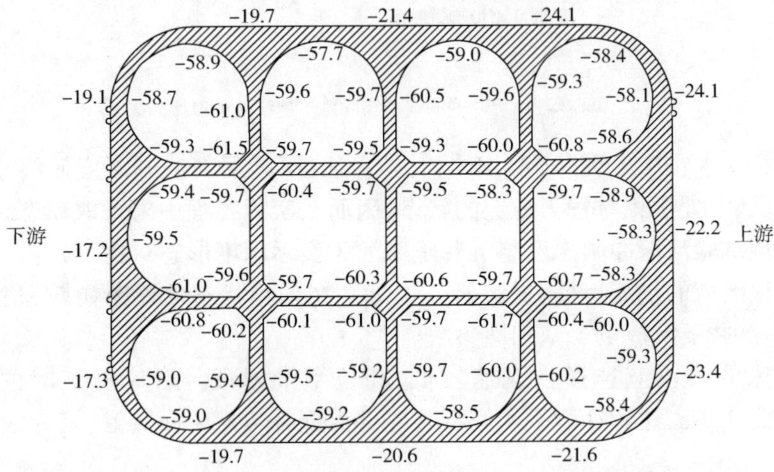

图 4-19 下沉到-60m 标高后河床的冲刷形态(流速 1.42m/s,冲刷深度 9.1m)

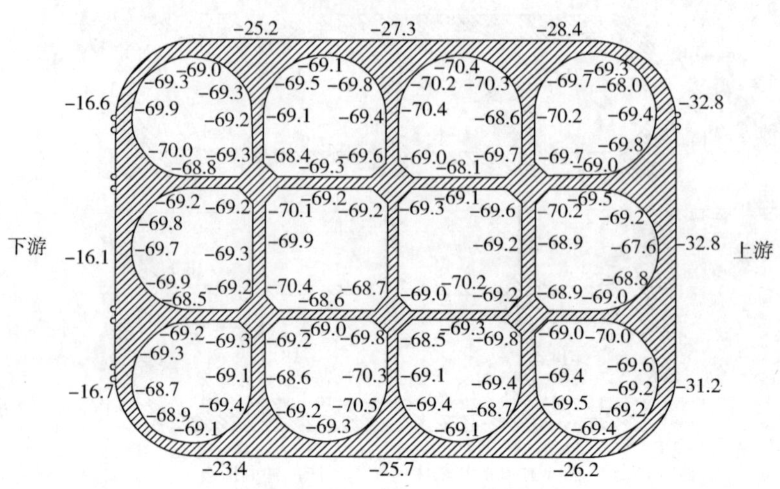

图 4-20　下沉到-70m 标高后河床的冲刷形态（流速 1.64m/s，冲刷深度 17.8m）

沉井实际下沉深度与河床冲刷深度对比见图 4-21 所示。

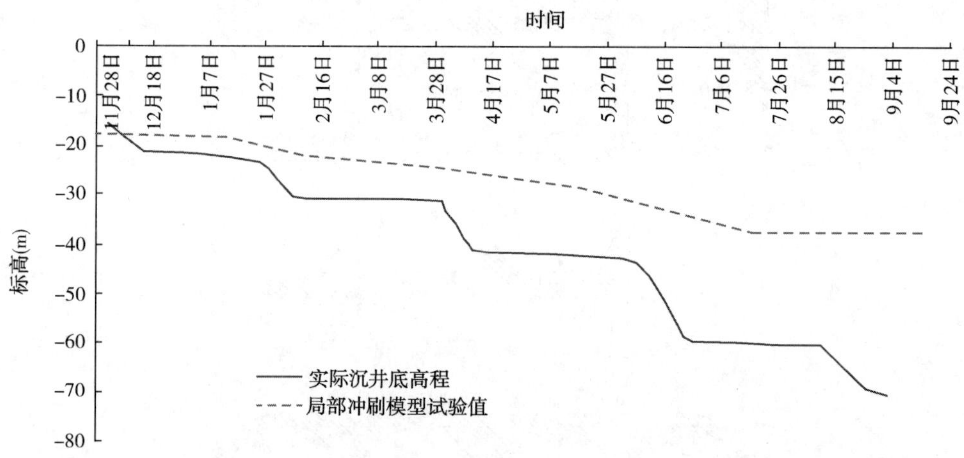

图 4-21　河床理论历时冲刷线与实际施工期沉井底口标高关系

由于泰州长江大桥中塔沉井施工工期安排合适，河床局部冲刷深度始终小于沉井下沉深度，沉井下沉施工处于相对较为稳定的状态，因而在实际工程中未采取动态防护措施。

由河工模型试验河床冲刷深度与沉井施工河床实际深度形态对比可知：

①根据工程区域的水流特征，试验研究了沉井在悬浮状态及着床初期和着床过程的地形冲淤变化，为沉井下沉提供了基础性参数。

②沉井着床的时机应选择在流速较低、高位平潮时段。着床施工时的水流流速为 0.82m/s，冲深为 3.3m，达到冲刷平衡。沉井底部大部分与河床面接触，沉井未发生倾斜，定位精度较高。

③沉井下沉到位后，最大流速为 1.64m/s 时，上游冲刷深度约 17.8m，沉井安全渡汛。

4.3 沉井首节钢壳下水及首次下沉高度确定

4.3.1 沉井首节钢壳下水高度确定

首节钢壳沉井高度过小,可能造成钢沉井在运输过程中发生平面扭曲变形;其高度过大,则会增加下水及浮运的难度及安全风险。

(1)确定首节钢壳沉井下水高度主要影响因素

①首节钢壳沉井的高度应满足结构安全的要求。应具备足够的刚度,避免在运输过程中发生扭曲变形。

②首节钢壳沉井的高度应满足不同下水方式的要求。一般采取陆上组装滑道法或气囊法下水,首节的质量应考虑制作场地及下水位置地基承载力的要求,自浮吃水满足下水水域水深要求。

③首节钢壳沉井的高度应满足浮运的要求。吃水应满足浮运航道水深要求,干舷高度应满足浮运要求。

④在满足以上条件的情况下,首节钢壳沉井的高度应尽量减小,以降低首节钢壳沉井下水施工的难度,确保其顺利下水。

(2)泰州大桥中塔沉井首节钢壳沉井高度

综合场地资源情况、工期及施工难易度等因素的比较,首节钢壳沉井采取滑道法下水。滑道法下水可控性较强,但对滑道基础的承载力要求较高。如果首节钢壳沉井越高,自重就越大,对滑道地基承载力的要求就越高,地基加固的成本就越高,同时下水过程中的安全风险也就越大。此外,钢沉井高度越高,其自浮吃水就越大,对水深要求就越高。因此,对首节出厂钢沉井的不同高度进行比选分析,如表 4-4 所示。

钢壳沉井各节段组合的质量及自浮吃水　　表 4-4

序号	钢沉井高度(m)	节段组合(m)	沉井自重(t)	自浮吃水(m)
1	8	8	1200	2.94
2	14	8+6	1800	3.71
3	20	8+2×6	2400	4.48

结合制造场地的条件、吃水及浮运稳定等方面的要求,最后确定首节钢沉井的出厂高度为 8m。

4.3.2 沉井首次下沉高度确定

沉井首次下沉高度是指钢壳沉井第一次下沉至稳定深度,然后进行接高作业所需的高度。钢壳沉井首次下沉高度的确定,决定沉井首次下沉后的稳定性、水上浮运的拖带力大小、拖带设备要求、锚碇系统布置方案、系缆力的大小,以及后续接高施工工期等,对施工安全、施工工期都有着重要的影响。钢壳沉井施工尽可能减少墩位或墩位附近接高的工作量,减少锚碇、缆绳倒换作业量,加快施工进度,也减少钢壳沉井着床前对河床的冲刷,降低水上施工风险。

(1)确定沉井首次下沉高度主要影响因素

①钢壳沉井的下沉深度应满足洪水期冲刷后的稳定深度和干舷高度,下沉稳定深度取决于钢壳沉井着床下沉底口不被掏空,同时能形成下沉轨迹所需的稳定深度。

②沉井着床下沉时改变了水流的流态,河床的不同冲刷深度直接影响到沉井首次下沉的高度。

③与着床时间及施工周期密切相关,着床时机的选取决定了着床时局部冲刷深度的大小以及在汛期来临前能否下沉到稳定深度。

④与首次下沉的沉井自重密切相关,钢壳沉井隔舱内注水还是浇筑部分混凝土后下沉,沉井的下沉系数不一样,首次下沉的钢壳沉井需要迅速下沉至稳定深度,一般采取注水下沉工艺,首次下沉钢壳沉井高度确定至关重要。

(2)沉井首次下沉高度确定

①首次下沉所需最小高度 H 可按下式计算。

$$H = h_1 + h_2 + h_3 + h_4 \tag{4-4}$$

式中:H——首次下沉所需最小高度,m;

h_1——着床施工期对应水文条件下最大冲刷线水深,m;

h_2——首次下沉入土稳定深度,m;

h_3——沉井接高安全干舷高度,m;

h_4——安全储备高度,m,一般取 1.0~2.0m。

泰州长江大桥中塔沉井着床选择在枯水期,其最大冲刷线水深 h_1 约 25m、沉井入土稳定深度 h_2 取 3.0m、沉井接高安全干舷高度 h_3 取 3.0m、安全储备高度 h_4 取 1.0m。则首次下沉钢壳沉井所需最小高度 H 为 32.0m。

②综合比选 32m、38 m、44m 首次下沉沉井高度三种方案,确定首次钢壳高度为 38m 方案,钢壳沉井接高时间较短,锚碇系统设计相对合适,整体浮运风险较小。

38m 高钢壳沉井在桥位处接高后,浮运至墩位定位下沉,无须再进行钢壳沉井的接高工序。浮运前在钢壳沉井隔舱内先干浇填充一部分混凝土,一是加强了刃脚结构刚度,二是加大了初沉阶段下沉系数,其后再注水下沉,在汛期来临前沉井下沉到稳定深度。

4.4 沉井摆振分析及抑振措施

沉井定位与着床过程中,受到风、浪、流和锚缆的共同作用,在耦合力作用下,沉井可能发生强烈的摆振运动。此运动的周期较长、振幅较大、破坏力强,需深入分析其产生的机理,制订有效的抑振方案。

4.4.1 摆振分析

1)影响因素分析

水流及风荷载作用是引起沉井发生摆振的两大主要因素。

(1)水流对沉井的影响

交变涡激力的形成与流场中物体尾流中旋涡的形成和泻放有关,这种旋涡的形成和泻放本质上是一种流动分离现象。根据边界层理论,流动分离与雷诺数 Re 有关。光滑物面的流动分离可以使用圆柱绕流随雷诺数 Re 的变化来说明。雷诺数 Re 表示的是惯性力与黏性力的比值。图 4-22 所示的是圆柱体绕流随雷诺数变化的几个典型示意图。当 $Re < 5$ 时，流动无分离；$5 \sim 15 \leqslant Re < 40$ 时，圆柱后侧形成一对稳定的驻涡；$40 \leqslant Re < 150$ 时，尾流中开始出现脱落的旋涡，逐渐形成两边交替出现的稳定涡列——Von Karman 涡街，此时边界层分离是层流分离，分离点的位置在 $\theta = \pm 84°$ 附近摆动；$150 \leqslant Re < 300$ 时，尾流中的层流涡变成湍流涡；$150 \leqslant Re < 2.5 \times 10^5$ 时，流场进入亚临界阶段，此时尾流已经形成湍流涡街；$2.5 \times 10^5 \leqslant Re < 3.5 \times 10^6$ 时，流场进入临界区和超临界区，边界层从层流分离变成湍流分离，旋涡脱落由规则变为不规则，尾流无涡街结构；当 $3.5 \times 10^6 \leqslant Re$ 时，湍流涡街再次出现，尾流又出现周期性特征。

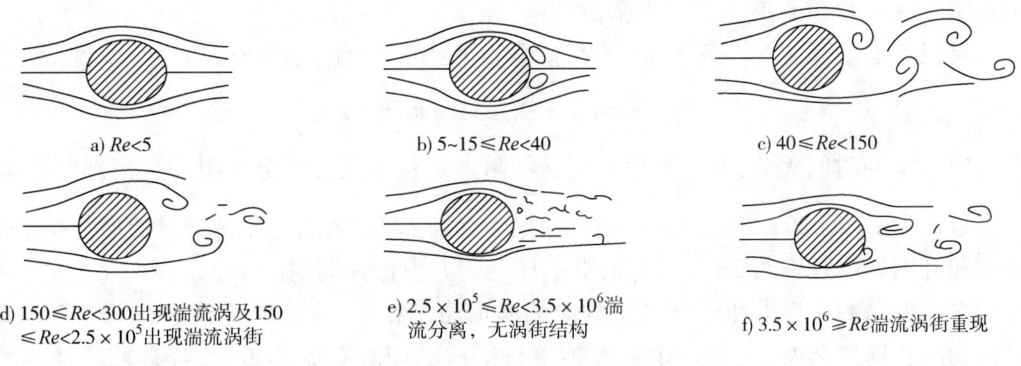

图 4-22　圆柱绕流随雷诺数的变化

大量的圆柱绕流资料显示，旋涡主频率 f_s 与来流速度 v 和圆柱直径 D 之间存在简单关系。将试验测得的旋涡频谱的主频率 f_s，圆柱直径 D 和来流速度 v 代入下式：

$$Sr = \frac{f_s D}{v} \tag{4-5}$$

计算所得的参数 Sr（无因次涡泻频率，通常称作斯特劳哈尔数）作为数据点的纵坐标，用雷诺数作为横坐标，将试验数据点汇集到此坐标平面内后，可以发现这些数据点都积聚在 $Sr = 0.2$ 附近的狭长区域内，如图 4-23 所示。

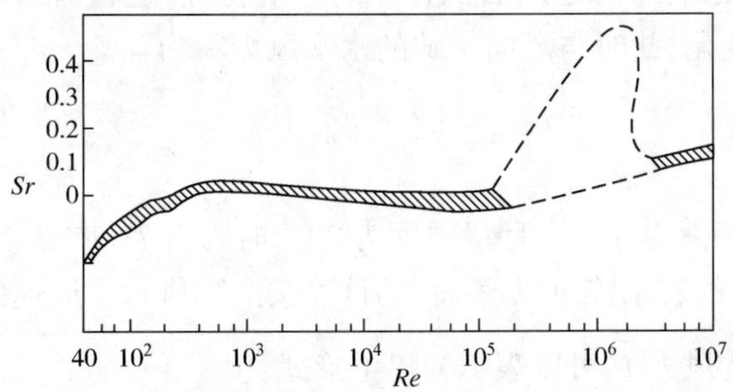

图 4-23　圆柱绕流的斯特劳哈尔数与雷诺数间的关系

不同非圆截面柱体分别取不同横截面标定长度 L，按照下式定义斯特劳哈尔数：

$$Sr = \frac{f_s L}{v} \tag{4-6}$$

由图4-23可见,在绝大部分区域,Sr 相对稳定,这表示尾流当中的涡泻比较规则。在临界 Re 数区域,Sr 比较分散,表明涡泻频率存在较宽的频带。涡泻的产生将导致作用在物体上的阻力和升力方向上都有振荡力。如果只有单一涡泻频率 f_v,升力 f_L 在升力方向上可近似为:

$$F_L(t) = |F_L|\cos(2\pi f_v t + \alpha) \tag{4-7}$$

式中,α 是相位角,升力幅值 $|F_L|$ 通常用升力系数 C_L 来表达,对于圆柱体定义为:

$$C_L = \frac{|F_L|}{\frac{1}{2}\rho U_\infty^2 D} \tag{4-8}$$

式中:$|F_L|$——单位长度上的升力幅值。

如果仅考虑单一的涡泻频率,在沿着流线方向上的力可以近似为:

$$F_D(t) = \overline{F_D} + A_D\cos(4\pi f_v t + \beta) \tag{4-9}$$

式中,$\bar{F}_D$ 与时间无关,并且是通常定义的阻力系数的主要成分。阻力振荡部分振幅 A_D 的典型数值为 $\bar{F}_D$ 的20%。对比式(4-7)和式(4-9)不难发现,阻力振荡部分的振荡频率是涡泻频率和升力振荡频率的2倍,相应的振荡周期为升力振荡周期的1/2。

沿来流方向的涡振力和垂直来流方向的涡振力的存在,将可能导致具有柔性系泊系统的结构物的长周期谐振,特别是在涡泻频率与结构的固有频率相近时,浮体将产生大幅共振。试验发现,当来流的折减速度 v_c ($v_c = v/f_v D$)处于一定范围内时,涡泻频率不再随来流速度增加,而是和浮体的自振频率保持一致。此时将产生锁定效应,锁定效应扩大了共振范围,引起涡激运动的持续进行,使运动幅度增大。

(2)风对沉井的影响

风的作用也可引起具有较长固有周期的大型系泊浮体系统的缓变振荡运动,这种运动是具有相当能量的,周期为分钟量级的阵风引起的。在实际计算中,首先要考虑的是阵风作用力的谱表达式。

Davenport(1978)提出:考虑迎风面积为 A 的建筑物,假定它对于风场的影响较小,风在吹过浮体时没有明显变化,此时与风向一致的水平风力写为:

$$F_D = \frac{\rho_{air}C_D}{2}AU^2(t) \tag{4-10}$$

上式中,空气的质量密度 ρ_{air} 在环境温度为20℃时为1.21kg/m^3。$U(t) = \bar{U} + u'$,其中 $\bar{U}$ 表示的是平均风速,u' 的表示阵风风速,u' 的计算按照阵风水平风速的谱密度函数 $S(f)$,其中 f 为频率(Hz)。平均风力 $\bar{U}$ 可以表示为以下形式:

$$\bar{F}_D = \frac{\rho_{air}C_D}{2}A\,\bar{U}^2 \tag{4-11}$$

式中,C_D 为风阻力系数。由于 $(u'/\bar{U})^2$ 是小量,所以在脉动风压力计算中可以省略这一项,省略后的形式为:

$$F'_D(t) = C_D A \rho_{air} \bar{U} u'(t) \tag{4-12}$$

注意到脉动风力和阵风风速线性相关，所以其功率谱 F'_D 也与阵风风速谱线性相关：

$$S_F(f) = (C_D A \rho_{air} \bar{U})^2 S(f) \tag{4-13}$$

如果相对于风场，结构物的尺寸较大，Davenport 引入了“空气动力导纳函数”作为结果的修正。在进行沉井的风载计算时，考虑到江面较宽，风场受干扰小，所以不考虑导纳函数修正。

平均风力计算所采用的是指数风剖面，指数风剖面最早由 Hellman 在 1916 年提出，后来由 Davenport 根据多次实测结果分析，并提出平均风沿高度变化的规律可以用指数函数来描述，即

$$\bar{v}(z) = \bar{v}_0 \left(\frac{z}{z_0}\right)^{\alpha} \tag{4-14}$$

式中：z_0、$\bar{v}_0$——标准参考高度和标准参考高度处的平均风速，我国标准参考高度为 10m；

z、$\bar{v}(z)$——任意高度和任意高度处的平均风速；

α——地面粗糙度指数，地形越粗糙，地表对气流的阻滞作用越强，α 也越大。

根据我国《建筑结构载荷规范》（GB 50009—2012），将地貌按照地面粗糙度分为 A、B、C、D 四类。A 类指近海海面和海岛、海岸、湖岸及沙漠地区；B 类指田野、乡村、丛林、丘陵及房屋比较稀疏的乡镇；C 类指有密集建筑群的城市市区；D 类指有密集建筑群且房屋较高的城市市区。这四类的粗糙度指数 α 和梯度风高度如表 4-5 所示。

地面粗糙度指数和梯度风高度表 表 4-5

地貌类别	A	B	C	D
α	0.12	0.16	0.22	0.30
$z_G(m)$	300	350	400	450

2）泰州长江大桥中塔沉井摆振形态分析

泰州长江大桥中塔 38m 高钢壳沉井，采用上下游锚墩定位系统进行施工，定位时沉井吃水达到了 12m，迎水面沉井宽度为 44m。墩位处施工水深约 20m，沉井定位时（长江枯水期）流速为 0.8~0.9m/s。鉴于水中沉井定位施工的复杂程度和技术风险，采用 SESAM 软件和 FLUNT 流体计算软件相结合，对沉井的摆振进行分析。针对沉井定位施工期水流流速，计算分析时选取了 0.7m/s、0.9m/s、1.1m/s 和 1.5m/s 四种不同工况进行了分析。图 4-24 所示为四种不同流速工况作用下沉井平面运动轨迹。

从上述计算结果可知，当流速不大于 0.7m/s 时，沉井摆振的轨迹呈“C”形，这是由于沿来流方向的纵向力振动幅值很小，此时对运动起主导作用的是横向力；当流速为 0.7~0.9m/s时，摆振运动开始逐渐呈现模糊的“8”形，此时纵向振荡力的作用开始逐渐显现，在沿流方形的运动渐渐从小幅漂移变成小幅漂移基础上的微幅振荡；当流速大于 0.9m/s 时，摆振运动开始出现非常明显的“8”形。

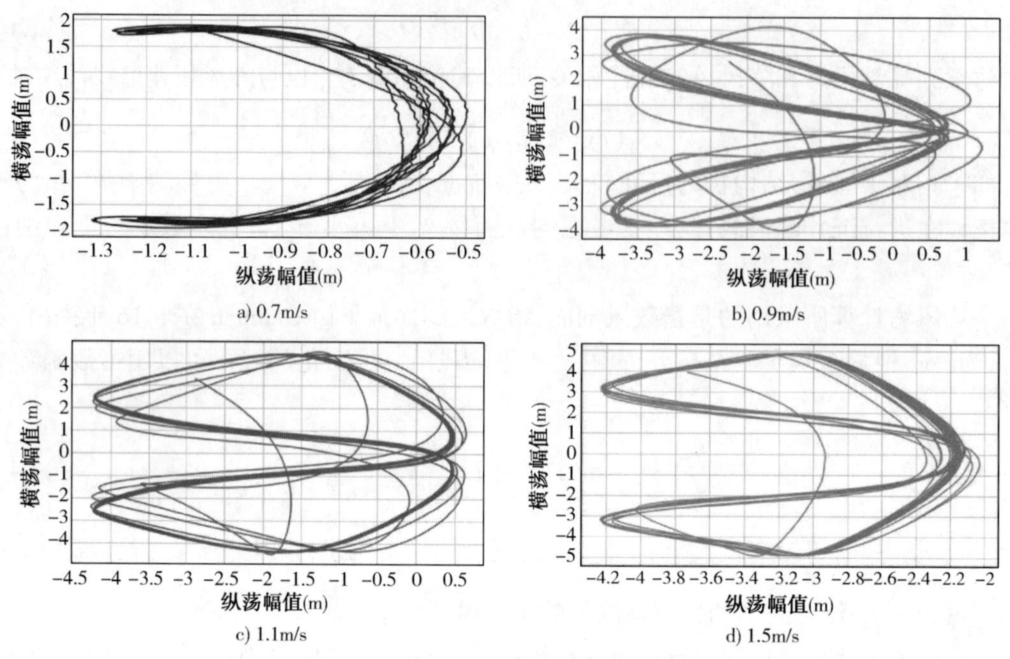

图 4-24 沉井在不同流速作用下平面运动轨迹

4.4.2 抑振措施

1）抑振方式

涡激力的特性及系泊系统的特征是影响沉井摆振的关键因素。针对两个关键因素，提出若干抑制沉井摆振的措施，如合理的结构形状及系泊系统、设置外加阻尼装置、施加初始预紧力等。

（1）合理的结构形状及系泊系统

相对而言，非流线型沉井相较于圆形沉井，更容易且更早地产生流动分离，致使沉井受到较大的涡激力，运动幅度也相应增大。因此，在满足强度需求的前提下，选取合理的结构外形就能一定程度上降低涡的强度、降低涡激力、减小运动的幅度。

沉井定位系泊系统刚度也与沉井摆振有关，通常情况下，系泊系统刚度越大，对沉井的约束作用就越强，沉井的摆振幅度就较小；反之，系统系泊刚度越小，对沉井的约束作用就越弱，沉井的摆振幅度就较大。

（2）设置外加阻尼装置

除了调整结构参数，还可以附加阻尼装置防止涡振，南京长江大桥沉井下沉施工采取的“平衡重止摆船”抑振方案便是一种有效方法。止摆船是一个用平衡重产生拉力和吸收转化动能的机械装置，引入一个总是与运动方向相反的拉力，同时保证这一个力在做功时不致使缆绳受力超过允许应力而被拉断，即只增加正阻尼的效应。

尽管外加阻尼装置在南京长江大桥施工时取得了良好的效果，但外加阻尼是在沉井摆振发生以后才能带动止摆船上的重物，获得抑振效果。因此，止摆船方法作为一种应急措施是非常有效的，但若从制订安全的施工方案的角度考虑，平衡止摆船的适用范围是有限的。

(3)制止初始摆动

制止初始摆动的方法分为两种,一种是被动式,另一种是主动式。主动和被动是针对消涡手段而言的。主动式即在结构物沿来流的切线方向注入流体,以达到整流减涡的目的;被动式则是在结构外部安装减涡装置。主动注入流体的方法非常有效,甚至可以完全消减涡激运动;被动减涡法也有十分显著的效果,只是较主动法稍差。但是在物体附近注入(喷射)流体,费用昂贵,且不易控制,运用到实际工程中有一定的难度。虽然被动式减涡效果稍逊一筹,但具有施工方便、经济性强等优点。

(4)施加预紧力

锚缆的预紧力对沉井的摆振也有着很重要的影响,尤其是对于摆振的振幅,在锚缆长度一定的情况下,预紧力越大,锚缆摆振的回复力将越大,摆振幅度将有减小的趋势。

2)抑振措施工程实践

在泰州长江大桥中塔沉井基础施工期间,长江水流流速均较大,最大流速可超过2m/s,定位着床时,水流流速为0.8 ~1.2m/s。沉井在定位期间(悬浮状态),存在引起摆动的风险。工程实施过程中沉井定位时,采用了刚度更大的"刚性钢锚墩+锚系"的定位系统,在沉井定位前对上下游锚缆施加了一定的预紧力,增强边锚缆的锚拉能力。

根据泰州长江大桥中塔沉井定位期水流流速选取0.9m/s特征水流流速,分别对不同预紧力工况下沉井的摆振形态进行分析。表4-6所示为不同计算工况纵向与侧向缆绳的预紧力值。

不同计算工况下系泊系统缆绳预紧力值 表4-6

计算工况	工况一	工况二	工况三	工况四
纵向拉缆预紧力(kN)	0	100000	150000	200000
侧向拉缆预紧力(kN)	0	50000	80000	100000

表4-7为不同计算工况下沉井振动幅值及振荡周期的计算结果。

不同计算工况下振动幅值及周期计算结果 表4-7

计算工况	振荡幅值(m)		振荡周期(s)	
	纵向振荡	横向振荡	纵向振荡	横向振荡
工况一	2.38	4.4	82	163
工况二	1.0	3.4	78	150
工况三	0.46	1.8	75	142
工况四	0.17	0.78	70	129

图4-25为不同工况作用下沉井平面振荡幅值与周期变化曲线。

由计算结果可知,沉井横荡和纵荡幅值随着系泊缆绳预紧力的增加而逐渐减小,主要是由于施加在系泊缆绳上的预紧力增强了沉井在平面摆动的约束刚度,且预紧力越大,约束刚度就越大,沉井的摆动就越小;同时随着系泊缆绳预紧力的增加,迫使沉井向平衡位置运动的回复力就逐渐增大,导致沉井摆振频率加快,振荡周期就随之减小。

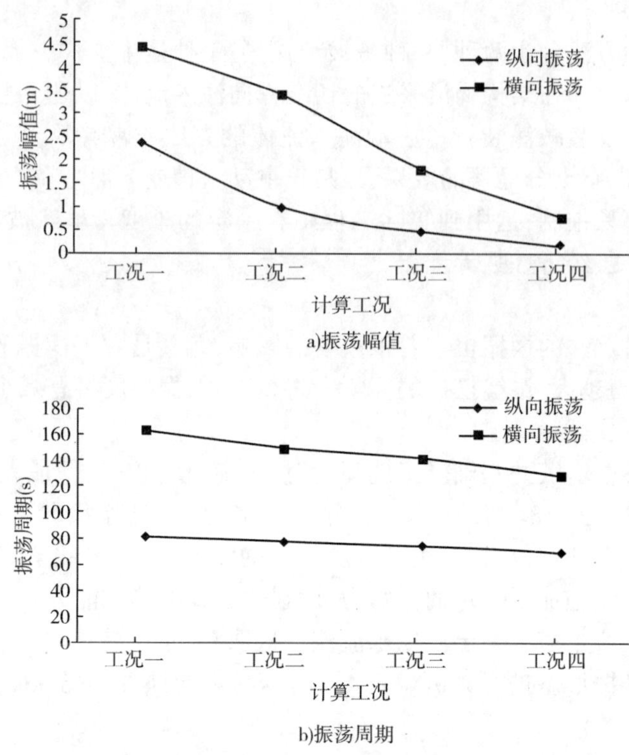

a)振荡幅值

b)振荡周期

图 4-25 沉井在不同工况作用下振荡幅值与振荡周期变化曲线

泰州长江大桥中塔沉井首次下沉定位过程中,通过预先对系泊主拉缆(纵向)和边锚缆(横向)施加预紧力等措施,增加了系统整体刚度。实践证明,通过增加锚系预紧力,可有效地减小沉井下沉定位过程中的摆振风险。

4.5 沉井着床预偏量确定

在水流作用下,沉井上游河床局部会形成一定深度的冲刷坑,在沉井下游侧形成冲刷淤积,同时在沉井下沉过程中由于刃脚部分着床,从而引起沉井下沉过程中的倾斜,并导致沉井朝上游侧偏移。沉井的偏移量与水流流速、河床地质条件、冲刷坑大小、系泊系统布置、沉井大小、沉井下沉施工工艺等因素有关。在施工过程中,除了通过选择合理的系泊系统布置与沉井下沉施工方案等控制沉井下沉过程中的偏移,还需在沉井下沉前向下游方向设置预偏量,来保障沉井终沉平面位置满足规定与设计要求。

偏移量的大小可根据河床冲刷形态(包括冲刷深度和范围以及堆积层高度和范围等)以及沉井两侧所受荷载(包括两侧土压力、水流力、沉井壁板的缆绳拉力等)等因素综合确定。

4.5.1 沉井偏移机理分析

沉井施工过程中,偏移主要发生在首节沉井下沉过程。首节沉井下沉可分为三个阶段:

①第一阶段为沉井着床前,此阶段的偏移可通过系泊系统控制。沉井在水流冲击作用

下，产生向下游的位移趋势，但由于沉井着床前处于半悬浮状态，在缆绳作用下，沉井偏位很容易纠正，因而设置沉井预偏量时可以不考虑该阶段位移。

②第二阶段为沉井着床开始至上游刃脚进入河床3~5m(稳定深度)，该阶段是沉井偏移最大的阶段，沉井在该阶段由于刃脚部分着床与下游侧淤积荷载，而发生向上游侧的偏移。

图4-26所示为泰州大桥沉井自着床开始，相对于设计基准点的偏移量随沉井下沉量的变化趋势。以相对设计基准点朝向下游偏移量为正值，施工前设置+18cm预偏量，沉井下沉5m时沉井上游刃脚刚着床，此时沉井基础相对设计基准点偏移量为-25.9cm，施工过程发生朝向上游约43.9cm的位移。后续监测数据表明，自上游刃脚入土至沉井施工完成，偏移量由-25.9cm变为-28.0cm(平均值)，后续总位移2.1cm，仅占总位移的4.57%。

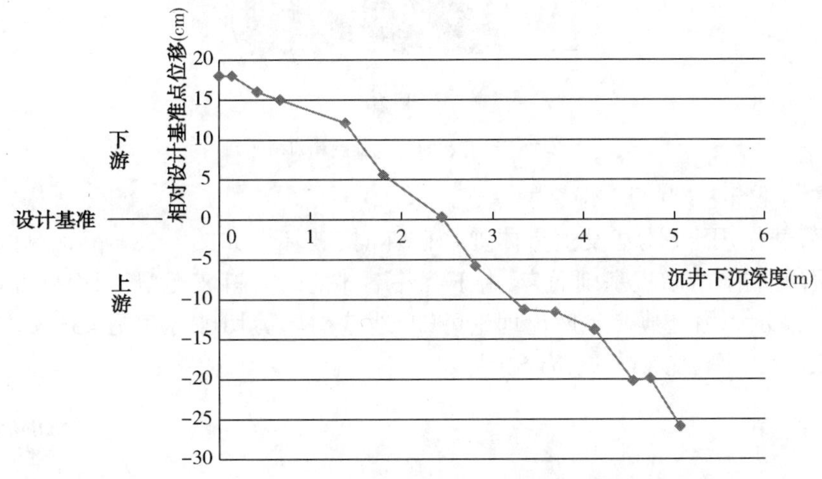

图4-26 沉井下沉过程中相对滑动量

③第三阶段为第二阶段之后直至沉井施工完成，在土体包裹作用下，沉井基本不会发生偏移。根据工程实际监测数据，该阶段沉井偏移量占总偏移量不足5%。

综上所述，沉井预偏量设置重点考虑第二个阶段，该阶段沉井偏位主要由两部分构成：一是在下游侧淤积土压力作用下，推动沉井向上游移动，即沉井与下部土体发生相对滑移；二是在淤积段和沉井自重荷载作用下，吸泥下沉造成河床底地基发生剪切破坏，发生向上游的整体滑动位移，类似于边坡滑动，沉井随下部土体发生整体滑动。

(1)沉井相对下部基础相对滑动

沉井在淤积层土压力推动作用下发生向上游的位移，缆索拉力阻碍沉井位移，无论是沉井滑移还是与下部基础的整体移动，控制最终位移的均是最终的力系平衡，即位移增加过程中，缆力不断增大，最终沉井处于稳定状态。沉井下沉过程中，刃脚嵌入土体，进入沉井隔仓的土体与沉井形成塞性整体，因而沉井滑移面为塞性体底面，而不仅以沉井结构刃脚底面面积计，如图4-27所示。该阶段力系平衡状态为：

$$F_s = F_w + F_l + F_m \tag{4-15}$$

式中：F_s——淤积层推力，kN；

F_w——水流力，kN；

F_l——下拉缆拉力，kN；

F_m——摩阻力，kN。

在沉井偏移过程中，F_l 不断增加，最终形成力系平衡。

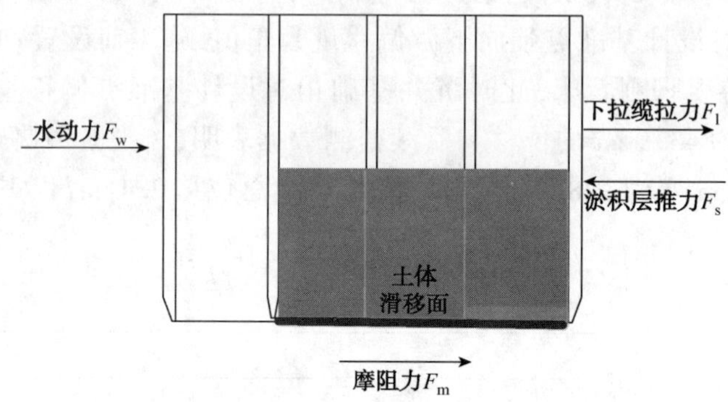

图 4-27　沉井相对下部基础相对滑动

(2)沉井与下部基础的整体移动

在上部荷载作用下，地基发生整体剪切破坏时，破坏面如图 4-28 所示，有两个破坏面。对于沉井上游冲刷下游淤积基础而言，由于沉井下部基础为斜坡类型，因而破坏面为单向剪切，如图 4-29 所示。由经典摩尔库伦理论可知，地基初始剪切破坏角为 45°-φ/2，即沉井下沉过程伴随发生水平位移和竖向沉降趋势。

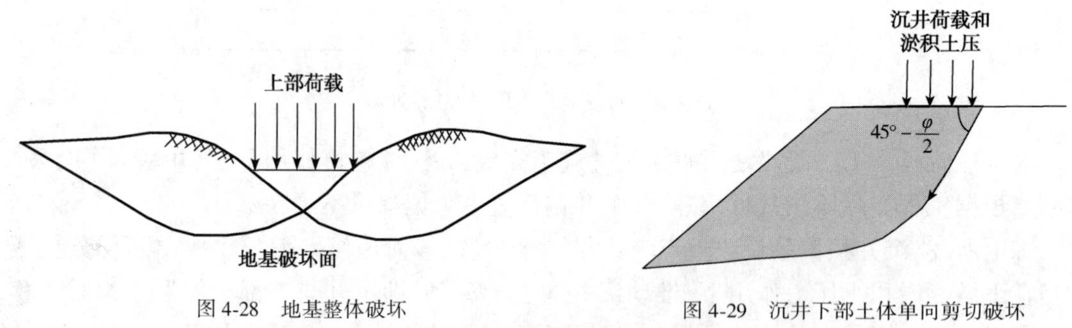

图 4-28　地基整体破坏

图 4-29　沉井下部土体单向剪切破坏

随着位移的增加，拉缆力不断增大，最终形成力系平衡。

4.5.2　沉井施工过程偏移量设置

目前，关于沉井施工预偏量设置的研究鲜见于文献，工程上预偏量设置主要依据经验类比法与经验判断。本节基于沉井偏移的机理，介绍两种关于预偏量设置的方法：理论计算和数值仿真计算。需要注意的是，这两种方法必须依托河工模型试验关于水流速度及上冲、下淤的土体不同厚度等资料参数。

1)理论计算分析

如图 4-30 所示,在下游淤积土层推力作用下,沉井发生朝向上游的位移趋势,该阶段主要荷载包括上游水流作用力、下游淤积土层推力、下拉缆拉力、上拉缆拉力、沉井底面摩阻力等,由于沉井位移趋势为上游,因而上拉缆拉力对沉井位移的影响可以忽略。

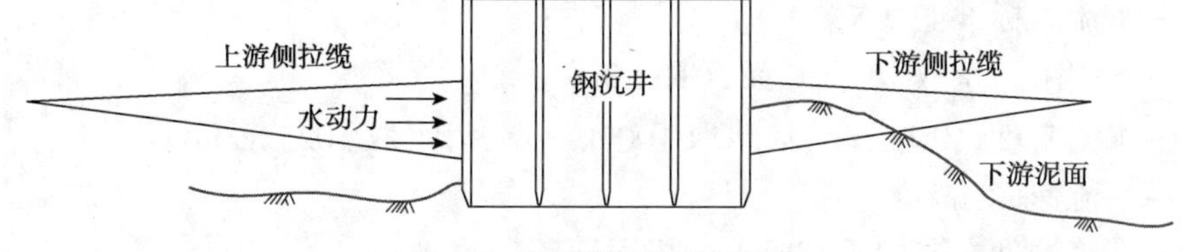

图 4-30 沉井施工过程中受力

沉井施工为动态纠偏控制过程,涉及水流作用力、缆索纠偏、吸泥控制、土压推动等多因素影响,较难建立力学模型完全反映这些因素的影响,需在一定的假设条件下,建立沉井偏移的力学模型,估算沉井的最终偏移量。

沉井下沉过程中,由于中间涉及沉井纠偏等过程,因而缆索拉力变化过程非常复杂,但有两点可以确定:一是沉井发生的整体位移不可逆;二是沉井整体位移与缆力大小成正比。因而若忽略中间动态过程,只需要选择缆力最大的工况进行静力分析,即可确定沉井的最大偏移量。

对于上冲下淤沉井基础而言,上游刃脚刚着床前,淤积层土压力最大时,对应的缆索力最大,上游刃脚着床后,由于上游刃脚受土体被动土压力作用,在很大程度抵消上游淤积层土压力增量,可认为上游刃脚着床时缆力最大,如图 4-31 所示。

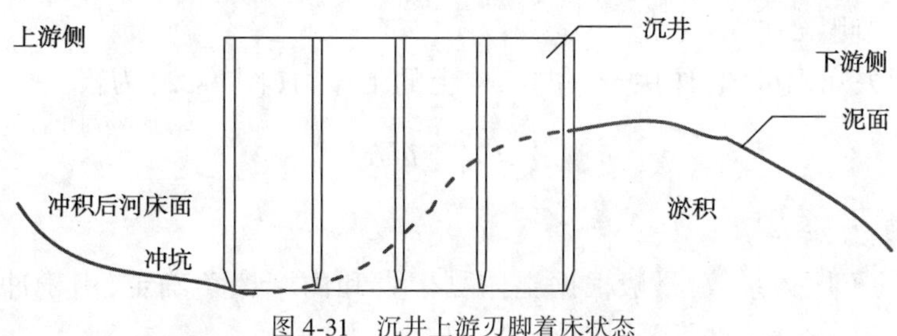

图 4-31 沉井上游刃脚着床状态

沉井偏移量计算力学模型基本假定:

①缆索伸长量为沉井偏移量;

②上游刃脚初始着床工况为沉井最大偏移量工况;

③不考虑沉井下沉过程中不均衡吸泥与不均衡注水等动态过程的影响;

(1)沉井基础摩阻力计算

计算该阶段相对滑移的关键问题是确定滑移面的摩擦系数,由于滑移面大部分为土体与土体的接触面,刃脚接触面比例较小,因而摩擦系数主要与土体的摩擦系数 μ 有关。

$$\mu = \tan\varphi$$

$$F_{m} = G\mu$$

式中:F_{m}——沉井基础摩阻力,kN;

φ——土体内摩擦角,冲积淤泥层可近似取 0°,砂性土取 10°~30°;

G——沉井刃脚作用于河床上的力,kN。

(2)水动力计算

由《港口工程荷载规范》(JTS 144-1—2010)可知,作用于沉井结构上的水动力为:

$$F_w = C_w \frac{\rho}{2} v^2 A$$

式中:F_w——水流力标准值,kN;

C_w——水流阻力系数,对沉井而言取 2.32;

ρ——水的密度,10^3kg/m^3,淡水取 1000kg/m^3,海水取 1025kg/m^3;

v——水流速度,m/s;

A——计算构件在流向垂直面上的投影面积,m^2。

(3)缆索力计算

在沉井偏位过程中,缆索力处于动态变化过程中,即随着偏移量的增加,缆索力不断增大,最终与其他力系形成平衡:

$$F_l = EA \frac{\Delta L}{L} \tag{4-16}$$

式中:F_l——缆索力,kN;

E——缆索弹性模量,kN/m^2;

A——缆索截面面积,m^2;

L——缆索原始长度,m;

ΔL——缆索伸长量,m。

(4)淤积土层侧压力

由土力学相关知识可知,作用于沉井结构上的土压力(图 4-32)为:

$$F_s = K \frac{\gamma}{2} h_s^2 B \tag{4-17}$$

式中:F_s——土压力,kN;

K——主动土压力系数,一般根据土体黏聚力和内摩擦角确定,由于冲积层参数较难确定,可按照一般经验取值,取 0.4;

γ——土体浮重度,kN/m^3;

h_s——沉井侧边自刃脚算起的淤积层厚度,m;

B——沉井侧边淤积层宽度,m,一般可取沉井宽度。

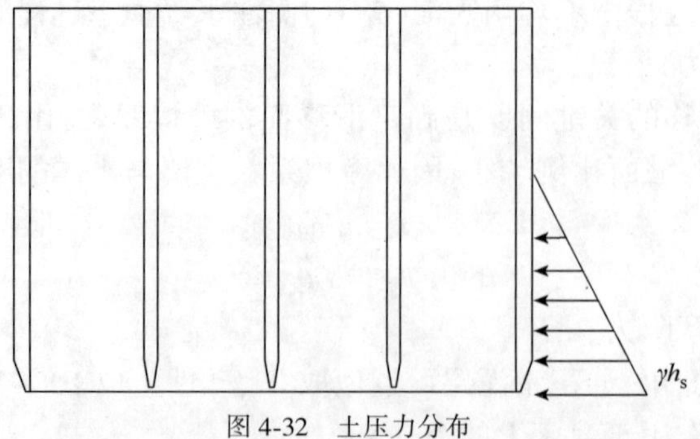

图 4-32 土压力分布

(5)沉井偏移量计算案例——泰州长江大桥沉井基础

以泰州长江大桥沉井基础为例,施工期水流速度约 0.9m/s。沉井着床之前,悬停在河床以上 2m 处,使河床充分冲刷,上游形成 5m 左右的冲刷坑,下游淤积厚度约 5m;沉井定位着床时,上刃脚处于悬空状态,刃脚底标高为-11.3m 左右,在隔舱内注水使沉井着床、吸泥下沉直至稳定时,刃脚标高在-21.00m 左右。缆索采用 12 根 6×37-1770(a)类直径为 54mm 钢丝绳(弹性模量 205GPa),下拉缆长度为 100m,如图 4-33、图 4-44 所示。

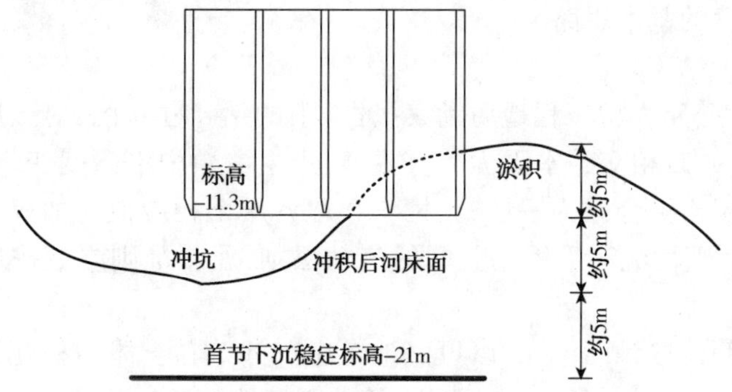

图 4-33 泰州长江大桥沉井着床初始状态

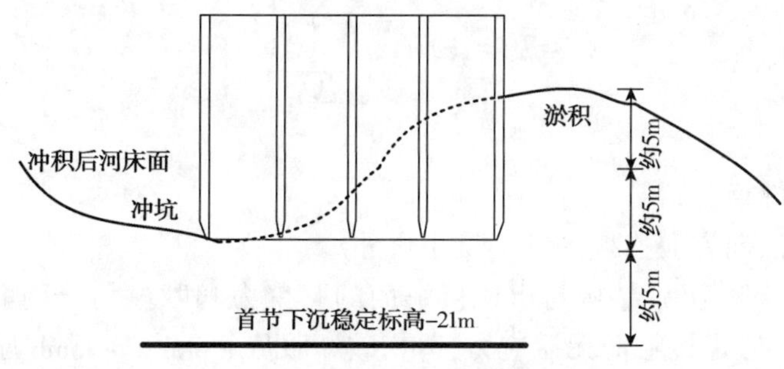

图 4-34 缆力最大时沉井位置

作用力计算:

①$F_{\mathrm{w}}=\dfrac{C_{\mathrm{w}}Av^2\rho}{2}=2.32\times\dfrac{1}{2}\times0.9^2\times44\times(11.3+5)=673\mathrm{kN}$

②$F_{\mathrm{s}}=\dfrac{Khs^2Br}{2}=0.4\times\dfrac{8}{2}\times10^2\times44=7040\mathrm{kN}$

③$F_{1}=\dfrac{EA\Delta L}{L}=205\times10^6\times12\times3.14\times\dfrac{0.054^2}{4}\dfrac{\Delta L}{100}=56311\Delta\mathrm{L}$

④由力的平衡计算可得,$\Delta L=0.113\mathrm{m}$,可等同于沉井偏移量。

需要注意的是,该变形量下,缆索总拉力 6508kN,对应缆索应力为 238MPa,超出缆索屈服应力 235MPa。实际施工中,为防止缆索拉断,总缆索拉力控制在 3000kN 以内。由功能平衡原理可知:沉井位移量 $s=6508\times0.113/3000=24.51\mathrm{cm}$。

在实际施工过程中,采用机械式张拉计和旁压力张拉计监测沉井拉缆力,当拉缆力接近 3000kN 时,采用放缆方式增加沉井偏移量,减少拉缆受力。放缆过程中力的减小与放缆长度不能用功的平衡原理进行简单界定。

泰州大桥沉井基础实际施工过程中偏移量为 46cm，这与计算结果有一定差异，主要原因是对拉缆放缆量值计算不十分准确，但可对于采用本方法计算所得值乘以缆力放大系数，用于预估沉井偏移量。

2) 数值仿真计算分析

采用数值仿真技术进行沉井偏移量分析时，主要涉及土体本构模型选择、水动力等效、工况选择等因素，本节仍以泰州长江大桥沉井基础施工为例，采用数值分析软件，阐述水中沉井偏移量数值计算的基本思路。

(1) 计算参数

根据《泰州长江公路大桥工程地质勘察报告》中的钻孔柱状图，对土层走向有较小高差倾斜处的，取与桥中心线相交的水平面为分界面，土层参数中沿深度变化不大，且土层厚度又较小的两层或多层土可合并为一层，土性参数取各层土相应值的加权平均值。土体选取 Mohr-Coulomb 模型，塑性流动采用相关联的流动法则，屈服准则参数按地质报告提供参数选取。

沉井与土体之间设接触面单元，以更好地考虑沉井壁和土体的相互作用。接触面单元法向刚度和剪切刚度选取相邻区域土层最大等效刚度的 10 倍，即

$$k_{\mathrm{n}} = k_{\mathrm{s}} = 10\max\left(\frac{K + \frac{4}{3}G}{\Delta h_{\min}}\right)$$

式中：K——体积模量；

G——剪切弹性模量；

$\Delta h_{\min}$——接触面法向方向连接区域上最小尺寸。

根据工程实际经验，沉井结构与土体接触面的黏聚力和摩擦角分别取相邻土层黏聚力和摩擦角的 0.5 倍。假定接触面无拉应力，剪切破坏服从 Mohr-Coulomb 屈服准则。

(2) 建立模型

矩形沉井平面设计尺寸首节为 58.0m×44.0m，沉井偏移主要发生在首节钢沉井下沉过程中，因而模型仅包括首节沉井。钢沉井通过注水下沉、吸泥助沉纠偏，采用刚度和重度等效原则，将钢壳单元简化为实体单元。

计算中采用的直角坐标系：y 轴平行于沉井长边（顺河向）指向下游，x 轴平行于沉井短边，z 轴竖直向上。计算模型边界的约束条件：上表面（地表）取自由边界；模型底边界取固定位移边界，即约束 x、y 和 z 方向位移；模型两侧边界约束法向位移。水动力采用上节的等效静力 532kN，沉井侧面以等效面力形式施加施工前的总缆索力控制值 3000kN。计算模型如图 4-35 所示。

(3) 计算工况

沉井施工着床前，上游冲刷坑和下游淤积层已经形成，模拟计算过程中重点需要反映两个因素：

①沉井着床前沉井靠近上游部分为悬空状态，在沉井下沉施工过程中，沉井悬空部分逐渐减小，直至刃脚全部着床稳定状态；

②沉井下沉至刃脚入土一定深度，上、下游土层高程差不断增大。

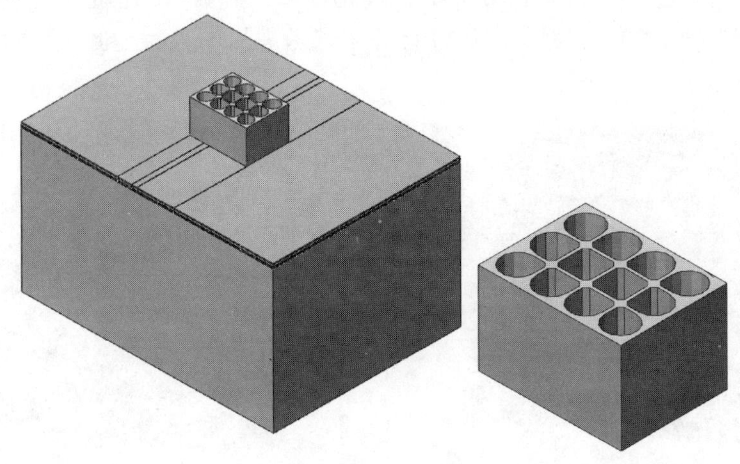

图 4-35 计算模型

沉井下沉为一复杂的过程,如采用数值模拟需模拟刃脚处的土体破坏、土体与井壁接触的脱开、土体与井壁接触的重新关联等,这些均是数值模拟难得到较理想的结果。而本次计算主要目的是分析沉井在着床过程中的偏移量,其主要与沉井上、下游土体高度差、沉井拉缆力、沉井刃脚与河床的接触有关。因而在计算过程中不考虑沉井下沉影响,假定沉井与河床面位置固定,通过改变沉井上、下游的土体荷载、沉井刃脚与河床底面的接触来模拟沉井下沉过程中的偏移。

沉井施工计算时,按照施工阶段计算三个工况:上下游土体高程差 6m 时,上游冲刷引起沉井刃脚底面约五分之二与河床面未接触,该部分刃脚成悬空状态;上下游土体高程差 8m 时,沉井底面约五分之一与河床面未接触,该部分刃脚成悬空状态;高程差 10m 时,沉井最小入土深度 3m。

(4)计算结果分析

图 4-36~图 4-38 所示为三个施工阶段沉井水平位移云图,沉井下沉到位时,沉井偏移量为 32.2cm,比实际偏移量 46cm 略小。

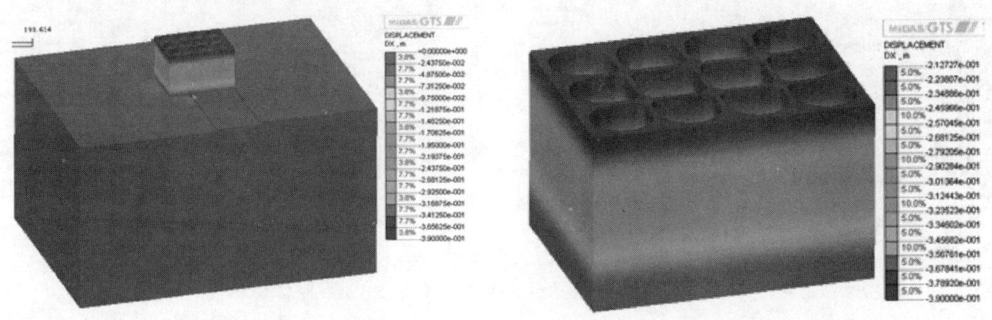

图 4-36 工况一(高程差 6m 及刃脚悬空五分之二)沉井水平位移云图

图 4-39 为工况一(上下游土体高程差 6m 及刃脚悬空五分之二)沉井整体位移云图,可以看出,沉井发生较为明显的向上游转动倾斜,施工中可通过偏吸泥措施进行纠偏。

有限元计算结果较实际计算结果偏小的主要原因为:①拉缆力取值为实际控制的最大

值,而实际过程中拉缆力为变化值;②采用有限元计算,难以模拟在沉井荷载与土压力荷载作用下,沉井相对于河床面的整体滑动;③计算中未考虑河床表面土体参数的折减。

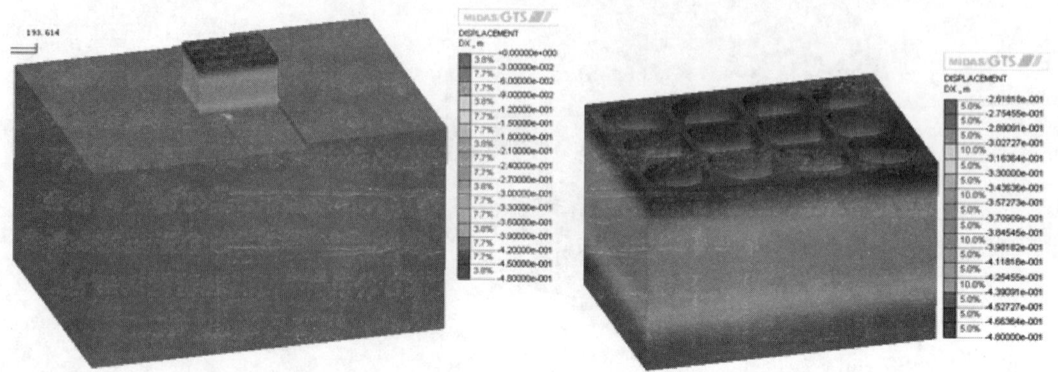

图 4-37　工况二(高程差 8m 及刃脚悬空五分之一)沉井水平位移云图

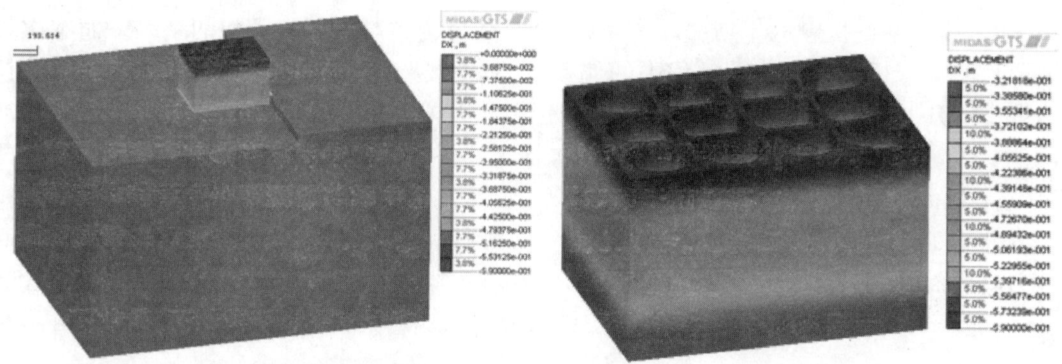

图 4-38　工况三(高程差 10m 及沉井最小入土深度 3m)沉井水平位移云图

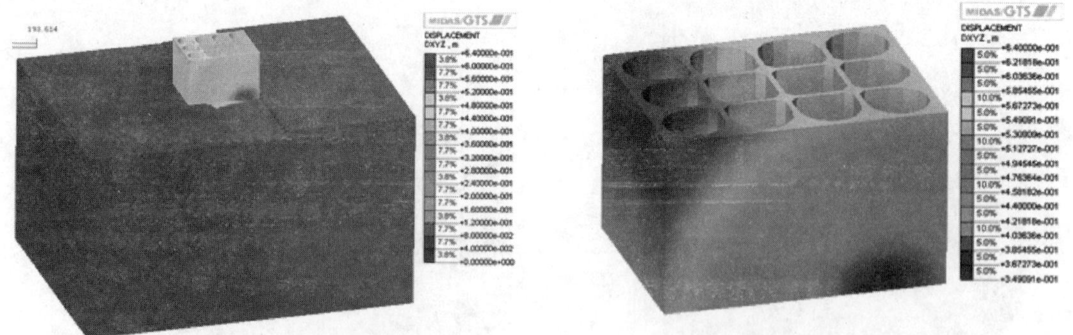

图 4-39　工况一(高程差 6m 及刃脚悬空五分之二)沉井整体位移云图

4.5.3　沉井偏移施工应对措施

由沉井偏移计算分析过程可知,水流动力、淤积层厚度、缆索设计等均是影响沉井位移的因素,可以采取如下施工措施:

(1)合理设计沉井拉缆,施工前应选取缆索拉力最不利工况进行分析,确定缆索根数、直径和强度等参数,保证在最不利工况情况下缆索拉力承载范围内,这样不但可以实现入土深度较浅时沉井位移的主动控制,而且可以实现沉井偏移量的准确预测。

(2)即使在较强的缆索控制措施下,由于缆索会发生弹性变形,沉井偏移不可避免,因而通过沉井施工过程偏移量计算分析,提前设置预偏量,弥补施工偏差,可以满足设计定位精度要求。

(3)淤积层是沉井发生偏转和整体位移的主要因素,因而施工过程中应严密监测淤积层标高变化,必要时可以采取吸泥清淤措施,降低淤积层对沉井的推力。

(4)井仓内吸泥作为调整沉井姿态的重要措施,吸出的泥可排放至两侧或上游,切不可排放至沉井下游淤积层,增加淤积层厚度。

(5)沉井着床开始,在保证施工安全的前提下,应尽可能加快施工进度,减小上游侧冲坑深度增加,控制下游淤积层的高度的增大。

4.6 钢壳夹壁混凝土施工

4.6.1 钢壳沉井混凝土施工技术要求

钢壳混凝土有干施工和水下浇筑两种方式,根据沉井结构及下沉要求进行选取。首节钢壳沉井一般先浇筑一定高度的混凝土,以增强刃脚刚度并增加配重,然后配合沉井下沉重量要求浇筑钢壳沉井隔舱水下混凝土。

1)干施工混凝土

混凝土技术要求如下:

(1)混凝土初始坍落度:18~20cm;初始扩展度:50cm。

(2)混凝土 2h 坍落度:16~18cm;2h 扩展度:40~50cm。

(3)混凝土凝结时间:15~20h。

(4)混凝土拌和物工作性良好,无离析或骨料堆积现象。

(5)混凝土拌和物无泌水,有良好的填充性和间隙通过性。

2)水下混凝土浇筑

水下自密实高性能混凝土应具有良好的工作性和流动性,即使在密集纵横钢骨架条件下,仅依靠混凝土自重作用便能均匀密实填充。自密实高性能混凝土工作性要求易于浇筑,以及硬化后混凝土能够均匀密实。

水下自密实混凝土技术要求如下:

(1)混凝土初始坍落度:18~20cm;初始扩展度:45~55cm。

(2)混凝土 2h 坍落度:16~18cm;2h 扩展度:40~50cm。

(3)混凝土凝结时间:15~20h。

(4)混凝土拌和物和易性良好,无离析或骨料堆积现象。

(5)混凝土拌和物无泌水,有良好的填充性和间隙通过性。

(6)7d 强度达到设计强度等级的 90%。

(7)漏斗流下时间:8~12s。

4.6.2 水下隔舱混凝土配合比设计

1)水下自密实高性能混凝土设计要点

(1)粗骨料体积占混凝土的30%左右。

(2)砂浆内砂的体积为40%左右。

(3)水与胶凝材料的体积比为0.9~1.0。

(4)高性能减水剂和最终水灰比协调,以保证混凝土的自密实性。

(5)掺入适量的增稠剂。

2)原材料选择

合理选择混凝土原材料。选择级配良好的砂、石料、性能优良的缓凝高效减水剂,选用低水化热的矿渣水泥掺加高品质的粉煤灰,是混凝土施工的有效措施。

(1)水泥:采用42.5级普通水泥,水泥使用温度不应超过50℃,否则必须采取措施降低水泥温度。水泥应分批检验,质量应稳定。如果存放期超过3个月,应重新检验。

(2)粉煤灰:在规范允许范围内尽量增加粉煤灰掺量,以推迟水化热温峰的出现,降低混凝土绝热温升。粉煤灰入场后应分批检验,质量应符合《用于水泥和混凝土中的粉煤灰》(GB/T 1596—2005)的规定。

(3)细骨料:宜采用中粗砂。细度模数在2.5左右,砂含泥量必须小于2%,并无泥团,其他指标应符合规范规定,砂入场后应分批检验。

(4)粗骨料:石子级配必须优良,来源稳定。入场后分批检验,严格控制其含泥量不超过1.0%,如果达不到要求,石子必须用水冲洗合格后才能使用,其他指标必须符合规范要求。

(5)外加剂:采用缓凝高效减水剂,以最大限度降低水泥用量,推迟水化热温峰的出现。外加剂的减水率应大于15%,其缓凝成分禁止使用糖类化合物。

(6)水:拌和用水应符合有关规范规定。

(7)外加剂+增稠剂:采用由高效减水剂、增强剂、特种保塑助剂复合而成的高效泵送剂,具有高分散性,可使混凝土坍落度由40~50mm提高到180~220mm,且坍落度损失小,减水率≥25%,28d强度较基准混凝土提高10%~20%,抗渗性≥S12,抗冻耐久性好,对钢筋无腐蚀作用。

3)水下自密实高性能混凝土配合比

为确保水下自密实混凝土质量,可参照表4-8所示的水下自密实高性能混凝土配合比。

C30水下自密实高性能混凝土配合比 表4-8

材料名称	水泥	粉煤灰	砂	碎石	水	外加剂	增稠剂
每方用量(kg)	349	130	761	859	192	4.311	0.017
比例关系	0.729	0.271	1.589	1.793	0.401	0.009	0.000035

4.6.3 夹壁混凝土浇筑

(1)混凝土浇筑对沉井壁板侧压力计算

可按下面两个公式计算，并取小值。

$$F = 0.22\gamma_c t_0 \beta_1 \beta_2 v^{\frac{1}{2}}$$

$$F = \gamma_c H$$

式中：F——新浇混凝土对模板最大侧压力，kN；

γ_c——混凝土的重度，kN/m^3；

t_0——新浇筑混凝土的初凝时间，h，可按实测确定，当缺乏实验资料时，可采用 $t_0 = 200/(T+15)$ 计算（T 为混凝土的温度，℃）；

v——混凝土的浇筑速度，m/h；

H——混凝土侧压力计算位置处至新浇混凝土顶面的总高度，m；

β_1——外加剂影响修正系数，不掺外加剂时取 1.0；掺具有缓凝作用的外加剂时取 1.2；

β_2——混凝土坍落度小于 100mm 时，取 1.10；不小于 100mm，取 1.15。

根据沉井结构构造要求，钢壳沉井隔舱控制侧压力小于 150kPa 压力差（15m 水头差）。经计算，水下混凝土的灌注速度应小于 8.6m/h。

（2）沉井舱壁应力数值分析

以泰州长江大桥 38m 高钢壳沉井为例，对夹壁混凝土水下浇筑工况进行模拟。沉井划分为 20 个隔舱，共分 9 次对称浇筑，其顺序如图 4-40 所示。考虑了仅浇筑①号隔舱混凝土（图 4-41）以及完全浇筑完成两个控制工况。

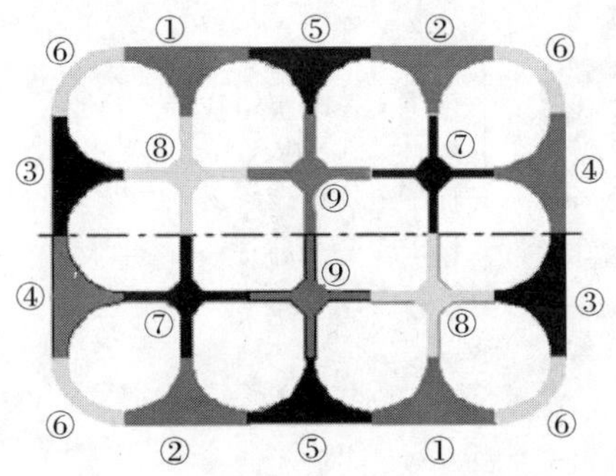

图 4-40 钢壳沉井隔舱混凝土浇筑顺序

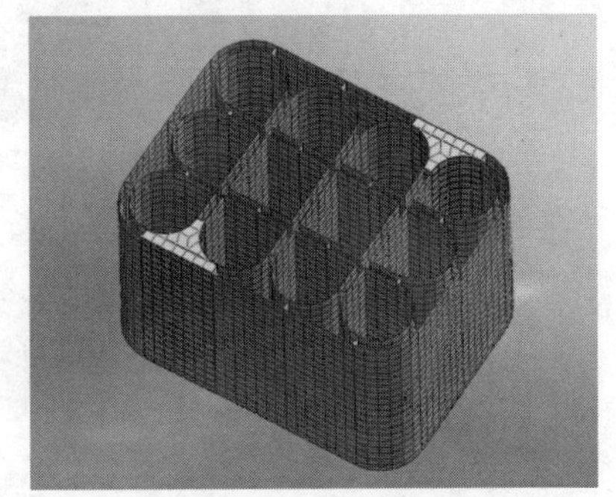

图 4-41 浇筑隔舱工况模型

从图 4-42 可以看到，当浇筑夹壁混凝土后，沉井钢壳壁板的受力并非均匀分布，而是根据浇筑混凝土的位置有着明显差别，但是并没有出现应力集中的现象。当浇筑完①号夹壁混凝土后，内部隔舱板上最大的承压力为 115MPa，低于钢板的屈服强度（235MPa）。同时从云图的应力分布上可以看到，浇筑①号夹壁混凝土后，平直段平面的应力明显大于圆角段平面处，为了平衡结构的受力，应在平直段的非相邻隔舱处浇筑混凝土。

从图 4-43 可以看到，38m 高度时沉井整体混凝土浇筑完成后，其应力分布较为均匀，并没有拉应力出现。井壁最大压应力为 9.07MPa，满足规范 C30 混凝土轴心抗压强度 11.73MPa的要求。同时从图 4-44 中还可看到，此时沉井钢壳上最大承压力为 138MPa，比仅浇筑①号隔舱混凝土时略有提高。

钢沉井分 9 个区（单个区最大平面灌注面积约 86m^2），分区填充水下混凝土，严格控制混凝土浇筑速度。同时需对称浇筑夹壁混凝土，避免平面上的不均匀加载导致沉井倾斜。

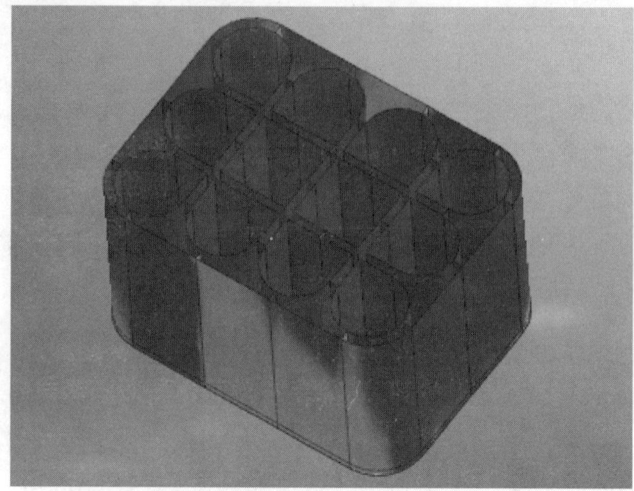

图 4-42　38m 时沉井钢壳的 MISES 应力云图

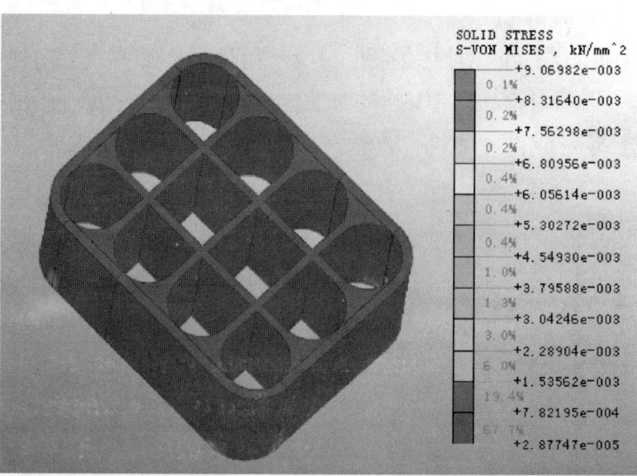

图 4-43　38m 高度浇筑完毕后混凝土 MISES 应力云图

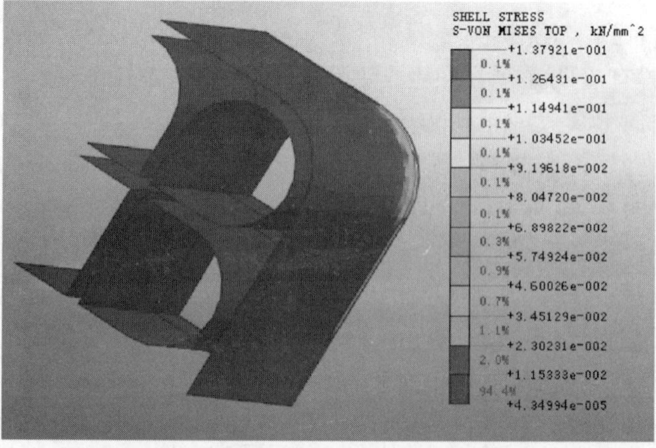

图 4-44　38m 高度浇筑完毕后钢壳 MISES 应力云图

4.6.4 混凝土结合面

混凝土界面干湿状态会影响新旧混凝土结合强度,从而影响干浇与水下浇筑的混凝土接头质量,应采取措施提高混凝土界面结合强度,改善混凝土接头质量。

(1)混凝土界面状况对结合强度的影响分析

老混凝土的表面状况被认为是影响新老混凝土接头质量最重要的因素。因此,在浇筑新混凝土之前,应对老混凝土黏结面进行处理,使之形成坚固完整、干净、轻度粗糙的表面,以得到较好的黏结面。

为了获得较为相同的粗糙度,处理老混凝土界面的方式为先将老混凝土试件用石材切割机从中间切开,用冲击电钻对断面进行人工凿毛(图4-45),并通过控制凿出的孔洞的数量和深度来保持表面粗糙度基本相同,凿毛时要尽量不对老混凝土界面造成破坏。凿毛完毕后,将老混凝土表面清理干净,然后将界面分别处理成干燥、自然、湿饱和三种状态。

图4-45 混凝土界面处理后的情形

(2)试验结果分析

从图4-46可以看出,通过改变混凝土的界面粗糙度可以明显提高混凝土的结合强度。当新老混凝土界面为干燥状态时,界面未处理混凝土28d的拉拔强度为1.25MPa,而界面处理后的28d拉拔强度为1.74MPa,强度增长39%;对于湿饱和界面状态的混凝土,界面未处理混凝土28d的拉拔强度为0.71MPa,而界面处理后的28d拉拔强度为1.03MPa,强度增长45%。

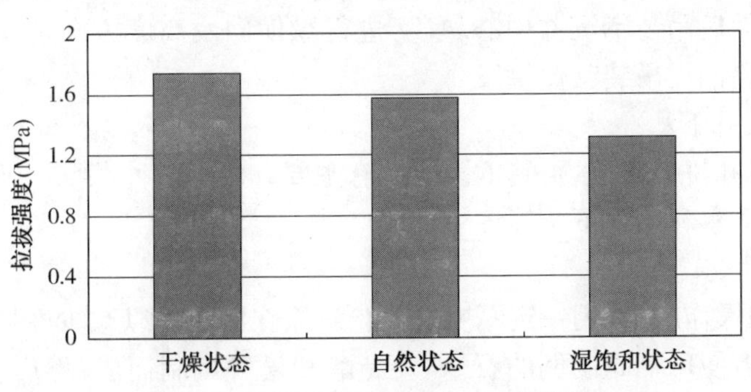

图4-46 混凝土界面处理后的28d拉拔强度

采用先干浇刃脚夹壁混凝土,然后水下浇筑夹壁混凝土,在施工过程中产生新老混凝土界面时,按照规范要求对水平施工缝进行处理。如夹壁混凝土在第一次干浇筑施工时,除了进行混凝土凿毛外,还应在混凝土顶面布置一定数量的竖直钢筋,以加强新老混凝土界面的结合强度;同时在水下混凝土浇筑前,应进行充分冲洗,清除混凝土界面上的泥砂夹层。

4.7 钢壳沉井段制作与运输

4.7.1 首节钢壳沉井制作与下水

1)首节钢壳沉井制作

首节钢壳沉井一般选择在造船厂或钢结构厂内制作,可有效保证结构的焊接质量和制作精度。钢沉井的拼装位置可选择在拼装码头,有条件的也可在干坞内进行拼装。

(1)平面单元块体划分

根据钢沉井平面结构特点,把每个节段沉井划分为若干个单元块,每个单元块由桁片组拼而成,桁片由单元件构成,见图4-47。

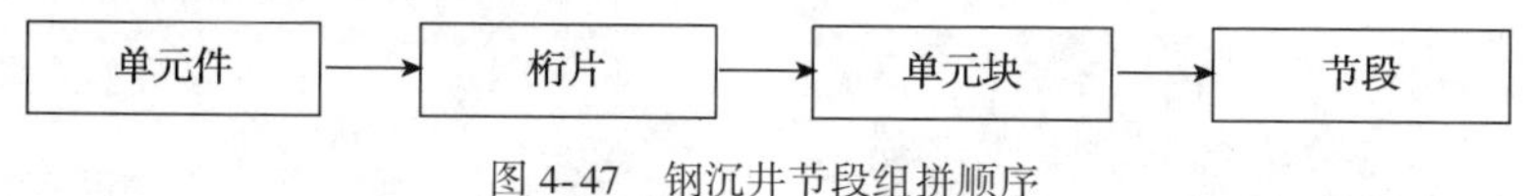

图4-47 钢沉井节段组拼顺序

钢沉井制造开始前,先进行原材料检验、焊接材料检验、钢材预处理、钢沉井制造工艺编制及评定、焊接工艺评定等前期准备工作。桁片单元根据设计图进行放样,零件加工考虑采用精密切割、仿形切割、数控自动切割、等离子切割等方法,焊接在专用钢结构加工平台上进行。块单元采用以钢沉井井壁外壳板为基面,在正切胎架上卧造的方法组焊加工,片单元制造及块单元组拼均在厂区内钢结构加工车间及加工平台上进行。

(2)桁片制作

桁片制作的流程为:①根据设计图进行放样,生成桁架划线草图;②在胎架上画出沉井中心隔墙中心线、桁架轮廓线和构件位置线,安放构件;③在桁架及腹杆(或临时加强)上画出沉井中心隔墙中心线,并打上中心样冲印;④安装构件,桁架翻身安装其余构件,焊接后火工矫正并交付检验。

(3)单元块体制作

钢沉井块段组拼原则为先中间后四周,先隔墙块段后井壁块段的方式进行。首先安装定位及支撑胎架,然后吊装钢沉井中心块段,进行纵横向及高度方向定位调整,并以此块段作为定位基准段,向四周吊装其他块段。

2)首节钢壳沉井下水

首节段钢壳沉井拼装完成后,其下水方式有主要有以下四种:滑道牵引下水、滑道-气囊下水、起重船起吊下水和船坞下水等。

(1)滑道牵引下水

滑道牵引下水操作时,先用一定厚度的油脂浇涂在滑道上以减少摩擦力,这种油脂以前多采用牛油,现在多使用不同比例的石蜡、硬脂酸和松香调制而成;然后将沉井移到滑道及滑板上;再松开止滑装置,利用牵引力和重力分力使沉井沿滑道滑入水中,同时依靠自身浮力起浮在水面上,从而完成沉井下水,如图4-48所示。

这种下水方式具有设备简单、建造费用少和维护管理方便的优点,但也存在不足:

①下水工艺复杂；

②浇筑的油脂受环境温度影响较大，污染水域水质；

③沉井前端起浮时会产生较大的后端压力，对结构要求高。

(2)滑道-气囊下水

在岸侧滑道上组拼成节，采用气囊高压充气托起钢壳沉井，滚动前移气囊，钢壳井壁入水自浮，是沉井下水的新工艺。滑道-气囊下水系统包括以下装置。

气囊：由合成橡胶制作而成，直径和长度可因需要而定。

滑道：滑道区的宽度大于钢壳沉井的宽度，在两侧布置宽度大于气囊长度的滑道，对地基压实后进行表面硬化处理(铺设10~15cm厚的卵石)。滑道的长度，在陆域上大于钢壳沉井的长度，在水域区大于钢壳沉井起浮长度，滑道面的坡度一般为4%~8%。

托架：支承钢壳沉井的垫块，按组合钢架制作，其下铺设钢板，以利于气囊滚动。

其他辅助设施：后锚缆、前拖缆。

滑道-气囊下水时(图4-49)注意事项：

①钢壳沉井下滑前，清除滑道表面上的杂物，特别是容易刺破气囊的铁钉之类的物品。

②前后气囊转换及时，且均匀布设。

③后锚缆的松动与前拖缆的拉力，力度适合且均衡。

图4-48 滑道牵引下水

图4-49 斜面滑道-气囊下水

(3)起重船起吊下水

首节钢沉井在码头上进行拼装，大型起重船起吊下水。此法对作业水深要求较高，在有大型起重船的条件下，操作简捷、施工风险小。如合福铁路铜陵长江大桥3号主墩沉井基础就采用起重船整体起吊下水，如图4-50所示。

(4)船坞下水

此种方式下水，适用于钢壳沉井在船坞内进行焊接拼装工艺。钢壳沉井在坞内拼装完成后，高潮位时打开船坞进水阀门，将水引入至船坞内，钢壳沉井在受到水浮力作用后将会起浮，当坞内水位与坞外齐平时打开坞门，拖轮拖带至指定位置，如正在施工的沪通长江大桥28号及29号主墩沉井基础就采用此种方法，如图4-51所示。

4.7.2 其余节段钢壳沉井接高

钢壳沉井接高方式主要有三种，即预制厂内接高、墩位(附近)处接高和靠岸水域处接高等。

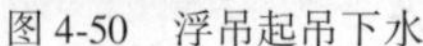
图 4-50　浮吊起吊下水

图 4-51　首节段船坞下水

（1）预制厂内接高

将钢壳沉井在预制厂干坞内进行接高，开闸引水使其自浮，拖轮托运至墩位处定位沉放，其制作流程如下：

①干坞内基础处理。

②依次采用单元件、桁片、单元块按节段顺序进行焊接拼装。

③对拼装完成的节段质量进行检测，并进行水密性试验检测。

④其余节段钢壳沉井拼装接高。

⑤浇筑刃脚混凝土。

⑥打开船坞闸阀门，使沉井在浮力作用下上浮，打开坞门，然后拖运至指定位置处进行下一工序施工。

目前，正在建设中的主跨 1092m 沪通长江大桥 28 号及 29 号主墩钢沉井基础就采用在船坞内制造，拼装完成后浮运至墩位处定位着床，如图 4-52 所示。

图 4-52　沪通长江大桥 28 号及 29 号主墩钢围堰船坞内进行接高作业

（2）墩位（附近）处接高

首节钢壳沉井下水、自浮并拖运至设计墩位附近水域，接高至下沉高度，移至设计墩位处定位下沉。墩位附近进行钢沉井接高水域的选择原则如下：钢沉井接高期间，因钢壳沉井阻碍而形成的河床冲刷，不会对墩位处的河床面造成较大冲刷影响；满足接高后钢沉井吃水要求；尽量利用钢沉井下沉时的锚碇系统，减少不必要的临时锚碇或系泊设施。

沉井在墩位附近处接高施工流程如下。

①首节钢壳沉井制作与下水。

②钢壳沉井拖运至墩位下游侧 150~200m 处,与事先设置的锚碇系统连接,然后进行钢沉井定位。

③剩余钢壳沉井接高拼装。接高过程中,应随时调整沉井的吃水与干舷高度。

④利用锚碇系统,在拖轮的辅助作用下,将拼装完成的钢沉井整体上移至墩位处。

⑤调整钢壳沉井空间几何姿态,满足要求后快速注水着床。

⑥后续工序施工。

在上述施工过程中,将首节钢壳沉井拖运至墩位下游侧 150~200m 处进行接高,目的是减小沉井接高对河床局部的冲刷。合福铁路铜陵长江大桥 3 号墩钢壳沉井就采用在设计墩位处进行沉井接高,见图 4-53。

图 4-53　合福铁路铜陵长江大桥 3 号墩钢壳沉井整体拼装接高

(3)靠岸水域处接高

首节出厂钢沉井下水并浮运至靠近岸边的合适水域,接高至下沉高度后,浮运至设计墩位处定位下沉,其主要施工流程如下。

①首节钢壳沉井的制作与下水。

②在合适的靠岸水域修建临时码头,将制作完成的首节钢沉井拖运至该水域,进行临时锚固。

③工厂内将每个节段的单元块焊接完成,然后运输至临时拼装码头。

④利用现场浮吊或大型龙门吊等起重设备吊装,分批分次吊装各单元块,现场进行构件焊接。

⑤浇筑刃脚混凝土,增加沉井刃脚刚度。

⑥解除沉井临时锚固,拖运至墩位处进行定位沉放,并进行下一阶段工序施工。

希腊科林斯湾 Rion-Antirion 跨海大桥主桥采用混凝土基础,基础首节在干坞内制作完成,拖运至干坞外水深较深的地方进行临时锚固,然后进行其余节段的接高作业,见图 4-54。

4.7.3　钢壳沉井拼装质量检验

钢沉井在工厂内拼装质量检验主要分为三个阶段:第一阶段为桁片单元件制作与验收;

第二阶段为块单元制作、验收、水密性试验;第三阶段为钢沉井节段整体组拼与焊接、验收和水密性试验。

图 4-54 希腊 Rion-Antirion 跨海大桥沉箱基础靠岸海域接高

钢壳沉井拼装精度要求如表 4-9 所示。

钢壳沉井拼装精度 表 4-9

项　目	描　述	允许误差值(mm)
沉井平面尺寸	长度与宽度	±0.5%边长,大于 24m 时±120
	曲线部分的半径	±0.5%半径,大于 12m 时±60
	两对角线的差异	对角线长度的 1%,且不大于 180
沉井井壁厚度	钢壳和混凝土	±15

4.7.4 钢壳沉井段运输

1)运输方式

首节沉井的运输方式主要包括拖轮浮运、驳船运输和起重船吊运三种。

(1)拖轮浮运

根据沉井自身浮力较大的特点,在沉井周围布置一定数量的拖轮(提供动力的装置),利用拖轮所提供的驱动力,克服沉井浮运过程中的前行阻力和转向阻力,从而将沉井从制造位置浮运至墩位处进行定位沉放。沉井浮运过程中,应根据自身结构特征(圆形或方形等),设置沉井浮运时合理的吃水,保证沉井浮运过程中的稳定性。

日本明石海峡大桥两个主墩均采用设置沉井(箱)基础,其中 2P 钢沉井基础直径为 80m、高 65m,浮运时总质量达 19000t 左右,吃水 8m。为了克服沉井浮运过程中巨大的阻力和长距离(约 72km)浮运过程中沉井的摆动现象,共配置了 12 艘 3000~4000 马力的拖轮进行沉井浮运,如图 4-55 所示。

沪通长江大桥 28 号主墩沉井基础平面尺寸为 86.9m×58.7m,浮运时高度 44m,总质量达 14500t(包括刃脚混凝土、助浮、加固装置等),浮运阻力为 2370kN。沉井在浮运时选用了 4 艘功率 2960kW 和 3 艘功率 4440kW 的拖轮进行浮运,另配备 1 艘功率 2960kW 备用拖轮。沉井浮运时拖轮布置见图 4-56,有效输出拖力 2700kN。

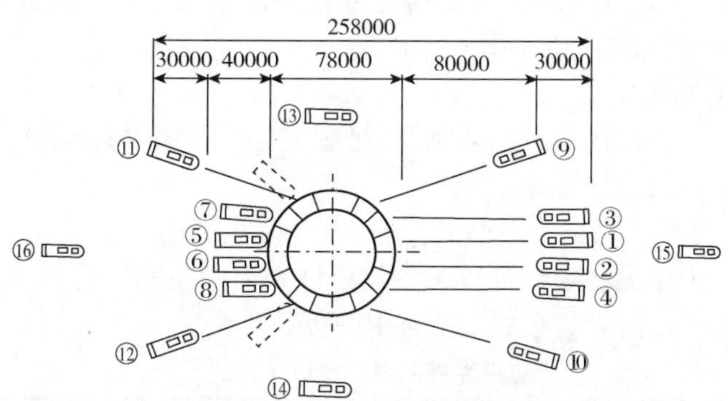

图 4-55 日本明石海峡大桥钢沉井浮运拖轮布置(尺寸单位:mm)

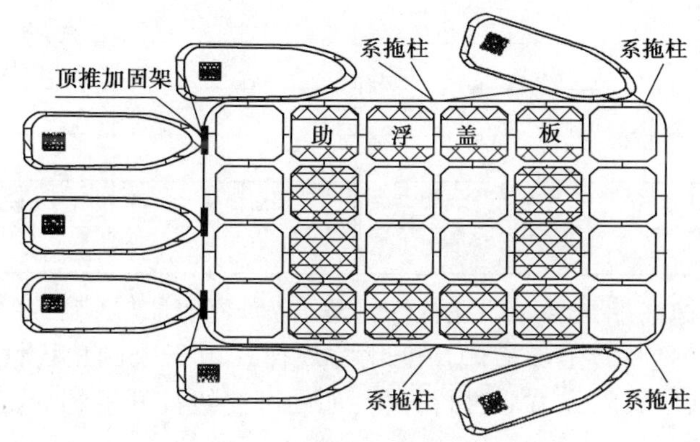

图 4-56 沪通长江大桥 28 号主墩钢沉井浮运拖轮布置

(2)驳船运输

将首节沉井固定于运输驳船上,利用驳船将其运输至墩位附近,然后采用起重船将其调离驳船,最后进行定位沉放,见图 4-57。这种运输方式主要针对构件尺寸较小、质量较轻的沉井基础。

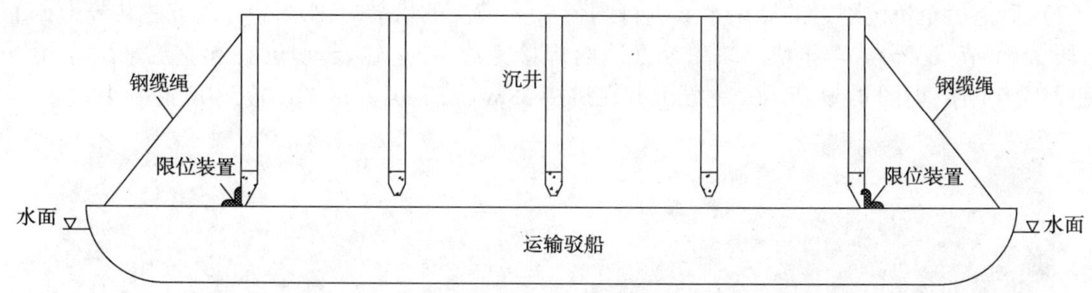

图 4-57 钢壳沉井驳船运输

合福铁路铜陵长江大桥 3 号桥塔基础为圆端形方形沉井,下部 50m 钢壳重 5000t,分 6 个节段进行整体接高,采用海驳运输船,每次运输两个节段至墩位处,然后进行整体接高。

(3)起重船吊运

结合大型起重设备吊、运一体的功能,将首节沉井吊离水面之后,利用起重设备的自航能力，将首节吊运至墩位处进行沉放。采用起重船整体吊运方式在黄石长江大桥主墩和军山长江大桥主墩基础围堰施工中均得到应用。

2）沉井浮运时相关计算

对于在靠岸水域处进行拼装接高的沉井，拼装完成后需要浮运至墩位处进行沉放，其中涉及浮运稳定性和浮运阻力计算等。

（1）浮运稳定性计算

在沉井浮运过程中浮运稳定性计算包括初稳性和大倾角稳性的计算。

①初稳性高及横摇角的计算公式如表4-10所示。

初稳性高及横摇角计算公式　表4-10

项　目	符号及公式	项　目	符号及公式
吃水	H	横摇周期	$T_\theta=0.58f\sqrt{(B^2+4Z_g^2)/h_0}$
浮心	Z_c	系数	C_1
重心	Z_g	系数	$C_2=0.13+0.6Z_g/d$
惯性矩	I_x	系数	C_3
排水体积	$V=SH$	系数	C_4
初稳心半径	$r=I_x/V$	横摇角	$\theta_1=11.75C_1C_4\sqrt{C_2/C_3}$
初稳性高	$h=r+Z_c-Z_g$		

②沉井的大倾角稳性计算参照船舶稳性计算，需研究船舶倾斜后产生原力矩，以阻止其倾覆的能力，着重研究复原力矩随横倾角变化的规律。由于大倾角稳性经验计算公式较为烦琐，实际情况中常采用有限元方法进行分析，如中国船级社开发的compass计算程序等。

（2）浮运阻力计算

沉井浮运时的阻力主要包括水流阻力和风阻力，可参照《港口工程荷载规范》（JTS 144-1—2010）相关章节执行。

4.7.5 工程实践

泰州长江大桥中塔沉井基础首节段8m高钢壳沉井在厂内拼装完成，滑道牵引下水（图4-58），后拖运至桥位附近的靠岸水域进行剩余30m节段的拼装。剩余30m钢沉井共分为5个节段，每个节段又分成若干块。块单元在厂内焊接完成后，运输至现场，在起重船辅助作用下完成焊接工作，如图4-59所示。钢壳沉井在拼接38m后，浇筑1.5m高钢壳刃脚混凝土。

图4-58　8m高钢壳沉井滑道下水

图4-59　38m高钢壳沉井岸边接高

在38m高钢沉井整体拖运前,为了保证沉井浮运时的拖曳动力和浮运稳定性,采用数值模拟方法进行分析。沉井浮运吃水为12.5m,配置了5艘拖轮进行拖带(单艘拖轮马力3500~4000ps),另外一艘3200ps拖轮作为机动拖轮。

采用绑拖方式沉井浮运,沉井两侧各编队两艘拖轮,其中靠前的一艘拖轮还兼顾沉井的转向功能。在沉井靠近墩位处定位船时,靠定位船一侧拖轮散队,一艘船备用,如图4-60所示。

a)沉井浮运平面布置

b)钢壳沉井浮运

图4-60 38m沉井浮运时拖轮布置

4.8 沉井定位与着床

4.8.1 定位系统方法

目前,沉井定位方法主要分为三大类,即锚墩(桩)系统定位法、锚碇系统定位法和导向墩定位法。根据结构和布置形式的不同,锚墩(桩)定位系统分为上下游锚墩定位系统、四角锚墩定位系统及多锚桩定位系统等;锚碇定位系统分为定位船锚碇系统、多锚块锚碇系统等。

1)锚墩系统定位法

锚墩系统定位法是在距离沉井一定位置处设置临时锚墩(桩),然后利用缆绳将沉井与锚墩(桩)连接起来,临时锚墩(桩)主要承受沉井定位过程中所受的水平外荷载,如水流力、波浪力、风荷载、沉井调位时的阻力等。目前,国内外采用锚墩系统定位法的主要有四角锚墩定位法、上下游锚墩定位法和锚桩定位法等。

(1)四角锚墩定位法

在沉井的四个对角处设置四个以钢管桩为主要承力结构的临时墩台,墩台布置距离沉井的距离在100m以上,尽量避开沉井的冲刷范围,并减少对施工作业的影响。

每个墩台用缆绳分别与钢沉井的上下游面连接,上下游的两个墩台拉缆分别形成交叉缆,以便精确控制钢沉井的位置。墩台上面通过浇筑混凝土或用型钢等钢材把钢管桩连接成整体并形成操作平台,在平台上分别布置相应的滑车组,卷扬机等设施以方便调节拉缆拉力,从而调整沉井的位置。锚墩布置方案如图4-61所示。

该方案能够准确地定位沉井,墩位离沉井较远,因此锚墩不受沉井下沉、吸泥的影响。该方案虽然对沉井定位比较有利,但是也存在以下问题:施工占用水域面积大,且由于交叉拉缆的影响,起重船等施工船舶很难或者无法靠近沉井作业;没有布置安放沉井施工所需设备场地,特别是对起重和吸泥设备影响大,只能设在沉井上;临时锚墩在沉井施工完毕之后需拆除。武汉天兴洲长江大桥 2 号主墩基础钢围堰施工采用四角锚碇定位方案,如图 4-62 所示。

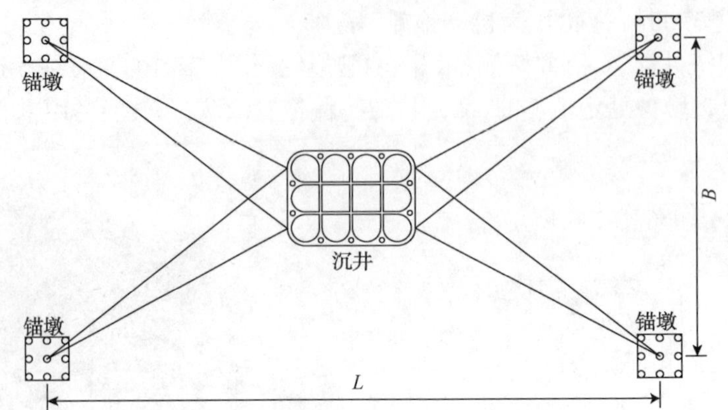

图 4-61　四角锚墩定位法方案布置

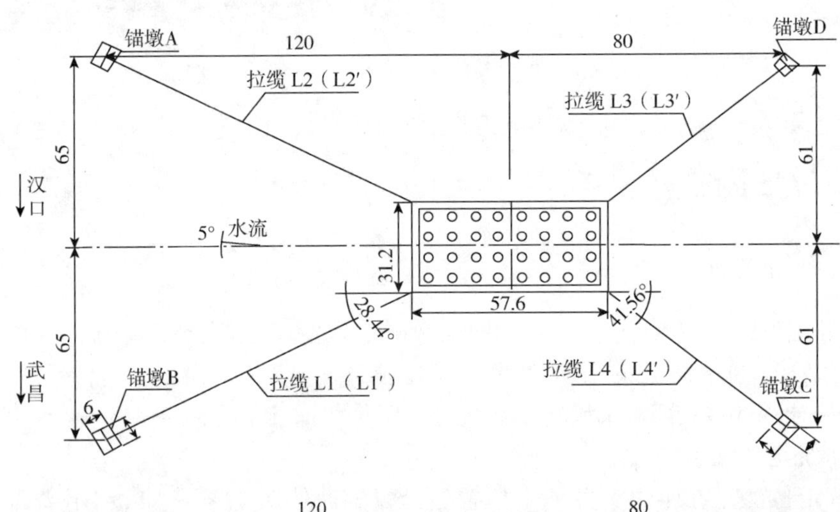

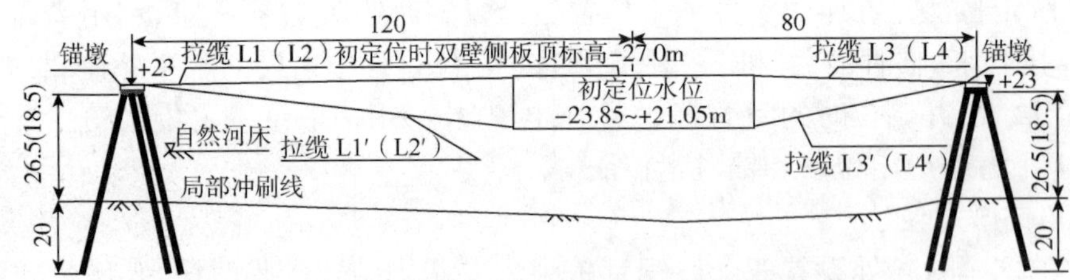

图 4-62　武汉天兴洲长江大桥 2 号主墩基础钢围堰定位系统(尺寸单位:m)

(2)上下游锚墩定位法

在沉井上下游的适当距离各设置一个用钢管桩为主要支撑结构的墩台,锚墩位置尽量避开沉井的冲刷范围。利用拉缆将沉井与锚墩连接,施加一定的预张力,以抵抗沉井的正面定位阻力。

与锚墩相同,钢管桩连接为整体形成平台,平台上布置滑车组、卷扬机等设备以调整缆绳。另外需要抛设一定数量的边锚,边锚直接作用于沉井上,以抵抗沉井定位的侧面阻力,这样通过上下游的锚墩和边锚来共同达到定位沉井的目的。上下游锚墩布置方案见图 4-63。

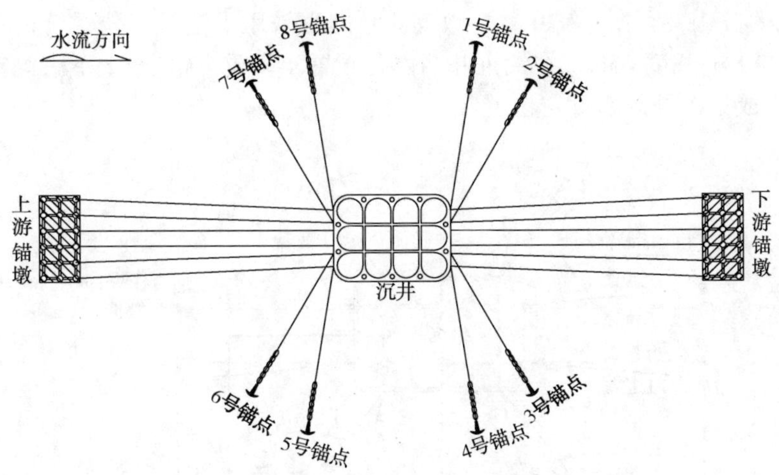

图 4-63 上下游锚墩布置方案

此方法沉井定位相对比较容易准确,可提前进行锚墩施工,节约工期。上下游施工期锚墩结构能降低过往船舶对沉井的撞击风险。但也存在施工占用水域面积较大,临时锚墩在沉井施工完毕之后需要拆除等问题。

(3)锚桩系统定位法

与四角锚墩系统定位法相似,锚桩定位系统是在沉井周边设置若干个锚桩,然后利用锚桩来承受沉井定位过程中所受的水平荷载。

丹麦大贝尔特东桥主塔和锚碇沉井基础定位就采用了锚桩定位系统。在主塔沉井精确定位以前,通过系缆固持在 4 艘拖船与 2 艘驳船甲板上的绞车上,而这些船则均系固在预先设置的锚桩上,见图 4-64。

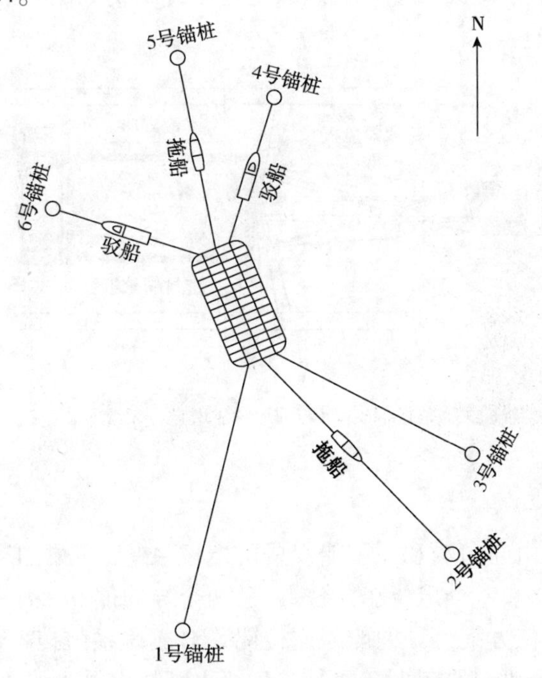

图 4-64 丹麦大贝尔特桥东桥主塔沉井基础锚桩定位系统布置

沪通长江大桥28号主墩及29号主墩沉井基础也采用了锚桩定位系统(图4-65),锚桩的直径达到了3.5m,长度65m。在钢沉井两侧各布置4只重力锚,与上下游侧钢锚桩组成定位系统,辅助完成钢沉井的精确定位着床。

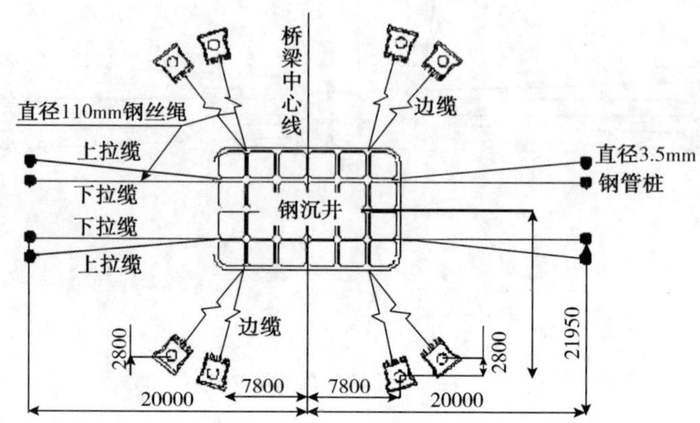

图4-65　沪通长江大桥主墩沉井基础锚桩定位系统布置(尺寸单位:cm)

(4)拉靠墩系统定位法

拉靠墩定位系统由上游拉墩和下游靠墩组成。上游拉墩:在钢吊箱围堰定位时承受钢丝绳拉缆传递来的顺流向荷载,通过卷扬机系统对钢吊箱围堰进行定位。下游靠墩:在钢吊箱围堰定位时承受位置调整过程中由钢吊箱围堰传递来的挤靠力,通过卷扬机系统对钢吊箱围堰位置进行微调。同时,下游靠墩还可兼作施工平台。武汉二七长江大桥3号墩基础钢吊箱围堰施工定位系统采用此方法,在拉、靠墩顶面设置卷扬机拉缆系统,上游拉墩设主拉缆和下拉缆,下游靠墩设交叉拉缆。拉靠墩定位系统结构如图4-66所示。

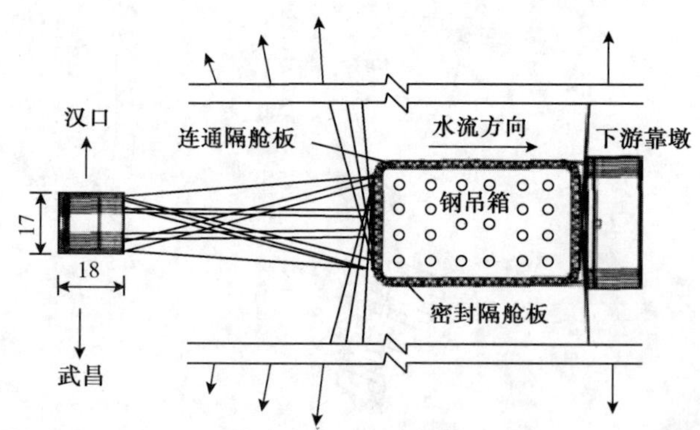

图4-66　武汉二七长江大桥钢吊箱围堰拉靠墩定位系统布置(尺寸单位:m)

2)锚碇系统定位法

(1)定位船定位系统

定位船定位系统是由导向船和定位船组成的定位系统。根据工程实际情况和船只的数量,又可分为一个导向船和一个定位船定位方案、两个导向船和一个定位船定位方案及两个导向船和两个定位船定位方案。导向船与定位船均自成体系,自身稳定性及调节能力较强,能抵抗水流力、风浪力及船舶的撞击。通过定位船来抵抗沉井所承受的水流力,通过导向船来稳定和调整沉井位置，并在导向船另侧围堰上设拉缆以平衡稳定沉井。

南京长江大桥四、五号墩采用了定位船定位方案，如图 4-67 所示。此定位方案在国内多座桥梁钢围堰施工时得到应用。

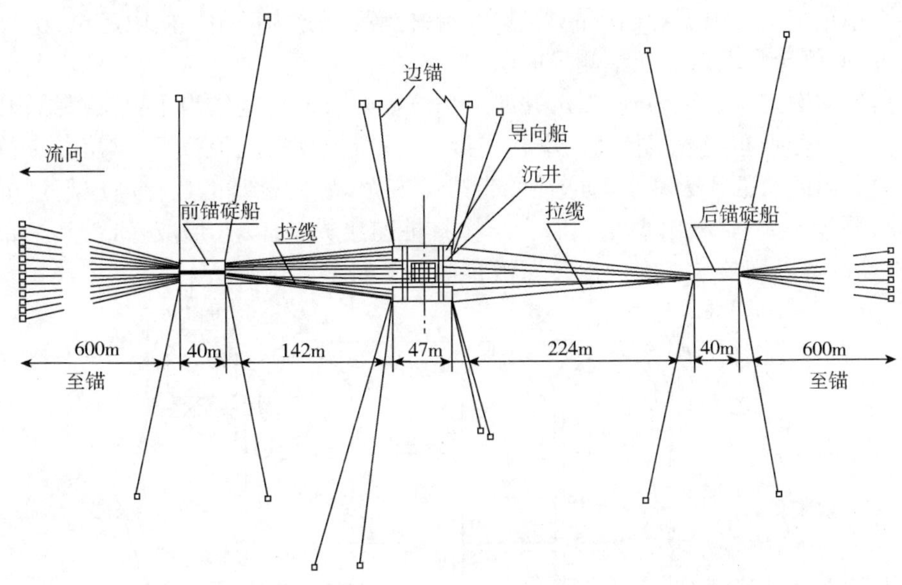

图 4-67 定位船定位方案布置

(2)多锚块锚碇系统

该定位系统为在沉井周边布置一定数量的重力式锚碇装置(如混凝土锚块)，然后通过设置在沉井外侧边的导向装置，利用钢缆绳将锚碇装置和布置在沉井顶面的驱动装置(如卷扬机、千斤顶等)连接，通过改变缆绳的受力调整沉井的平面位置、倾斜度等，如图 4-68 所示。

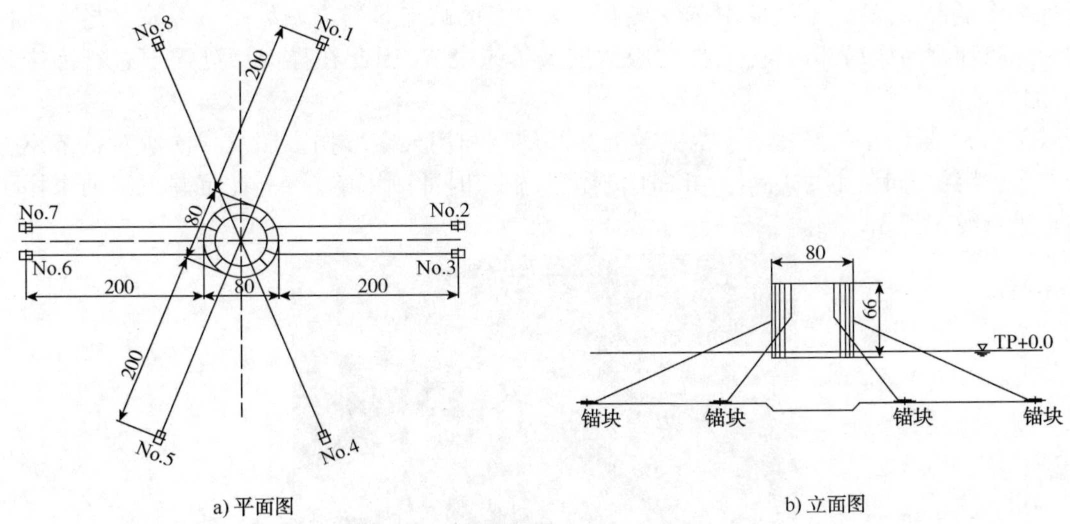

图 4-68 多锚块锚碇系统布置(尺寸单位：m)

日本明石海峡大桥主墩基础采用了 8 个锚块组成的大型定位系统，单点系泊系统的工作拉力为 3.92×10^6N(约 400tf)，屈服时的拉力为 9.8×10^6N(约 1000tf)。该沉箱定位时另外一个重要问题就是如何实现系缆索的快速连接。为此研制了一种由公、母金属件构成的缆索装、脱装置的快速连接器,实现了缆绳的快速连接。

3)导向墩系统定位法

导向墩系统定位法根据导向墩的数量和布置位置,可分为四角导向墩定位、U 型(三侧)导向墩定位、两侧导向墩定位及单侧导向墩定位。

以四角导向墩定位系统为例,在沉井四个角位置各布设桩基作为主要支撑结构的墩台,在沉井的上下游分别布置数根拉缆与墩台连接,并设置橡胶护舷等,达到钢沉井定位和沉井下沉过程中导向的目的。为减少河床冲刷带来的安全风险,桩基的底标高应超过沉井最终底标高 10m 以上。与锚墩相同,采用墩台结构将桩连接成整体,并形成平台,其上布置滑车组、卷扬机等设备以调整缆绳。四角导向墩布置方案如图 4-69 所示。

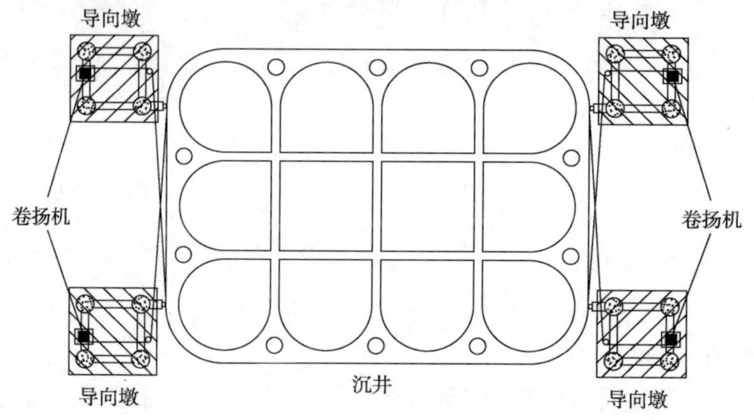

图 4-69　四角导向墩定位系统布置

该系统可方便沉井的准确定位,在沉井下沉过程中也可起导向的作用,同时提供了沉井下沉操作平台,各种施工设备均布设其上。该方案的缺点是导向墩处受沉井及其导向结构的影响将加剧河床局部冲刷,给导向墩的安全带来隐患,因此在导向墩处需要进行河床防护,加强过程监测。

美国 82 号公路新格林维尔桥主墩沉井基础就利用人字形挡水墙及导向墩对首节钢壳沉井进行定位,如图 4-70 所示。导向墩受沉井施工时冲刷影响较大,在沉井下沉前采用了褥垫进行河床预先防护。

图 4-70　美国 82 号公路新格林维尔桥沉井基础定位

大连星海湾跨海大桥锚碇沉箱基础也采用了类似于导向墩定位的定位系统,它主要利用先定位沉放好的两个小沉箱作为导向,然后对锚碇沉箱进行定位沉放,如图 4-71 所示。

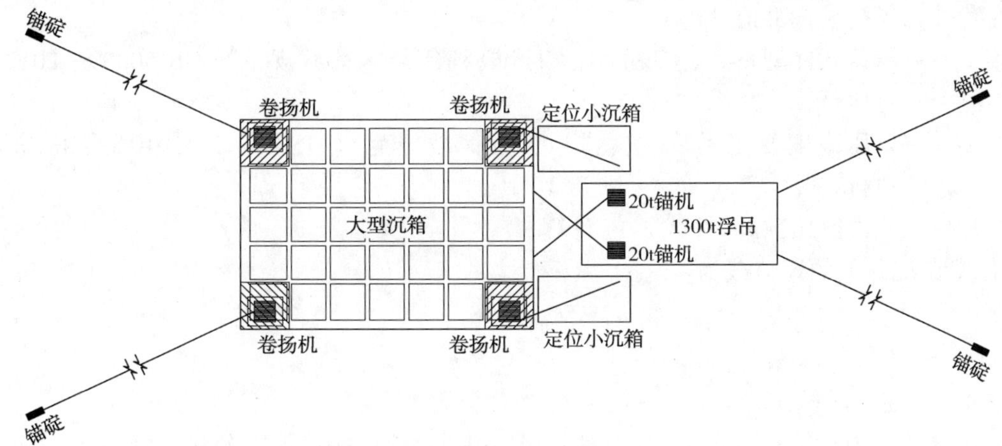

图 4-71 大连星海湾大桥沉箱基础定位

4.8.2 定位系统设计

1)作用荷载

沉井定位时主要受风、水流和波浪等作用力。在计算沉井定位阻力时,采用规范的计算公式为主,并通过专业流体软件建立数值模型,对沉井定位阻力进行计算复核。计算过程中采用沉井在下沉过程中即将着床时的水阻力、波浪力和风阻力的最不利荷载组合作为锚碇系统设计荷载。

(1)基于规范经验公式的阻力计算

①根据《港口工程荷载规范》(JTS 144-1—2010)计算沉井及各种船舶的正面水阻力(由于沉井为水中无底有隔仓结构,在桥梁工程相关规范中没有计算该类型结构水阻力计算公式)。

a.沉井正面水阻力计算:

$$F_w = \frac{C_w v^2 A\rho}{2} \tag{4-18}$$

式中:F_w——水流力标准值,kN;

C_w——水流阻力系数,按《港口工程荷载规范》(JTS 144-1—2010)表 13.03.3-1 取值;

ρ——水密度,10^3kg/m^3,淡水取 1000kg/m^3,海水取 1025kg/m^3;

v——水流设计流速,m/s;

A——计算构件在与流向垂直平面上的投影面积,m^2。

b.沉井正面风阻力计算。风压是垂直于气流方向的平面所受到的风的压力,根据伯努利方程得出的风-压关系,基本风压为:

$$W_0 = \frac{v^2}{1600} \tag{4-19}$$

式中:W_0——基本风压,kPa;

v——离地 10m 高、重现期 50 年 10min 平均最大风速,m/s。

作用在沉井上的风荷载标准值计算公式如下：

$$W_k = \mu_s \mu_z W_0 \tag{4-20}$$

式中：W_k——风荷载标准值，kPa；

μ_s——风荷载体型系数，按现行国家标准《建筑结构荷载规范》(GB 50009—2012)规定执行；

μ_z——风压高度变化系数，按《港口工程荷载规范》(JTS 144-1—2010)第 11.0.9 条执行；

W_0——基本风压，kPa，按式 4-19 计算。

作用在沉井上的风荷载为：

$$F_f = AW_k \tag{4-21}$$

式中：F_f——风荷载，kN；

A——迎风面积，m^2。

c.沉井波浪力计算按《海港工程设计手册》(中册)浮码头波浪力公式，计算：

$$P = 7.0\frac{H}{T}\frac{L}{B}\sqrt{\frac{M}{C_1 + C_2}} \tag{4-22}$$

式中：P——波浪力，kN；

H——波高，m；

L——波长，m；

B——沉井宽度，m；

M——沉井质量，$M = W/g$，W 为沉井排水重量；

C_1——拉力为 10kN 时钢丝绳变形量，mm/10kN；

C_2——平台吊耳作用 10kN 水平力时位移量，mm/10kN。

②沉井侧面水阻力参照正面阻力计算方法。

(2)基于专业流体软件的水阻力计算

建立精确的几何模型，是数值模拟计算的初始步骤。采用绘图软件 AutoCAD 与专业前处理软件 GAMBIT 联合建模，建立沉井主体的几何模型，导入同一 GAMBIT 文件内形成一个整体的沉井几何模型。在 GAMBIT 中，将三维横剖面上必要的点连接生成线，多条线封闭连接生成面，再由多个面封闭组合生成体，最后经过体的合成生成一个完整的沉井实体模型，如图 4-72 所示。

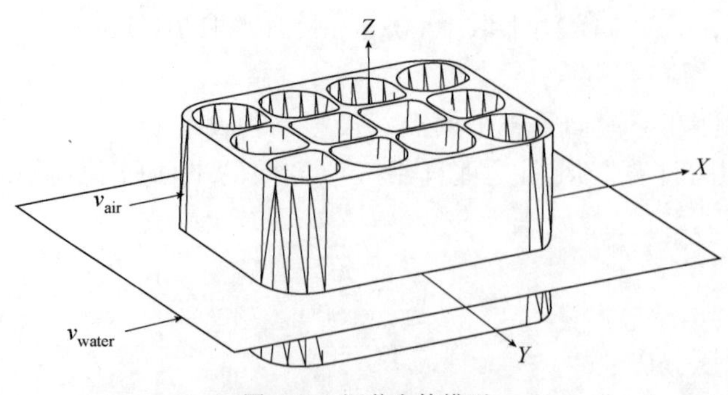

图 4-72　沉井实体模型

沉井定位阻力计算模型将控制域的入口和出口分别分成空气入口、水入口和空气出口、水出口。根据计算模型的坐标可知,来流方向指向 X 轴正方向,这里研究的沉井绕流视为不可压缩流动问题,将来流的入口设为速度入口(velocity inlet),该边界条件专门用于不可压流动。在 FLUENT 中,给定入口边界上的速度及其他相关标量值,计算中需要设定来流速度的大小、方向及湍流参数等。同时,将控制域出口设定为自由出流边界(outflow),在 FLUENT 中,该边界条件不需要给定出口条件,出口条件是通过 FLUENT 内部计算得到的。

计算控制域的范围取得足够大,可以将控制域的其他外边界设定为无滑移的壁面(wall),满足黏性流体流动的壁面无滑移条件——相对于壁面速度为零。求解的主要是沉井结构受力,可将沉井表面设为无滑移的壁面。

2)定位拉缆设计

沉井定位系统主要包括主拉缆和边拉缆的设计和布置,需根据沉井定位和着床下沉时的受力来确定拉缆的规格和布置。

钢沉井在定位着床过程中,水流对沉井作用力随着沉井吃水增加而逐渐增大。为了防止沉井在水流作用下发生较大倾斜以及沉井在定位和着床时的调整,在沉井上下游及侧向均设拉缆系统。

(1)基于经验公式的缆力计算

沉井主缆及下拉缆力参考《公路施工手册——桥涵》(上册),边缆下拉缆计算图示见图 4-73。

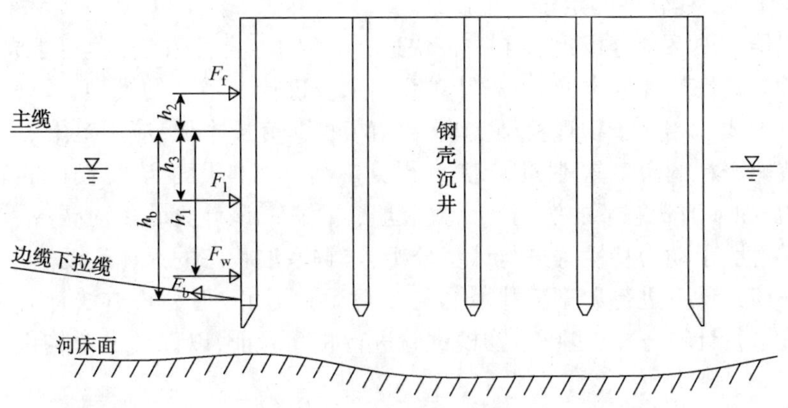

图 4-73 边缆下拉缆计算图示

沉井侧面下拉缆受力计算公式如下:

$$F_b = \frac{F_w h_1 + F_f h_2 + F_1 h_3}{h_b} \tag{4-23}$$

式中:F_b——下拉缆拉力,kN;

F_w——作用在沉井(水中部分)上的水流阻力,kN,按式(4-18)计算;

h_1——水流阻力作用点至主缆距离,m;

F_f——作用在沉井(露出水面部分)上的风荷载,kN,按式(4-21)计算;

h_2——风荷载作用点至主缆距离,m;

F_1——作用在沉井上的波浪力,kN,按式(4-22)计算;

h_3——波浪力作用点至主缆距离,m;

h_b——下拉缆至主缆距离,m。

(2)基于物理模型试验的定位拉缆设计

对于重要的复杂风、浪、流组合载荷工况条件下,基于传统经验公式无法准确计算沉井受力及运动响应,特别是在沉井在定位系泊状态下,无精确的经验公式计算分析沉井受力和运动响应。因此,可以通过物理模型试验的方法,对定位系泊状态中的沉井在不同风、浪、流载荷作用下的工况进行模拟,根据沉井定位和着床时的受力和运动响应,指导定位系统的缆系设计和布置优化。物理模型试验的基本过程如下:

①确定相似准则和换算关系。根据研究目标、内容、试验场地和设备的情况,确定合理的相似准则和缩尺比。

②基于相似准则设计并制作模型,并对模型、相关仪器设备进行率定,完成试验准备工作。

③根据相关载荷环境参数确定试验工况,完成相应的沉井阻力试验、波浪试验等。通过对试验结果分析,得到沉井定位系统设计的重要参数,如沉井阻尼系数、沉井在风浪流载荷作用下的受力、沉井运动 RAO、缆系张力等。

④试验所得的缆绳张力、沉井运动响应,结合拟定的施工作业窗口条件,确定出最优的缆系布置形式及缆绳规格。

对于复杂环境条件下沉井定位系统的设计,应采用物模试验方法确定定位拉缆系统的布置形式。

(3)基于海洋工程软件的定位拉缆设计

数值模拟给系泊系统分析提供了一种快速、精确的综合性方法,模型建成以后,计算速度快、计算周期短、修改参数方便,可以针对系泊系统进行一系列的模型计算,从中确定出最优的缆系布置形式。相比于物理模型实验,数值模拟研究成本低、应用范围广。

目前挪威船级社的海工软件 SESAM 为得到广泛认可的用于该类设计的软件。对于海上浮式结构物,如系泊状态下的沉箱、沉管、驳船、浮吊等,该计算软件对锚缆、锚缆的结构非线性、运动非线性、水动力特性等进行计算分析,求解系泊状态的浮体运动。

在海洋环境条件下进行大型沉井(箱)施工时,可采用数值分析方法针对不同工况条件下的拉缆系统进行计算分析,也可与物模试验进行相互验证,以保证重要构件施工期系统设计的可靠性。

4.8.3 沉井着床施工

沉井着床施工时应考虑预偏量的设置、着床时机及着床施工方式。

预偏量的设置根据河工模型试验及计算结果,同时结合着床时的水文条件确定相应的预偏值。

着床时机的选择应遵循以下原则:

(1)应尽量选择流速较小的时段进行着床施工。对于长江流域,其洪水期和枯水期内长江水深及流速有很大的差别,一般宜选择在流速较小的枯水期进行着床施工;对于其他水域,若无明显的流速变化时段,则可根据施工工期而定。

(2)对于涨落潮河段或海域,应选择在平潮时着床施工。通常情况下,江(海)水涨落潮期间,水流流速增大,对沉井的施工产生较大的影响。在高平潮或低平潮时,流速较小且较为稳定,此期间为沉井着床的最佳时期。

为使沉井达到快速着床的目的,向夹壁隔仓内注水是有效着床施工方式之一。对于河床在沉井施工期受水流冲刷较大的情况,应根据计算结果,对不同部位隔仓注入不同体积的水,调整重心位置,避免沉井在下沉初期产生较大的倾斜。

4.8.4 工程实践

1)泰州大桥中塔钢沉井段定位施工

(1)定位系统设计

38m 钢沉井采用上下游锚墩定位系统,如图 4-74 所示,在中塔桥墩位桥轴线上下游各布置一个锚墩,墩顶上分别布置卷扬机和相匹配的滑车组,钢沉井通过锚缆系统钢丝绳和锚墩平台上的滑车组与卷扬机连接,通过卷扬机调节每根拉缆的张力。

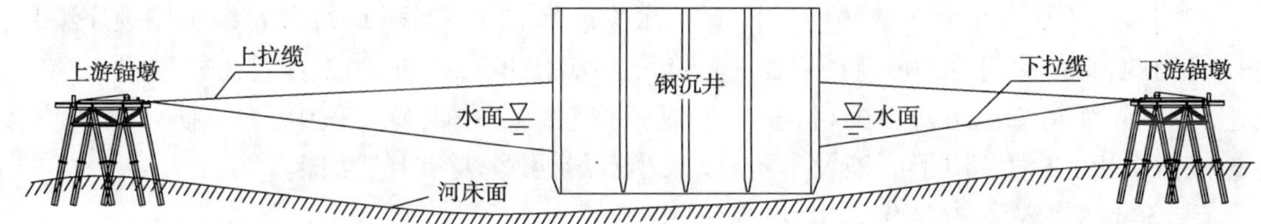

a) 立面图

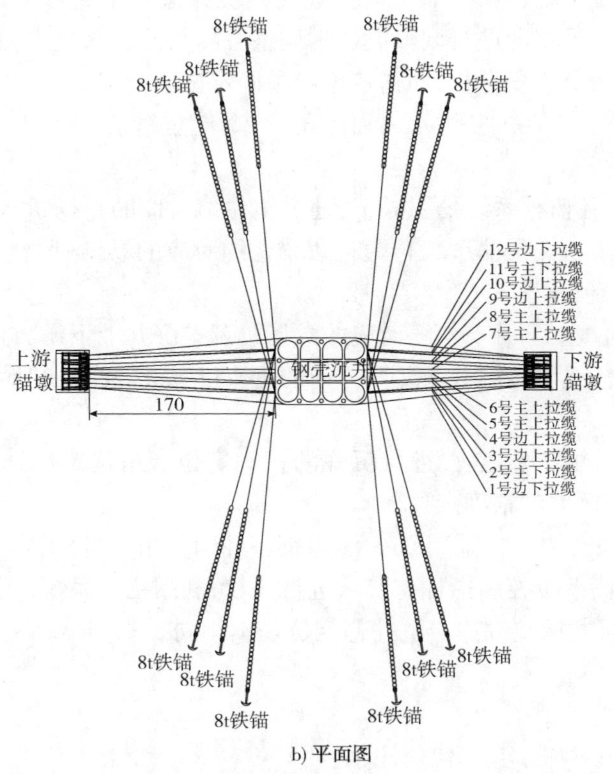

b) 平面图

图 4-74 上下游锚碇定位系统布置

上下游锚墩各采用12根拉缆与钢沉井连接，主拉缆和边拉缆各6根，如图4-74所示。其中2号和11号缆为主下拉缆，5号、6号、7号和8号缆为主上拉缆；1号和12号缆为边下拉缆，3号、4号、9号和10号缆为边上拉缆。经数值分析及物理模型试验，主拉锚缆选用6×37-1770(a)类直径为54mm钢丝绳，边锚缆选用6×37-1770(a)类直径为48mm钢丝绳。同时该定位系统还在沉井南北侧各布置6个8t铁锚作为边锚。

缆绳张拉系统均布置在上下游锚墩上，采用卷扬机+滑车组的方式，操作方便，定位精度高，满足受力要求。为保证张拉缆张力均匀，拉缆张力通过机械式拉力机和旁压实张力计进行双控监测。

(2)锚墩设计与卷扬机布置

锚墩设计时主要以水平荷载为控制荷载，水平荷载主要包括拉缆力、水流力、船舶停靠锚墩时的撞击力等。经计算分析，两个锚墩均以直径1200mm的钢管桩作为主要承力结构。在锚墩平台上分别布置12台卷扬机和相匹配的滑车组。

如图4-75所示，在上下游锚墩平台上对称各布置12台卷扬机，每台卷扬机按顺序编号，主拉缆用两台8t和两台10t卷扬机，下拉缆和边缆用5t卷扬机。12台卷扬机配置12套滑车组，用钢丝绳将滑车组与卷扬机连接，形成张拉系统。在收缆过程中，为了防止滑柄直接摩擦平台面板，在滑车组下面铺设木板，以减小对滑柄及钢丝绳的摩擦。

(3)38m高钢壳沉井定位

沉井定位采取动态控制法，与沉井注水下沉同步进行，如图4-76a)所示。其施工步骤为首先利用钢锚墩定位系统各个方向上的拉缆对钢沉井进行平面位置定位；然后通过上下游及边拉缆对钢沉井的垂直度进行调整或通过调整各隔舱的注水量来辅助调整沉井垂直度。

沉井定位分为两个阶段进行，即初定位和精确定位。初定位在沉井浮运到位、拉缆转换完毕之后进行，精确定位在沉井注水离河床还有2m时进行。

①初定位。

平面位置调整：在监控系统的引导下，通过主拉缆对应的卷扬机调整沉井的上下游方向至设计位置偏下游18cm(预偏量)，再通过边锚锚缆对应的卷扬机调整沉井南北侧方向至设计位置，如图4-76b)所示。

垂直度调整：通过上下游下拉缆对应的卷扬机调整沉井上下游方向的垂直度，再通过边锚下拉缆对应的卷扬机调整沉井南北侧方向的垂直度，如图4-76c)所示。

②精确调位。

a.时机选择。沉井着床之前，进行沉井的精确定位。精确定位选择在低平潮之前进行动态调整，并完成钢沉井的精确定位。

b.调整依据及主要内容。采用GPS测出钢沉井四个角的坐标、垂直度，测深仪测得的沉井范围内的河床面高差等控制指标与要求进行比较，利用锚墩系统的各个拉缆进行调位。

c.定位方法。沉井调整方法与沉井初定位基本相同。

2)沉井着床

沉井着床施工要点如下：

(1)沉井壁体内对称、均匀、快速注水。

(2)调整主缆、上拉缆(收紧)和下拉缆(放松)。

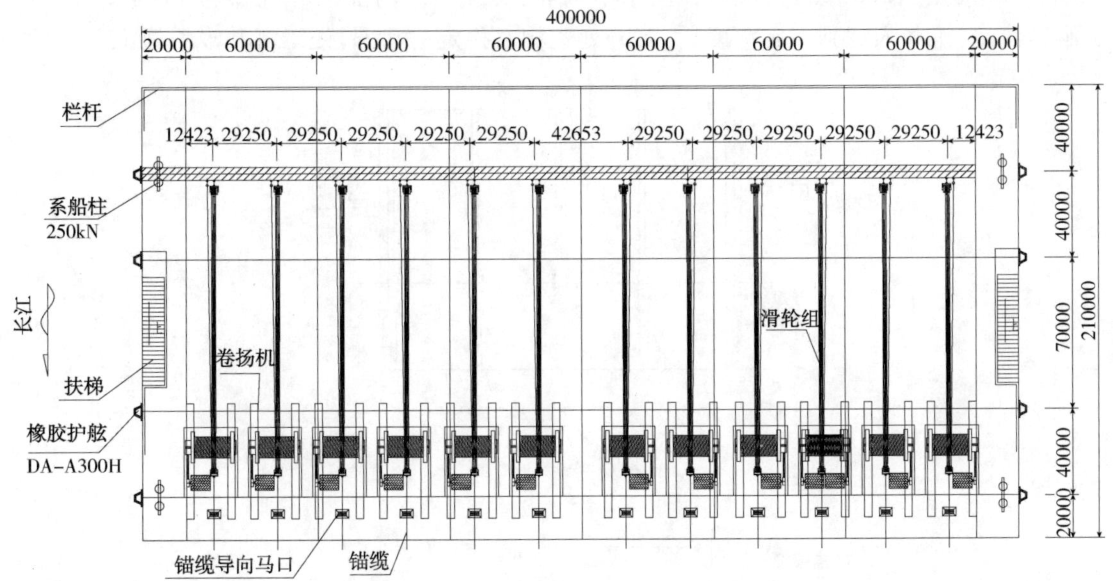

a) 平面图

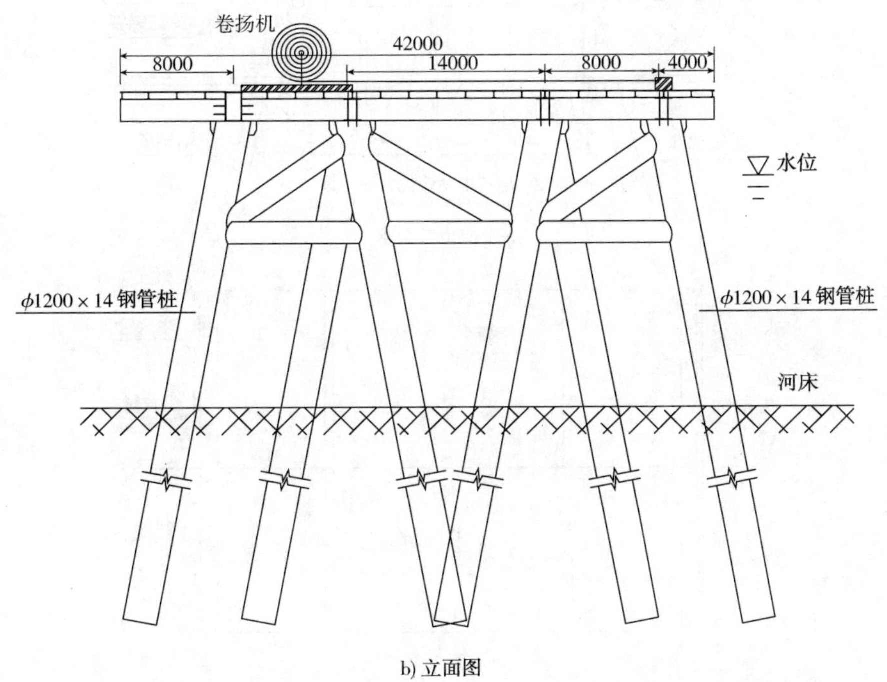

b) 立面图

图4-75 上游锚墩设置(尺寸单位:cm)

(3)沉井局部着床。

(4)检查沉井平面位置和垂直度。

(5)调整沉井平面姿态。

(6)根据河床冲刷情况,在沉井壁体内采取偏心注水,直至刃脚进入河床不再下沉为止,如图 4-77 所示。图 4-77a)为沉井在注水平衡后,继续注水增加沉井底部的压力;图 4-77b)为继续注水,沉井入泥到一定深度后,沉井处于相对稳定的状态,便于沉井吸泥施工。

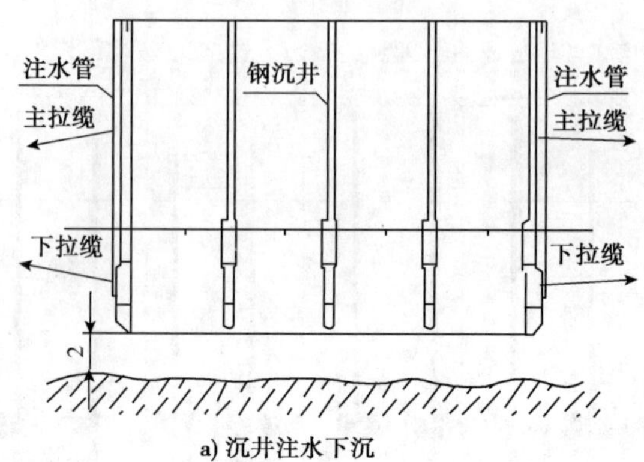

a) 沉井注水下沉

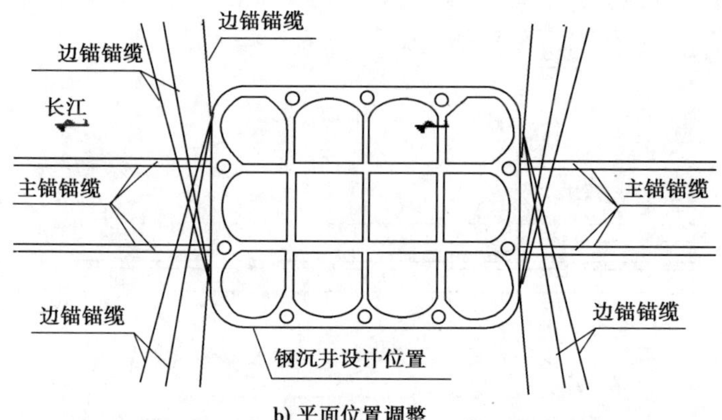

b) 平面位置调整

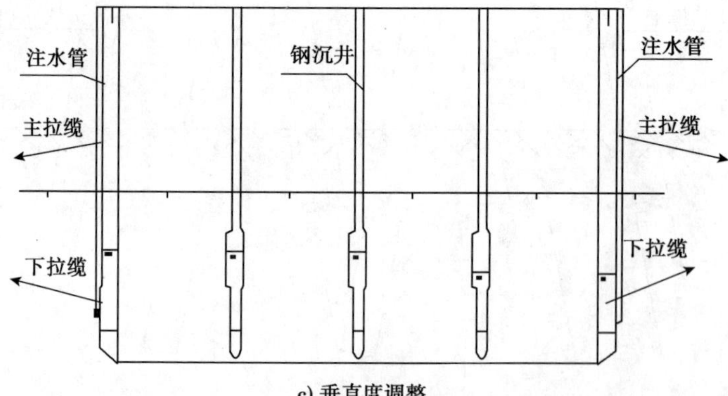

c) 垂直度调整

图 4-76　沉井粗定位

(7)监测河床面形态,启动吸泥泵吸泥,并根据水深适时启动空气吸泥机,进行偏心吸泥。图 4-78a)为沉井注水着床平衡后,由于沉井上游发生冲刷,对沉井下游隔仓进行吸泥;图 4-78b)所示为下游隔仓吸泥后沉井入土增加,上游侧刃脚着床,上游隔仓同步吸泥,随着沉井入土深度增加,沉井着床趋于稳定。

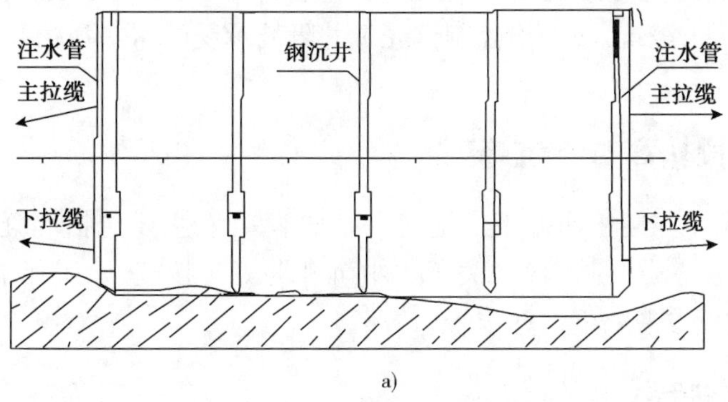

a)

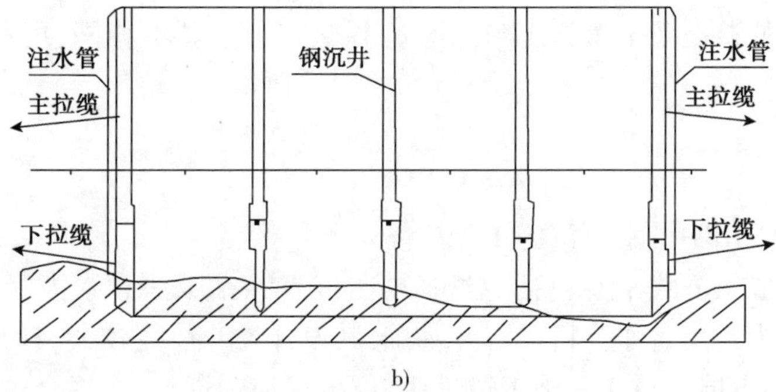

b)

图 4-77 沉井着床后偏心注水

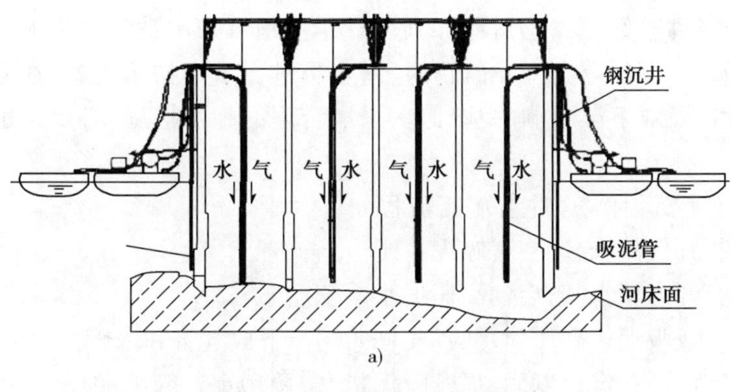

a)

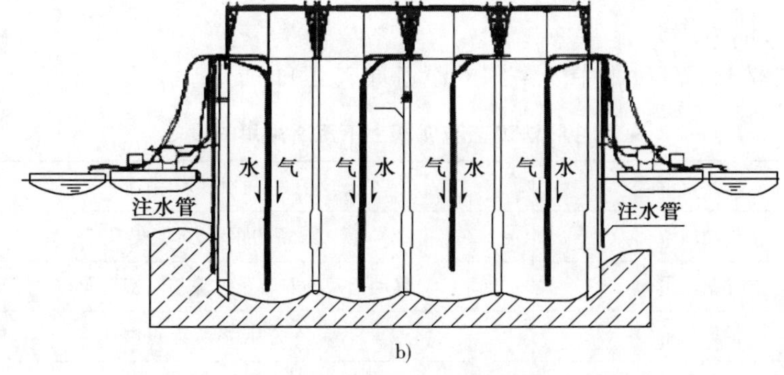

b)

图 4-78 沉井着床后偏心吸泥

(8)沉井继续下沉至全断面最小入泥4.0m,干舷高度不小于3.5m,开始进行钢壳夹壁内分舱均衡的水下混凝土浇筑,应严格控制钢壳沉井隔舱承受的水头压力,避免钢壳沉井井壁结构的破坏。

4.9 混凝土沉井段接高与下沉施工

水中沉井下沉施工与陆上沉井下沉施工工序基本一致,主要包括混凝土沉井接高、沉井下沉与封底混凝土浇筑等关键工序。关于水中沉井混凝土接高,除了保证必要的适合干舷高度外,其施工工艺可参考陆上沉井施工。

4.9.1 混凝土沉井接高

混凝土沉井段的接高及下沉施工与陆上沉井施工工艺基本相同,可参见第3.3~第3.4节内容。

4.9.2 沉井下沉施工

水中沉井主要采用不排水下沉施工工艺。

水中沉井下沉取土方式主要包括机械抓斗、冲吸法、钻吸法和水力吸泥法4种,其中以冲吸法和钻吸法最为常用。作为桥梁沉井基础,其设计尺寸往往较大,且其下沉深度也比较深,需要穿过不同的土层。在实际施工过程中,应根据地勘资料,选择合理的取土方式,以达到高效、快速的施工效果。一般说来,对于淤泥、黏土及砂层类土质,优先采用冲吸法吸泥取土方式;对于地质条件较好、承载力较高的胶结层等,则可采用钻吸法吸泥取土方式。对于下沉过程中遇到孤石、沉船等大型障碍物时,潜水员进行水下初步观察,在弄清楚障碍物所处位置、结构尺寸以及对下沉影响的基础上,采取合理的施工措施,必要时也可采取爆破处理方法。

以冲吸法取土下沉为例,其主要施工流程如下:

(1)第一步:打开气阀,启动空气吸泥系统。

(2)第二步:打开高压水阀,启动高压射水系统。

(3)第三步:下放吸泥机高压射水吸泥,同时同步下放气管和水管。

(4)第四步:吸泥至一定深度后,提升吸泥机,按照预定的吸泥顺序,将吸泥机移至下一个吸泥位置,重复以上作业。

冲吸法工艺取土下沉过程中所采用的设备如表4-11所示。

采用冲吸法工艺吸泥取土下沉所采用的设备　　表4-11

序号	设备名称	主要用途
1	移动门架	设备的频繁移动、提升等工作
2	井壁塔吊	移动门架的安装及拆除与门架作业盲区起重工作
4	供气系统	向各吸泥点供气
5	高压射水系统	向各吸泥点和隔舱踏面注水点供气

续上表

序号	设备名称	主要用途
6	吸泥管	排出泥、砂和水
7	潜水钻	备用,主要用于胶结层等地层

沉井采用冲吸法进行取土下沉施工设备布置见图 4-79。

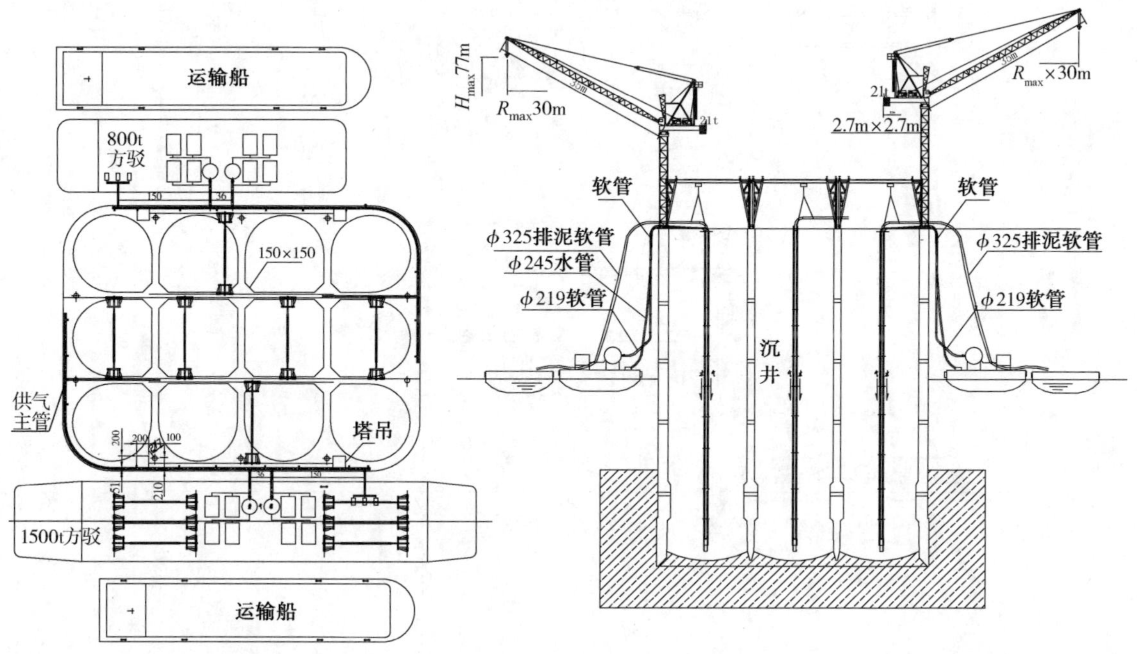

图 4-79 沉井吸泥下沉施工设备布置

4.9.3 工程实践

1)混凝土沉井接高

泰州长江大桥中塔混凝土沉井接高采用了如下措施:①合理安排混凝土接高施工与吸泥下沉的关键工序,全程监控沉井平面位置、几何姿态等参数,保证沉井的精度满足设计要求和安全度汛要求;②沉井分区浇筑顺序采用对称性原则,对称加载;③钢筋安装采用劲性骨架+脚手架方式,以保证钢筋安装精度;④采用大块定型模板,保证模板的整体稳定性;⑤采用专用布料机进行混凝土布料。

混凝土沉井接高属于水上作业,为保证混凝土的连续供应,配置两艘水上拌和船供料;在沉井上布置 4 台塔吊,可覆盖施工作业范围,如图 4-80、图 4-81 所示。

2)沉井下沉

中塔沉井下沉选取不排水取土吸泥工艺,采用冲吸法空气吸泥工艺(图 4-82),如遇胶结层及板结钙化层,冲吸法空气吸泥取土下沉效果较差时,采用潜水钻机水下松动胶结土层及板结钙化层后,再用冲吸配合空气吸泥机取土。

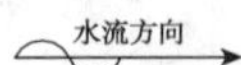

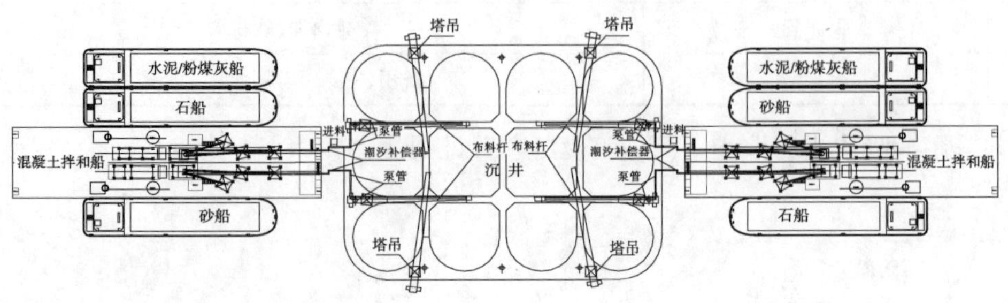

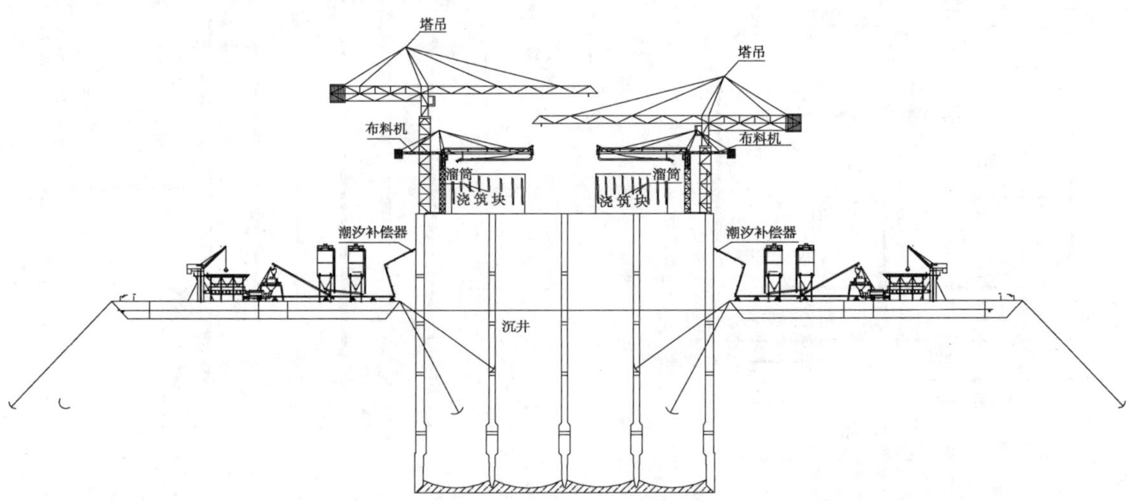

图 4-80　水上拌和船及塔吊布置

图 4-81　混凝土沉井接高

图 4-82　采用冲吸法进行取土下沉

4.10　沉井终沉稳定分析与封底混凝土施工

深水沉井施工期间,床面上沉井自由高度可达到 40m 左右。若考虑最大冲刷深度,则会更大。在如此大的附加荷载作用下,当沉井下沉至封底前,井内泥面形成大锅底。基底刃脚此时已基本失去竖向支撑力,同时其沉井周边摩阻力不能抵抗其上巨大重力,此时沉井可能产生突沉,危及沉井稳定或影响沉井终沉精度。

深水沉井施工不同于陆上沉井。陆上沉井施工终沉阶段一般需采取助沉措施,如加大重量、空气幕等。而深水沉井由于河床面上自重大,沉井终沉阶段需采取防突沉措施。

4.10.1 终沉稳定分析与控制措施

在沉井终沉阶段,若下沉系数过大,将会引起沉井突沉、超沉等现象;若下沉系数过小,则又会导致沉井难以下沉到设计标高。因此,在同时满足下沉至设计标高和避免出现突沉、超沉等条件下,要分析下沉系数和稳定系数,以确定合理的刃脚支承形态和混凝土封底方案。

目前,国内外深水沉井基础在终沉阶段施工,主要以"降低下沉系数、减缓下沉速度、加强观测力度"为指导思想,主要手段为增大沉井底面端阻力(即变"大锅底刃脚支承"为"小锅底刃脚支承")。具体的措施为尽量使沉井刃脚处于"小锅底刃脚支承"状态,然后再采取"分孔清基、分舱封底"的施工方案。为了防止"分舱封底"时混凝土的窜舱现象,清基完成后,需对封底的隔舱支承状态进行水下检测。对于可能出现浇筑封底混凝土窜舱的区域,回填碎石等材料封堵。

4.10.2 封底混凝土施工

深水沉井基础主要以不排水下沉施工工艺为主,在进行封底混凝土施工时,也采用水下封底施工工艺。封底混凝土施工主要包括清基和混凝土施工。

1)清基

混凝土浇筑前需要对封底区域进行清基,清基的区域包括井壁侧面和泥面,清基完成后还需要进行检测。检测方式主要以潜水员排查为主,当水深很深时,也可采用测深锤进行探测,通过各个检测点的数据绘制沉井井底锅底水下地形图。

2)混凝土施工

根据施工现场的实际情况,可采取单次封底和多次混凝土封底方案。

(1)单次封底施工

单次封底混凝土施工就是封底混凝土一次浇筑完成,它适合于封底混凝土方量较小,且混凝土供应量相对充裕的情况。单次封底施工对混凝土初凝时间要求较高,其时间应大于全部混凝土浇筑完成的时间。一般说来,其初凝时间应大于50h。

(2)多次封底施工

多次封底施工又包括分层浇筑和分隔舱(区域)浇筑,其目的是为了降低单次混凝土浇筑方量。

①分层浇筑。分层浇筑就是在厚度上分成若干次进行混凝土浇筑。相邻两次混凝土浇筑的时间应有一定的时间间隔,在确保上次浇筑混凝土强度达到设计要求后方可进行。虽然分层浇筑降低了单次混凝土浇筑方量,但是水下混凝土浇筑时,较难保证新老混凝土界面的有效结合,这是施工中的关键难题。

②分隔舱(区域)浇筑。对于大型桥梁沉井基础,由于结构断面尺寸较大,在平面上往往分成若干个隔舱。在封底混凝土施工过程中可根据沉井的结构特点,按不同的隔舱分区域

进行混凝土浇筑。分区域进行混凝土浇筑,需要事先将单个隔舱或几个隔舱形成相对独立的区域(即所谓的“小锅底刃脚支承”状态),必要时还需要进行抛石回填封堵,然后进行该区域内混凝土浇筑,平面上将封底混凝土分成若干个区域,降低单次混凝土浇筑方量,尽可能地保证施工质量和封底混凝土的整体性。

以泰州长江大桥中塔沉井基础为例,对终沉阶段“分孔清基、分舱封底”的措施进行阐述。沉井若采用全刃脚或半刃脚支撑状态取土下沉,沉井下沉至设计标高时的下沉系数分别为1.46和1.66,此时沉井并未达到所谓的平衡状态,沉井会继续下沉,导致超沉等现象发生。在计算分析的基础上,从增大沉井下沉阻力的角度出发,提出沉井终沉控制方法,确保了沉井终沉的安全和精度要求。终沉控制措施主要基于以下两点:

a.分隔舱清基、封底。沉井分6次对称分隔舱清基、封底,确保沉井不超沉。沉井分舱遵循对称、均匀的原则,确保在进行分次清基、封底过程中沉井不发生偏位,沉井分舱如图4-83所示。

清基和封底顺序为Ⅰ区→Ⅱ区→Ⅲ区→Ⅳ区→Ⅴ区→Ⅵ区。沉井下沉到位时其刃脚支撑状态见图4-84。

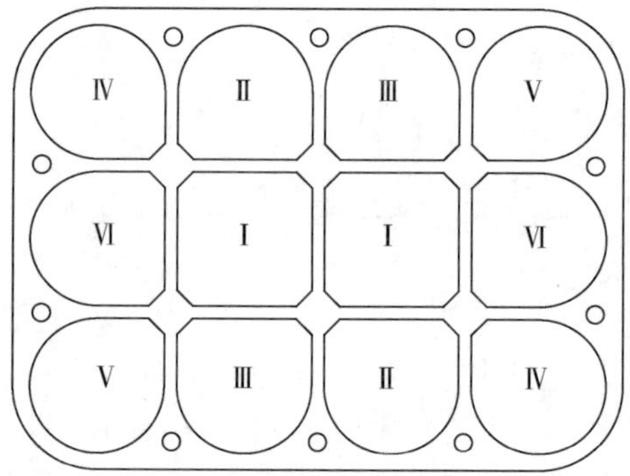

图4-83　沉井分舱

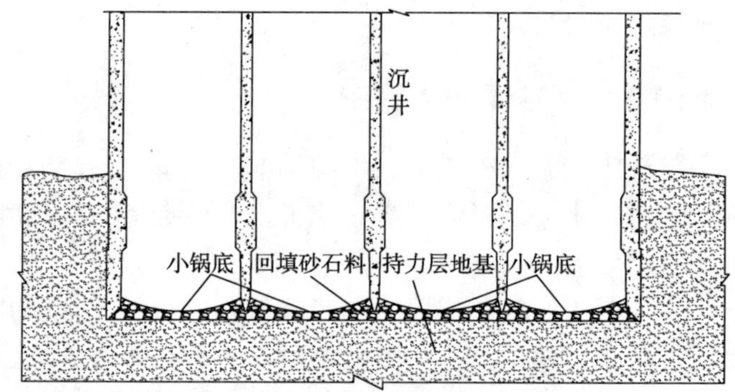

图4-84　沉井清基形成小锅底立面

b.在沉井刃脚处抛填封堵层。清基完成并经检验合格后,立即在沉井刃脚处抛填粒径3~5cm的碎石垫层封堵。碎石封堵层主要有两种作用,一是在沉井刃脚处提供支撑,增大沉井端阻力,提高沉井稳定性,防止沉井突沉或者超沉;二是为分隔舱封底混凝土的浇筑提供一个基本的模板胎架,防止浇筑混凝土窜舱。

封底混凝土施工完成后,沉井平面位置最大偏差不超过30cm,倾斜度误差控制在1/363,优于规范的精度要求(平面误差50cm、倾斜度1/150)。

第5章　沉井信息化施工与控制

5.1　概述

对于水中沉井,受水流、波浪及河床冲刷的影响,其定位下沉异常复杂,同时施工风险也大大增加。鉴于以上不确定因素,为了保证沉井在施工过程中全过程实时受控,应采用信息化施工,从施工组织、施工设计、施工方案及施工保障措施进行信息化管理,将水中沉井施工过程中的风险降至较低水平。

对于陆地沉井,下沉施工过程中对周围土体影响较大,特别是对于周边有重要建筑物时,影响十分明显。信息化施工技术采用前期分析、过程中受控、后期处理等一系列措施,保证沉井下沉的顺利进行,也避免施工对邻近建筑物的影响。

5.2　信息化施工

5.2.1　信息化施工控制

深水沉井基础下沉到位需经历一个较长的施工周期,其几何姿态会随着下沉深度发生变化,在下沉过程中有必要对其几何姿态适时进行调整。与陆上沉井施工不同,水中沉井基础施工受外界因素干扰更大,其精确定位和安全施工均带来了很大的风险。施工过程中水流、波浪等外界荷载会造成沉井产生较大定位误差,因此,深水沉井下沉过程中的定位控制是关键。根据总体施工工艺来看,沉井下沉到位需要经历定位与着床、初期下沉、中期下沉及终沉等阶段,实现信息化施工控制系统实施流程如图5-1所示。

5.2.2　施工监测内容

从信息化施工控制系统实施流程中可以看出,施工监测贯穿于沉井着床、初沉、中期下沉与终沉等全过程,但是各施工阶段的沉井施工监测内容仍然可以用几何姿态、物理参数和环境参数三部分来进行概括。

1)几何姿态监测

几何姿态监测主要提供沉井施工定位精度目标,根据沉井当前位置与设计位置的偏差采取适当的调整措施。

(1)监测内容

几何姿态监测主要包括平面位置偏差、倾斜度、扭转角(圆形沉井除外)和下沉量等监测。

①平面位置偏差测量。通常的测量方法是在沉井顶面布置4个测量控制点(原则上布置在各轴线中点处),见图5-2。通过4个测点几何坐标推算沉井顶面中心的实际坐标,与理论计算出沉井顶面中心的设计坐标进行对比,两者的差值就是沉井实际平面位置的偏差。

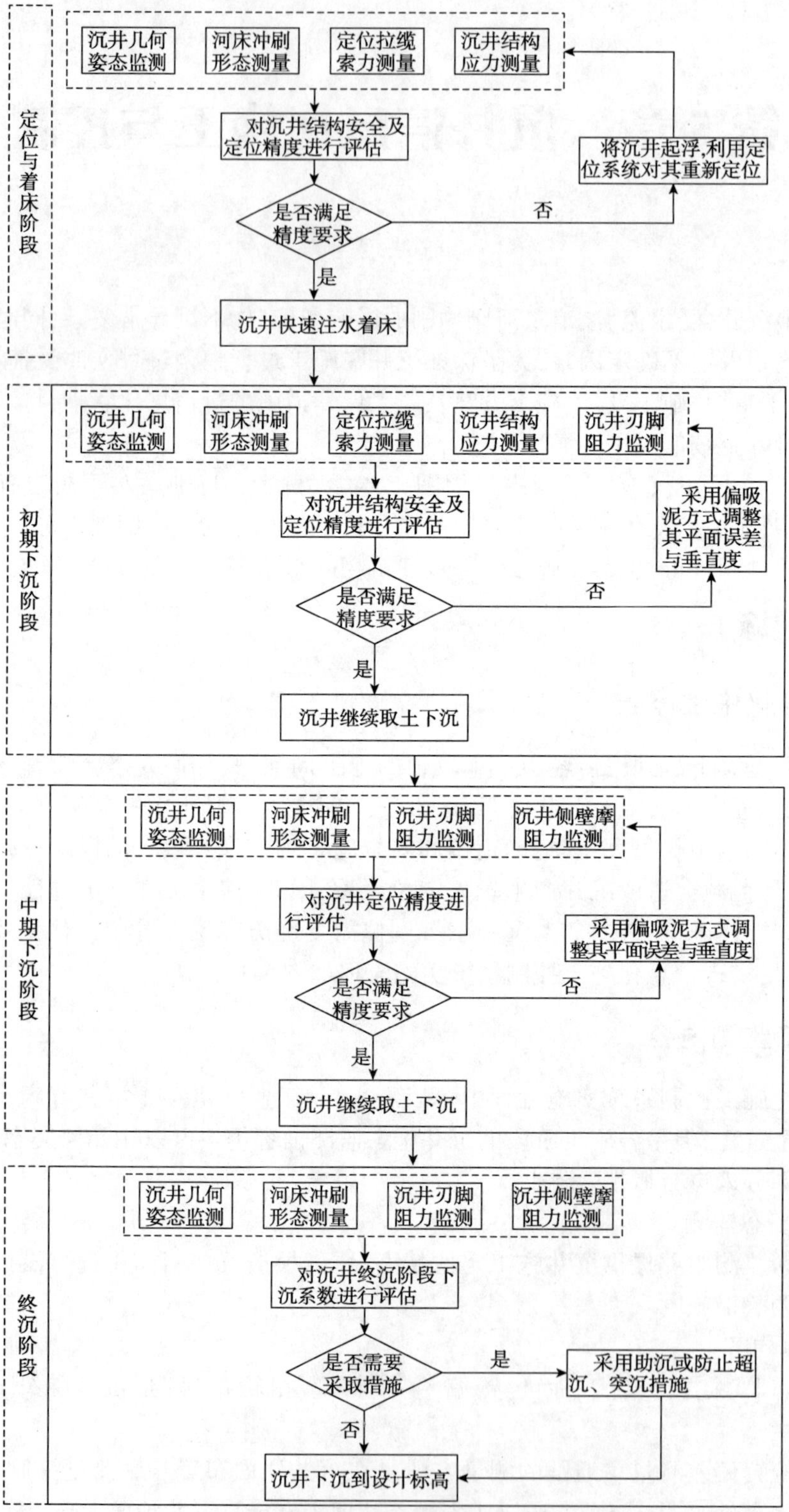

定位与着床阶段

沉井几何姿态监测 | 河床冲刷形态测量 | 定位拉缆索力测量 | 沉井结构应力测量

↓

对沉井结构安全及定位精度进行评估

↓

是否满足精度要求？

- 否 → 将沉井起浮,利用定位系统对其重新定位 → 返回测量
- 是 ↓

沉井快速注水着床

初期下沉阶段

沉井几何姿态监测 | 河床冲刷形态测量 | 定位拉缆索力测量 | 沉井结构应力测量 | 沉井刃脚阻力监测

↓

对沉井结构安全及定位精度进行评估

↓

是否满足精度要求？

- 否 → 采用偏吸泥方式调整其平面误差与垂直度 → 返回测量
- 是 ↓

沉井继续取土下沉

中期下沉阶段

沉井几何姿态监测 | 河床冲刷形态测量 | 沉井刃脚阻力监测 | 沉井侧壁摩阻力监测

↓

对沉井定位精度进行评估

↓

是否满足精度要求？

- 否 → 采用偏吸泥方式调整其平面误差与垂直度 → 返回测量
- 是 ↓

沉井继续取土下沉

终沉阶段

沉井几何姿态监测 | 河床冲刷形态测量 | 沉井刃脚阻力监测 | 沉井侧壁摩阻力监测

↓

对沉井终沉阶段下沉系数进行评估

↓

是否需要采取措施？

- 是 → 采用助沉或防止超沉、突沉措施 → 沉井下沉到设计标高
- 否 ↓

沉井下沉到设计标高

图 5-1 深水沉井信息化施工控制流程

以图5-2为例，定义以1001→1003测点为X轴正向；采用左手法则，以1002→1004测点定义为Y轴正向。沉井顶面中心O点的平面坐标由测点1001、1002、1003和1004计算得出。相关的计算方法如下：

O点在X轴向的坐标由1001点和1003点X向坐标的平均值来表达。

$$x_O=\frac{x_{1001}+x_{1003}}{2}$$

O点在Y轴向的坐标由1002点和1004点Y向坐标的平均值来表达。

$$y_O=\frac{y_{1002}+y_{1004}}{2}$$

由上面两式可计算沉井顶面中心O点的平面坐标。根据设计图纸，计算出顶面中心O点的设计坐标x'_O、y'_O。由下面计算公式可计算出Δx_O、Δy_O。

$$\Delta x_O=x_O-x'_O,\Delta y_O=y_O-y'_O$$

②倾斜度。沉井倾斜度计算如图5-3所示，主要是通过沉井顶面4个测量控制点高程来进行推算。将沉井作为一个刚体，其倾斜度可看成是刚体绕X轴和Y轴的转动。基于上述假设条件，沉井垂直度可由下列公式计算得出。

X向垂直度：

$$\theta_1=\arccos\frac{z_{1003}-z_{1001}}{[(x_{1003}-x_{1001})^2+(y_{1003}-y_{1001})^2]^{0.5}}$$

Y向垂直度：

$$\theta_2=\arccos\frac{z_{1004}-z_{1002}}{[(x_{1004}-x_{1002})^2+(y_{1004}-y_{1002})^2]^{0.5}}$$

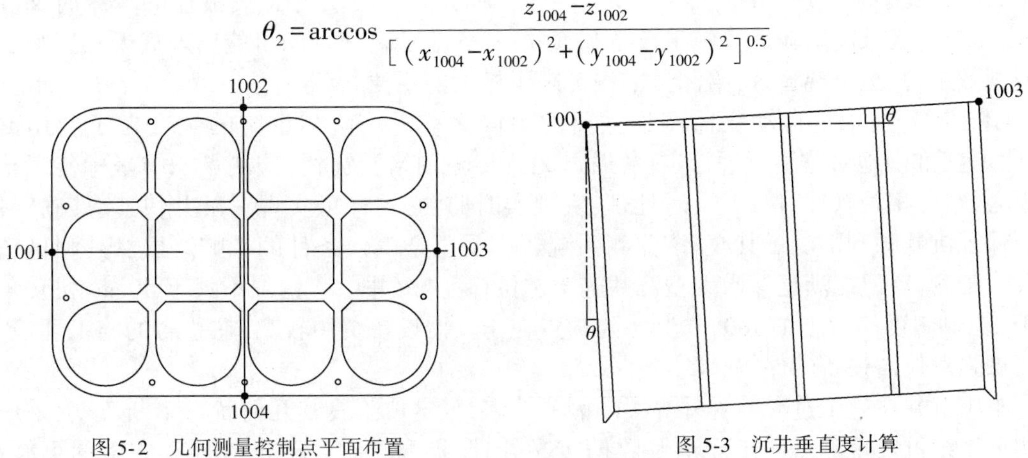

图5-2 几何测量控制点平面布置　　图5-3 沉井垂直度计算

③扭转角。对于圆形沉井，平面上为中心对称结构，平面的扭转在下沉过程中可以不进行监测。对于非圆形沉井，扭转角的计算公式如下：

$$\beta_1=\arccos\frac{y_{1001}-y_{1003}}{[(x_{1003}-x_{1001})^2+(y_{1003}-y_{1001})^2]^{0.5}}$$

$$\beta_2=\arccos\frac{y_{1002}-y_{1004}}{[(x_{1002}-x_{1004})^2+(y_{1002}-y_{1004})^2]^{0.5}}$$

为了消除测量误差，将β_1和β_2计算结果取平均值作为沉井的整体扭转角。

$$\beta=\frac{\beta_1+\beta_2}{2}$$

④下沉量。沉井下沉量用顶面中心竖向坐标来表示,其坐标值采用4个监测点竖向坐标的均值。

$$z_O=\frac{z_{1001}+z_{1002}+z_{1003}+z_{1004}}{4}$$

下沉量的偏差采用实际下沉标高与设计标高的差值,如下式。

$$\Delta z_O=z_O-z'_O$$

式中:z'_O——沉井顶面中心设计标高。

(2)测量

测量主要分为人工测量和自动化监测。在人工测量方面,测量仪器由原来的普通水准仪和经纬仪,发展成为后来的数字水准仪和全站仪,降低了人为操作过程中的误差因素,测量精度得到了极大的改善,能满足各种桥梁施工的需求。伴随着电子精密仪器的不断革新和自动化程度的提高,自动化测量也越来越多地应用到工程领域中。

人工测量的主要优点在于其测量精度高、机动性较强,特别适合于短期测量和施工放样工作,如道路施工测量等。其缺点在于测量周期较长、数据处理缓慢,特别是针对某些特殊的施工情况,往往是不能够被接受的。对于上述深水沉井定位,关键在于快速、准确。人工测量测量周期较长、数据处理缓慢、信息反馈滞后,是影响沉井定位着床的主要因素。沉井在着床前处于悬浮状态,空间几何位置在外界因素作用下(水流力、波浪力和风荷载等)不断改变,人工测量对控制点测量需要一定的时间,不能捕捉同一时刻状态下沉井的几何姿态,测量数据的繁多和处理的缓慢,将带来信息反馈的滞后,使沉井丧失最佳的着床时期。其次,由于施工区域离岸较远及施工设备和气候原因(定位着床期间可能出现雾天),影响了测量通视效果,甚至出现盲区,给测量工作带来了极大的不便。

GPS RTK 技术是自动化监测最主要的手段之一。该监测系统的优点在于利用 GPS RTK 快速、准确地对监测点进行定位,通过无线传输网络,及时将监测点三维坐标传送至控制中心,结合相关软件对数据及时处理,实现实时监测,这样可实现对沉井快速、准确定位,从而保证沉井顺利下沉。其次,该监测系统还不受复杂气候条件的影响。虽然其测量精度不及人工测量,但能满足深水大型沉井施工定位精度(沉井中心偏位不大于50cm,扭转角不大于1°,倾斜度不大于1/100)。其主要缺点在于仪器设备费用较高,在恶劣的施工环境下,需要加强对仪器设备的保护。

水中沉井在施工过程中受外界影响因素较多,且定位阶段其几何状态不断改变,采用自动测量系统可实现测点同步测量及数据实时处理,提高了定位的准确性和施工的可靠性。陆上沉井在下沉过程中受外界因素干扰少,其空间几何位置在一定时间段内可保持相对稳定的状态,实际中通常采用人工测量方法。

(3)测量仪器

①自动化测量。自动化测量仪器主要包括测量机器人和GPS测量仪器等。

a.测量机器人又称自动全站仪,是一种集自动目标识别、自动照准、自动测角与测距、自动目标跟踪、自动记录于一体的测量平台。

系统包括坐标系统、操纵器、换能器、计算机和控制器、闭路控制传感器、决定制作、目标捕获和集成传感器八大部分。坐标系统为球面坐标系统,望远镜能够绕仪器的纵轴和横轴旋转,在水平面360°、竖面180°范围内寻找目标;操纵器的作用是控制机器人的转动;换能器可将电能转化为机械能,以驱动步进马达运动;计算机和控制器的功能是从设计开始到终止操纵系统、存储观测数据并与其他系统接口,控制方式采用连续路径或点到点的伺服控制系统;闭路控制传感器将反馈信号传送给操纵器和控制器,进行跟踪测量或精密定位;决定制作主要用于发现目标,如采用模拟人识别图像的方法(称试探分析)或对目标局部特征分析的方法(称句法分析)进行影响匹配;目标获取用于精确地照准目标,常采用开窗法、阈值法、区域分割法、回光信号最强法以及方形螺旋式扫描法等;集成传感器采用距离、角度、温度、气压等传感器获取各种观测值。由影响传感器构成的视频成像系统通过影像生成、影像获取和影像处理。在计算机和控制器的操纵下实现自动跟踪和精确照准目标,获取物体或物体某部分的长度、厚度、宽度、方位、2维和3维坐标等信息,进而得到物理的形态及其随时间的变化值。

测量机器人还可为用户提供了一个二次开发平台,利用该平台开发的软件可直接在全站仪上运行。计算机软件实现测量过程、数据记录、数据处理和报表输出的自动化,在一定程度上实现了监测自动化和一体化。

b.GPS定位的基本原理是根据高速运动的卫星瞬间位置作为已知的起算点,采用空间距离后方交会的方法,确定大测点的位置,如图5-4所示。假设t时刻在底面待测点上安装GPS接收机,可以测点GPS信号到达接收机的时间Δt,再加上接收机所接收到的卫星星历等其他数据,确定以下四个方程式。

$$[(x_1-x)^2+(y_1-y)^2+(z_1-z)^2]^{1/2}+c(\nu_{t1}-\nu_{t0})=d_1$$
$$[(x_2-x)^2+(y_2-y)^2+(z_2-z)^2]^{1/2}+c(\nu_{t2}-\nu_{t0})=d_2$$
$$[(x_3-x)^2+(y_3-y)^2+(z_3-z)^2]^{1/2}+c(\nu_{t3}-\nu_{t0})=d_3$$
$$[(x_4-x)^2+(y_4-y)^2+(z_4-z)^2]^{1/2}+c(\nu_{t4}-\nu_{t0})=d_4$$

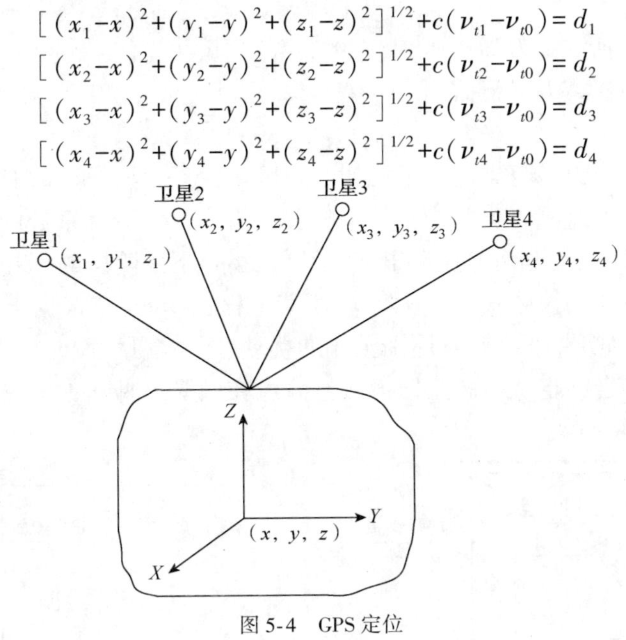

图5-4　GPS定位

按定位方式,GPS定位可分为单点定位和相对定位(即差分定位)。单点定位就是根据一台接收机的观测数据来确定接收机位置的方式,它只能采用伪距观测量,可用于车船等的概略导航定位。相对定位(差分定位)是根据两台以上接收机的观测数据来确定观测点之间的相对位置的方法,它既可采用伪距观测量,也可采用相位观测量,大地测量或工程测量均采用相位观测值进行相对定位。

GPS观测量中包含了卫星和接收机的钟差、大气传播延迟、多路径效应等误差。在定位计算时受到广播星历误差的影响,采用相对定位时,大部分公共误差被抵消或削弱,定位精度将大幅提高，双频接收机可以根据两个视频的观测量抵消大气中电离层误差的主要部分，在精度要求高、接收机间距较远时（大气有明显差别），应优先选用双频接收机。

相比于光学成像的测量机器人，GPS 的优点主要为：全球全天候定位、定位精度高、观测时间短、测站间无须通视、仪器操作简便、可提供全球统一的三维地心坐标。

②人工测量仪器。

a.全站仪是一种集光、机、电为一体的新型测角测距仪器，与光学经纬仪比较，电子经纬仪将光学度盘换为光电扫描度盘，将人工光学测微读数代之以自动记录和显示读数，使测角操作简单化，可避免读数误差的产生。电子经纬仪的自动记录、储存、计算功能，以及数据通信功能，提高了测量作业自动化程度。

b.经纬仪，测量水平角和竖直角的仪器，是根据测角原理设计的，主要有光学经纬仪和电子经纬仪。

c.水准仪是根据水准测量原理测量地面点间高差的仪器。水准仪是在 17~18 世纪发明了望远镜和水准器后出现的。20 世纪初，在制出内调焦望远镜和复合水准器的基础上生产出微倾水准仪。20 世纪 50 年代初出现了自动安平水准仪，20 世纪 60 年代研制出激光水准仪，20 世纪 90 年代出现电子水准仪或数字水准仪。

2）物理监测

物理监测主要包括沉井刃脚土压力、沉井侧壁摩阻力、钢板及钢筋应力等监测，对于水中沉井还需要对系泊锚缆力进行监测。

（1）沉井刃脚土压力

土层对刃脚的土压力是阻碍沉井下沉的主要因素，特别是在沉井初沉阶段，所以需要对沉井刃脚的端承力进行监测。沉井能否下沉的关键指标在于下沉系数的大小。只有在掌握了刃脚端承力之后，才能较准确地计算出下沉系数，指导下一阶段的沉井下沉。

刃脚反力监测可采用振弦式土压力计。在其量程选择时，应根据工程地质勘察资料以及沉井自重，并考虑到沉井下沉时对周围土体的扰动、压力盒量程与灵敏度的关系以及适当的安全储备等因素综合确定。刃脚土压力测量点可在四周刃脚和中间隔墙处按实际情况进行布置，土压力计安装如图 5-5 所示。

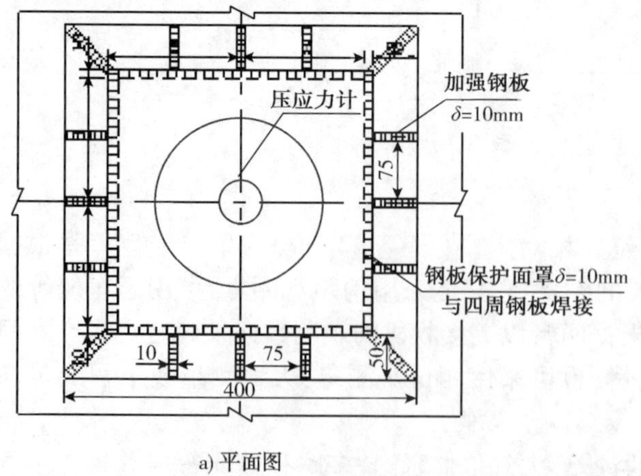

a) 平面图

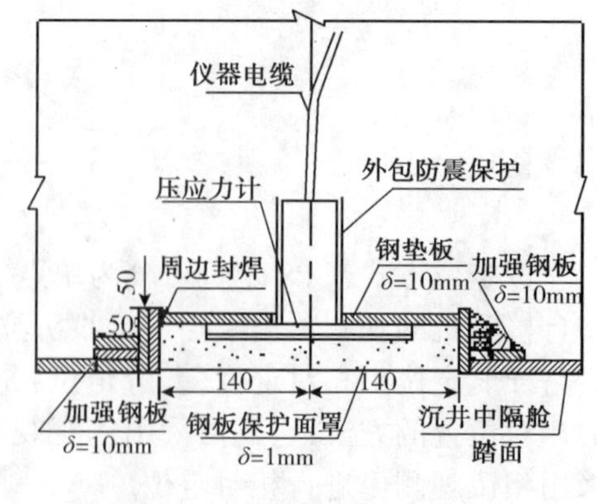

b) 立面图

图 5-5　土压力计传感器的安装（尺寸单位：mm）

(2)沉井侧壁摩阻力

土层与沉井井壁的摩阻力是影响沉井下沉的又一主要阻力,特别是在沉井终沉阶段,主要是由于土层与沉井井壁接触面积增大和底层极限摩阻力增大的缘故。侧壁摩阻力监测关键取决于土与沉井外壁的摩阻系数 μ 的测定。沉井接高至一定高度后,测量出刃脚与地基接触面积(通过监测水下地形)与刃脚应力(由刃脚土压力盒监测),得出沉井基底端承力 R。根据力平衡原理,计算出侧壁摩阻力值 R_f,再通过侧壁土压力盒测量的侧土压力,得出相应该层土与沉井外壁的摩阻系数 μ。用相同的原理计算出每个土层与沉井外壁的摩阻系数,详细计算公式如下:

$$\mu=\frac{G-F-R}{A_s P_f} \tag{5-1}$$

式中:G——沉井结构自重(包括施工荷载);

F——结构所受浮力;

R——结构所受基底反力;

A_s——外壁与土体接触面积;

P_f——外壁侧土压应力。

在得出侧摩阻力系数 μ 后,在下沉过程中,通过实时监测外壁侧土压力分析出当前状态下的侧摩阻力。

(3)钢板及钢筋应力

结构应力应变是客观反映沉井结构是否处于安全状态的最直观的指标。为确保沉井施工及运营过程中的安全,须对其关键部位及关键截面的结构应力进行实时监测,以防结构因出现过大的拉应力而导致局部开裂。应力应变监测的主要目的在于评价沉井下沉施工过程中沉井结构的受力情况,为安全施工提供预警信息。

钢板应力监测一般选择在沉井首节的壁板上,具体的测点可根据设计时提供的参考点进行选取,选取的原则是应力应变最不利位置,且能代表首节钢沉井整体受力状态。对于水中沉井,除了监测沉井首节壁板应力应变外,还应对缆绳与沉井壁板连接点位置进行应力监测。在沉井定位及下沉初期,锚缆力直接作用在连接点位置,是整个结构受力最不利位置;在沉井中后期施工阶段,沉井首节钢沉井壁板受力为整个结构的最不利位置。

钢板应力可通过在壁板埋设振弦式应变计测量得到。如应变计安装在水下,则在安装前需要对其进行防水保护,防水措施可采用防水罩等。

(4)系泊锚缆力

对于水中沉井,在其着床前,由于受到来自上下游拉缆的约束,才能使其自身保持相对稳定的状态。在实际施工过程中,应根据水流力和波浪力等外力的作用特点,确定缆绳的数量和缆绳与沉井连接点位置,以抵制来自沉井各个面承受的外荷载。由于水流力和波浪力为动荷载,与沉井连接的钢缆的拉力也不会是一个定值。缆绳除了被动地抵制水流力、波浪力及风荷载等,施工中还需要通过改变缆绳拉力来调整沉井空间几何姿态。因此,在沉井定位与下沉过程中对系泊锚缆力的监测就尤为重要,在保证缆绳受力不超过允许索力的前提下,尽量使所有缆绳受力协调,避免因单根缆绳受力过大而导致整个定位系统的破坏。沉井几何姿态调整时,索力监测可通过外置传感器和数字化驱力设备等方式实现。

①在拉缆松弛状态下安装外置式传感器,并记录出初始状态下传感器数值,然后在拉缆受力的状态下,记录传感器的数值,利用两次数值的差值,结合相关计算公式,即可得出当前受力状态下缆绳的索力值。监测缆绳索力的外置式传感器类型有振弦式穿心索力计、旁压式应变传感器等。在实际工程中,若将外置式传感器与实时采集系统连接,利用专门的后处理软件,可实现拉缆索力的实时监测。

②数字化驱力设备主要指连续千斤顶系统,它主要包括千斤顶、液压泵站、控制系统和附件四部分。连续千斤顶安装在反力平台上,通过钢绞线进行张拉牵引;液压泵作为连续千斤顶的动力来源;计算机控制系统感知千斤顶油缸的状态,控制泵站的电磁阀,千斤顶油缸执行相应的动作进行收紧或回放作业。

千斤顶油缸的状态主要是通过安装在油缸大腔侧的压力传感器和锚具及油缸的智能传感器来实现,压力传感器反映千斤顶所受荷载,智能传感器可反映油缸的受力状态及活塞位置。计算机控制系统就是用通信电缆将各个传感器连接起来,并集中在电脑终端呈现千斤顶各部分的受力状态。

在系缆索力调整时,千斤顶是通过张拉钢绞线,而钢绞线要将力传递至缆绳,需要设置转换装置。以沪通长江大桥钢沉井系泊缆绳为例,锚碇系统的拉缆与钢绞线间设置了专门的连接索节,通过钢制装置、工具锚、P 型锚及防松脱夹板进行连接,如图 5-6 所示。

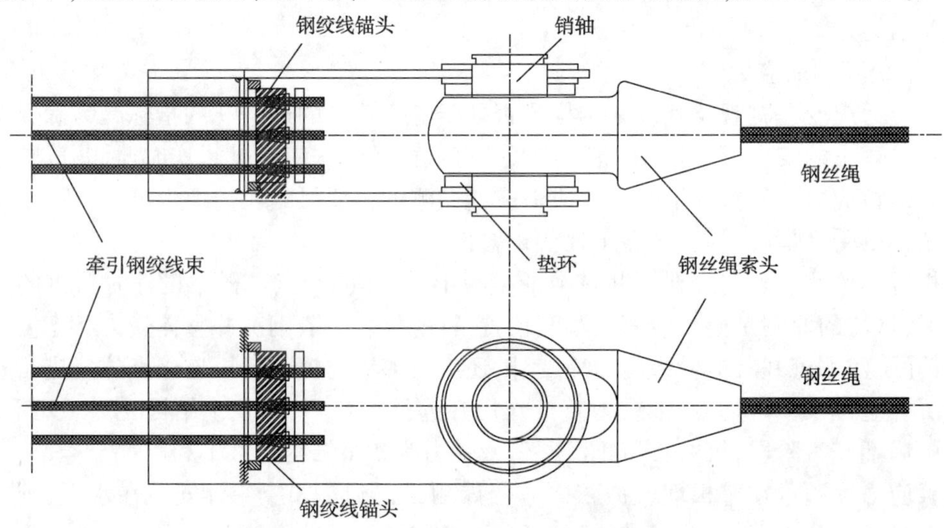

图 5-6　牵引钢绞线与钢缆绳连接

3)环境监测

对于水中沉井施工中,环境监测主要包括水流流速流向、沉井内外水下地形等。

(1)水流流速流向

流速流向监测反映了沉井周围的水文状况,是沉井着床初期重要的监测内容,其中流速监测主要采用流速仪,依靠沉井上游定位设备布置固定的超声波流速仪,以监测上游的水流行近流速,根据行近流速,可以间接计算判断沉井的局部冲刷深度。

流速仪一般适用于定点测时段平均流速,分为旋桨式流速仪、电磁式流速仪和超声波流速测算仪等。

①旋桨式流速仪主要由旋桨、身架和尾翼三部分组成。旋桨内装有讯号触点和轴承转轴等,中国"25-1型"旋桨流速仪的转轴系统中有曲折的迷宫结构,内部充满轻机油,有较好的防水防沙性能,能在高流速和多沙河流中使用。旋桨式流速仪、旋杯式流速仪和旋叶式流速仪均属转子式流速仪,工作原理基本相同,是利用水流动力推动转子旋转,根据转动速度推求流速。公式为:

$$v=\frac{Kn}{t+c} \tag{5-2}$$

式中:v——流速,m/s;

n——时段内的总转数;

t——时段历时;

c——常数,反映转子旋转时的摩阻力;

K——系数,其值取决于桨叶螺距或杯形。

K、c值均在专用水槽中检定得出。在低速情况下,由于c值的影响较大,流速公式呈曲线函数关系,不再使用上式。

②电磁式流速仪。原理是将水流作为导体,在一定的磁场中切割磁力线,即产生电动势,其电压与流速成正比。仪器设有转子,外形光滑,体积小,功耗低,体腔中有励磁线圈,在表面与磁力线垂直的方向上镶有一对电极与水体相通。当水流在其表面流动时,电极上产生微量电压信号,用导线传送到计数器上,经放大和模数转换等电路处理,即可直接显示流速。

③超声波流速测算仪。把换能器布设在岸某水深处,呈斜线方向,A点发出一个声脉冲到达B点所经历的时段为t_1,反之由B点发A点收的历时为t_2,由于流速的存在,逆水方向声速减低,顺水位则增高,流速与有线性函数关系。用微秒级的测时电路,经过计算处理,即可直接显示AB线段上的平均流速,其原理见图5-7所示。

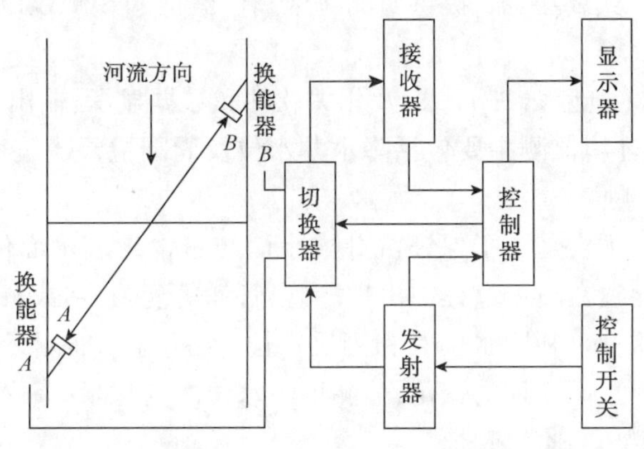

图5-7 超声波流速测算仪工作原理

(2)井内外水下地形

沉井内外水下地形的测量是反映沉井施工过程中刃脚支撑情况和河床局部冲刷的重要监测手段。目前用于沉井内外水下地形测量仪器主要有人工测绳、多波束测深系统等。

①人工测绳是通过在测绳或其他参照物上设置固定刻度来进行水深测量,测绳的前端

设置有标准重量的锥体,既保证了测绳在测试过程中保证竖直状态,也避免了重力过大导致测绳的变形,影响测量精度。人工测绳测量方式适用于流速小、水深较浅的施工水域,如沉井内水下地形的测量。

②多波束测深系统是一种多传感器的复杂组合系统,是现代信号处理技术、高性能计算机技术、高分辨显示技术、高精度导航定位技术、数字化传感器技术及其他相关高新技术等多种技术的高度集成。

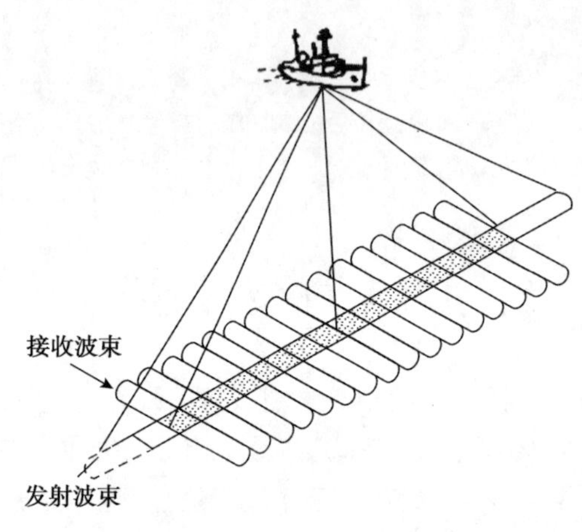

图 5-8　多波束测深系统工作原理

多波束测深系统能够有效探测水下地形,得到高精度的三维地形图,其工作原理是利用发射换能器阵列向海底发射宽扇区覆盖的声波和接收换能器阵列对声波进行窄波束接收,通过发射、接收扇区指向的正交性形成对海底地形的照射脚印,对这些脚印进行恰当的处理,一次探测就能给出与航向垂直的垂面内上百个甚至更多的海底被测点的水深值,从而能够精确、快速地测出沿航线一定宽度内水下目标的大小、形状和高低变化,比较可靠地描绘出海底地形的三维特征。图 5-8 所示为多波束测深系统工作原理。

典型多波束系统应包括 3 个子系统:

a.多波束声学子系统包括多波束发射接收换能器阵(声呐探头)和多波束信号控制处理电子系统。

b.辅助设备:提供大地坐标的 DGPS 差分卫星定位系统,用以提供测量船横摇、纵摇、艏向、升沉等姿态数据的姿态传感器,提供所测海区潮位数据的验潮仪以及提供所测海区声速剖面信息的声速剖面仪等。

c.数据后处理软件(典型如 Hypack)及相关软件和数据显示、输出、储存设备。

而对于陆地沉井,环境监测主要包括降水井水位及周围主要建筑物基础沉降监测等。

(1)降水井水位监测

降水井内水位监测主要是为了保证沉井内水面与正常地表水面保持一定的水位差,避免由于水力梯度过大导致在施工过程中出现翻砂、管涌等现象,造成沉井周边地面塌陷。

降水井内的水位监测可利用水位管和钢尺水位计,配合水准测量,确定地下水位高程,通过各观测期水位管内水面高程的变化,监测地下水位的变化量。

(2)周围主要建筑物基础沉降监测

近年来,国内修建的越江跨海大桥越来越多,主墩基础或锚碇基础往往临近长江大堤,甚至靠近城市民用住宅,基础施工将会对相邻建筑物产生不利影响,因此应进行基础施工期沉降监测。

建筑物基础沉降观测方法主要采用对固定测点进行几何坐标测量,测量仪器可采用全站仪和水准仪。

5.3　施工控制

沉井信息化施工控制系统主要由数据采集系统、数据处理系统和施工决策系统三大块组成。

5.3.1　数据采集系统

(1)数据实时采集子系统的建立

数据实时采集系统传感器的安装,是根据沉井的施工进度分期分批进行的。在最初的传感器安装后,一般采集系统未能集成,可用人工方式完成前期数据的间断采集。当施工进入下沉阶段可为数据采集仪提供安装平台后,即可建立数据实时采集的子系统,实时采集监测数据。

数据实时采集子系统包括各类传感器、电源模块、信号采集模块、信号防雷模块、信号发射模块、信号接收模块和控制计算机等。

(2)数据实时采集系统的集成

随着沉井的下沉,安装的各类传感器数量逐步增加,数据实时采集子系统也相继建立。当一个子系统组建完成后,随即进行下一个子系统的建立。在子系统的数量达到和超过两个时,将各子系统通过控制总线连接成网,完成数据实时采集系统的集成。

5.3.2　数据处理分析系统

数据处理分析系统包括几何监测分析系统和物理监测分析系统两大块。

1)几何监测分析系统

自动化、智能化远程几何监控系统是基于 GPS RTK 技术,研发相关配套软件形成实时监测的系统。该监测软件由以下几个模块组成。

(1)前处理模块

通过软件界面,设置沉井基本参数,如沉井长度、宽度、高度、倒角半径及沉井各监测点的设计坐标等。在系统界面上可显示沉井平面和 4 个方向侧面示意图,如图 5-9 所示。

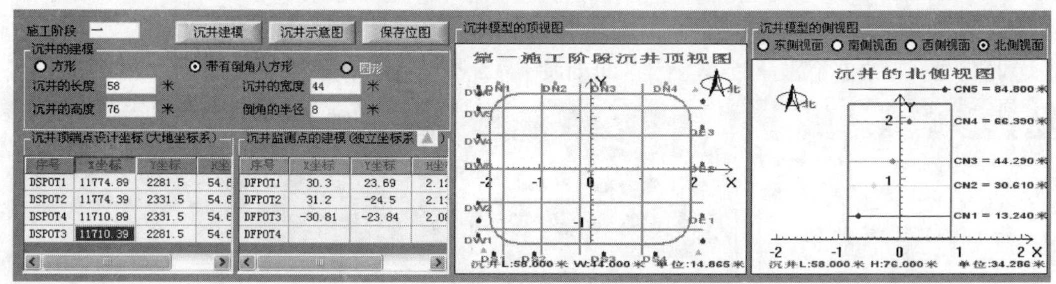

图 5-9　软件前处理模块界面

(2)数据采集、预处理及显示模块

通过软件设置,建立数据处理计算机(通常应设置在监控中心)与 GPS 监测系统之间的网络连接,实时获取各 GPS 监测点输出的数据,进行预处理,实时将结果显示在计算机屏幕上，实现三维图形分析、二维图形分析等方式显示，其运行界面如图 5-10 所示，图 5-11a）为三维动态图形分析。该模块同时还包含有沉井隔仓内水深监测和水下地形监测数据，模块功能界面如图 5-11b）所示。

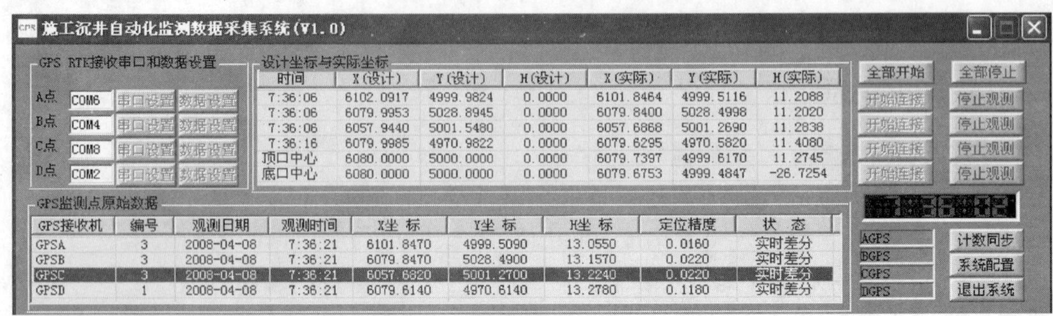

图 5-10　数据采集、显示模块界面

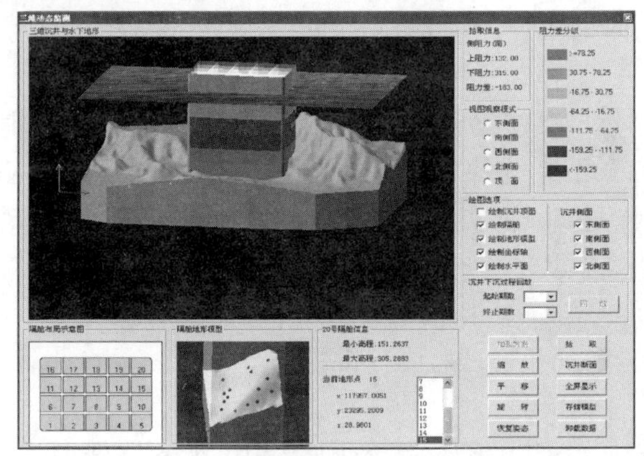

a）三维动态图形分析

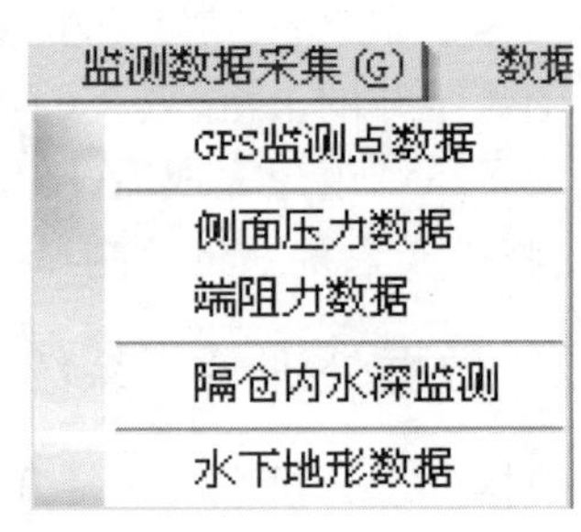

b）监测数据模块功能界面

图 5-11　三维动态图形及监测数据

（3）数据后处理模块

沉井下沉过程监测数据信息量大，数据分析及处理过程复杂，为及时准确了解沉井空间几何姿态，自动形成施工监测报表，需对数据进行事后处理。模块能及时对采集数据进行拟合、均值化处理，数据滤波等，其运行界面如图 5-12 所示。

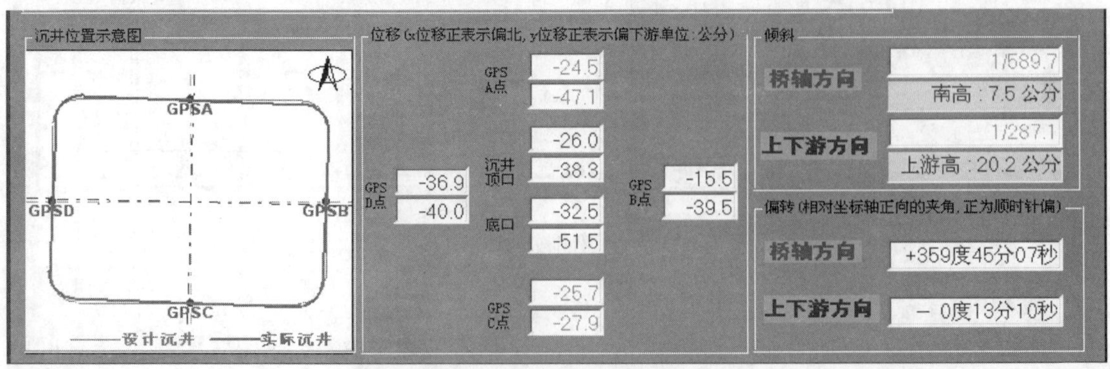

图 5-12　数据后处理显示界面

(4)监测数据库维护模块

沉井定位着床和下沉施工的动态监测是一个长期的过程,从监测系统中采集的监测数据是海量的,以至很难采用传统的文件形式管理监测数据,必须采取一定的有效管理措施。此外,对来自监测系统数据处理与分析子系统的统计数据、处理和分析结果也应该进行有效的管理。数据库技术是管理海量数据的有力工具,采取一定的数据压缩技术,对数据的存储更为有利。最为有效的办法是对监测数据建立动态数据库,能进行监测数据的定期更新、备份和恢复。该部分由数据采集处理模块在后台自动完成,无需用户干预。

2)物理监测分析系统

该物理监测系统可以分为以下几个模块。

(1)前处理模块

通过软件界面,设置端阻力和侧壁摩阻力监测点位置坐标参数和拉缆力在沉井外壁作用点的坐标参数,其操作界面如图 5-13 所示。

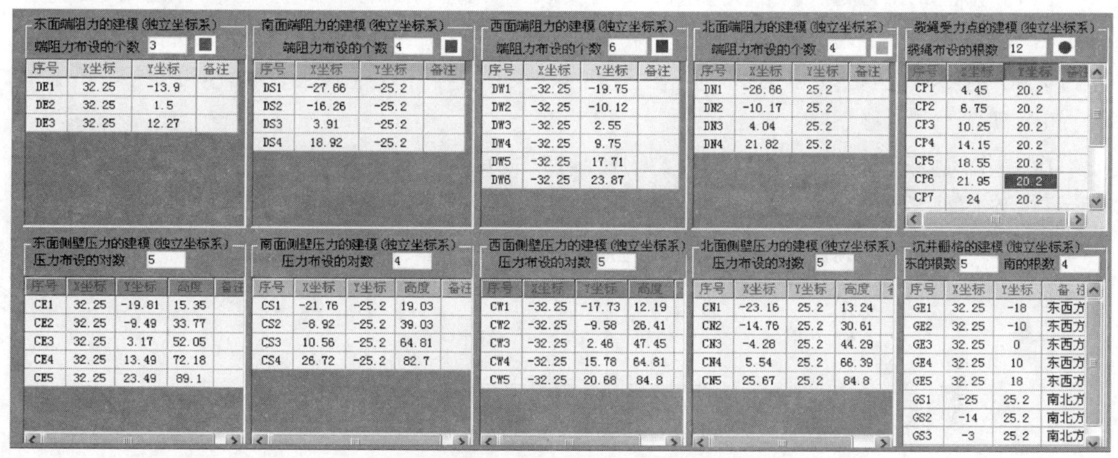

东面端阻力的建模(独立坐标系) 端阻力布设的个数 3

序号	X坐标	Y坐标	备注
DE1	32.25	-13.9	
DE2	32.25	1.5	
DE3	32.25	12.27	

南面端阻力的建模(独立坐标系) 端阻力布设的个数 4

序号	X坐标	Y坐标	备注
DS1	-27.66	-25.2	
DS2	-16.26	-25.2	
DS3	3.91	-25.2	
DS4	18.92	-25.2	

西面端阻力的建模(独立坐标系) 端阻力布设的个数 6

序号	X坐标	Y坐标	备注
DW1	-32.25	-19.75	
DW2	-32.25	-10.12	
DW3	-32.25	2.55	
DW4	-32.25	9.75	
DW5	-32.25	17.71	
DW6	-32.25	23.87	

北面端阻力的建模(独立坐标系) 端阻力布设的个数 4

序号	X坐标	Y坐标	备注
DN1	-26.66	25.2	
DN2	-10.17	25.2	
DN3	4.04	25.2	
DN4	21.82	25.2	

缆绳受力点的建模(独立坐标系) 缆绳布设的根数 12

序号	X坐标	Y坐标	备注
CP1	4.45	20.2	
CP2	6.75	20.2	
CP3	10.25	20.2	
CP4	14.15	20.2	
CP5	18.55	20.2	
CP6	21.95	20.2	
CP7	24	20.2	

东面侧壁压力的建模(独立坐标系) 压力布设的对数 5

序号	X坐标	Y坐标	高度	备注
CE1	32.25	-19.81	15.35	
CE2	32.25	-9.49	33.77	
CE3	32.25	3.17	52.05	
CE4	32.25	13.49	72.18	
CE5	32.25	23.49	89.1	

南面侧壁压力的建模(独立坐标系) 压力布设的对数 4

序号	X坐标	Y坐标	高度	备注
CS1	-21.76	-25.2	19.03	
CS2	-8.92	-25.2	39.03	
CS3	10.56	-25.2	64.81	
CS4	26.72	-25.2	82.7	

西面侧壁压力的建模(独立坐标系) 压力布设的对数 5

序号	X坐标	Y坐标	高度
CW1	-32.25	-17.73	12.19
CW2	-32.25	-9.58	26.41
CW3	-32.25	2.46	47.45
CW4	-32.25	15.78	64.81
CW5	-32.25	20.68	84.8

北面侧壁压力的建模(独立坐标系) 压力布设的对数 5

序号	X坐标	Y坐标	高度
CN1	-23.16	25.2	13.24
CN2	-14.76	25.2	30.61
CN3	-4.28	25.2	44.29
CN4	5.54	25.2	66.39
CN5	25.67	25.2	84.8

沉井栅格的建模(独立坐标系) 东的根数 5 南的根数 4

序号	X坐标	Y坐标	备注
GE1	32.25	-18	东西方
GE2	32.25	-10	东西方
GE3	32.25	0	东西方
GE4	32.25	10	东西方
GE5	32.25	18	东西方
GS1	-25	25.2	南北方
GS2	-14	25.2	南北方
GS3	-3	25.2	南北方

图 5-13 物理监测前处理坐标输入界面

(2)数据采集、预处理及显示模块

建立数据采集系统(通常设置在监控中心)与数据采集设备间的 GPRS 连接,实时获取各物理监测点输出的数据,并进行预处理,实时将结果显示在计算机屏幕上。

(3)数据后处理模块

物理监测系统包括沉井刃脚端阻力、外壁侧摩阻力和缆绳拉力的监测,均采用自动采集设备。为了更加准确地掌握影响沉井定位各因素物理量值,需要进行及时分析处理,该模块能实时呈现各个物理参数,自动绘制时间历程图。

(4)监测数据库维护模块

为了便于监测数据的管理,软件系统将几何监测与物理监测的数据设置在统一模块下,其模块如图 5-14 所示。该管理模块下设置有几何监控系统数据管理、物理监测数据管理和用户管理。几何监控数据包括施工阶段位置监测和倾斜监测等数据;物理监测数据包括端阻力监测数据、侧壁摩阻力监测数据和缆绳拉力监

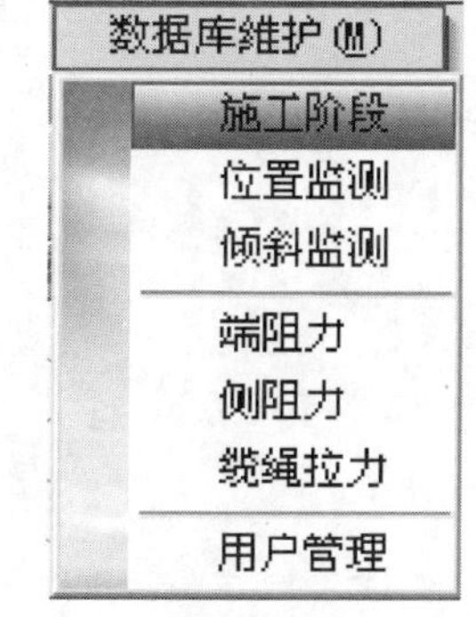

图 5-14 监测数据库维护模块功能界面

测等数据。

5.3.3 决策控制系统

在沉井定位和下沉过程中，根据几何监测系统和物理监测系统提供的相关参数（几何参数包括沉井中心偏位、扭转、刃脚标高等；物理参数包括刃脚端承力和侧壁摩阻力等；环境参数包括井内外河床面标高、水流速流向、波浪要素和水位标高等），及时准确计算出上下游每根拉缆索力的调整量。通过连接在各拉缆上的控制系统来调整各拉缆的受力，拉力的改变量可通过利用现场安装的传感器和机械读数仪观测得到，从而对沉井的空间几何姿态进行调整，达到预期的目标值。

若沉井出现较大的偏差，通过对水下地形的监测确定合理的井仓取土顺序，对沉井的空间几何姿态进行纠偏。

由物理监测系统提供的相关参数，及时反映出当前沉井的下沉状况（下沉系数 K 值），确定合理吸泥下沉方式（全刃脚吸泥下沉、半刃脚吸泥下沉等）和取土顺序。沉井终沉阶段，通过采用"小锅底"状态（全刃脚）取土下沉的相关措施，有效地控制下沉速度，防止沉井突沉、超沉现象。

沉井几何姿态调控决策系统流程如图 5-15 所示。当沉井稳定着床并入土一定稳定深度后，拆除缆绳系统，后续下沉施工可通过井仓偏吸泥方式进行沉井纠偏。

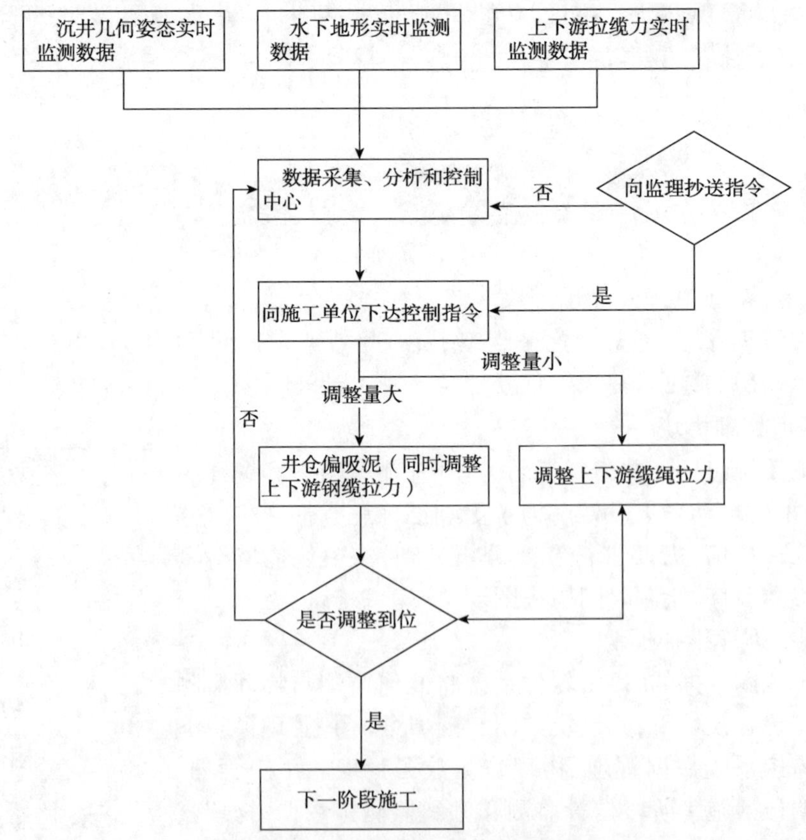

图 5-15 沉井几何姿态调控决策系统流程

5.4　实施案例

以泰州长江大桥中塔沉井基础为例,对信息化施工控制进行具体的阐述说明。泰州长江大桥中塔沉井基础施工过程中,为了能及时、准确反映出沉井瞬时几何形态,采用 GPS-RTK 技术对沉井施工全过程进行监控。

5.4.1　系统构成

中塔沉井定位监控系统由定位系统、数据采集分析系统和控制系统组成。

(1)沉井定位系统

沉井定位系统是监控系统的实施操作部分,它由上下游锚墩、锚碇系统和拉缆组成。上游锚墩由 20 根 ϕ1200 钢管桩和其上箱梁结构组成;下游锚墩由 16 根 ϕ1200 钢管桩和其上箱梁结构组成,承受来自纵向水平向的拉力。横向拉力是由垂直于水流向沉井两侧各 6 个 8t 的铁锚承受,限制了沉井横向摆动。主缆系统是由上下游各 12 根拉缆组成,通过设置在沉井上下游外壁板上的吊耳环,与锚碇系统和沉井结构相连,采用调节拉缆力改变沉井空间几何位置。

(2)数据采集分析系统

数据采集分析系统是监控系统的基本部分,由 GPS 基站、GPS 接收机、全向天线、无线网络和数据处理分析中心组成,其构成如图 5-16 所示。由 GPS 基站和 GPS 接收机可顺利实现对监测点的定位(即输出该监测点的三维坐标),设置相应 IP 协议,通过无线网络,全向天线接收来自各监测点的数据,再传送给数据处理中心,利用研发的配套软件,及时对数据进行处理。GPS 接收机采用的接口标准为 RS-232 串行接口,无线扩频通信网络为 RJ-45 接口,通过基于 IP 协议的串口通信设备服务器可实现协议的转换,构成了单点对多点的无线通信系统,实现多个监测点同步采集。

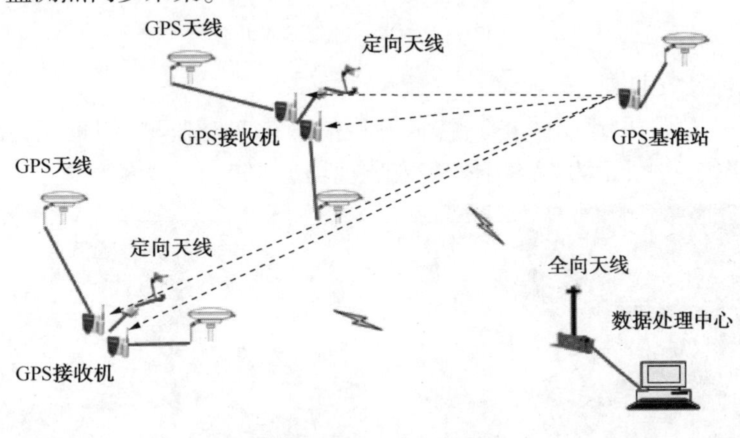

图 5-16　数据采集分析系统

(3)控制系统

控制系统是监控系统的核心部分,由控制中心和控制装置组成,数据采集分析系统得出沉井偏位,发出调整指令后,通过控制装置调整拉缆的受力,达到对沉井偏位量进行纠偏的目的。

5.4.2 测点布置及监测元件

1)几何测量

沉井几何姿态测量主要包括平面偏位、垂直度、扭转角和下沉量等,这些参数均可通过在沉井顶面4个测点绝对坐标推算得出。

(1)测点布置

在沉井轴线上布设4个控制点,采用GPS RTK的方式对4个点的三维坐标进行实时动态的测量,通过无线局域网将实时获取的数据传送到监控中心,利用软件进行数据分析处理,得出每隔一段时间(20s)的测点的平均位置,并以此平均位置为基础,推算沉井的倾斜、高程、偏位和扭转角等几何姿态信息。4个GPS控制点的安装位置如图5-17所示。

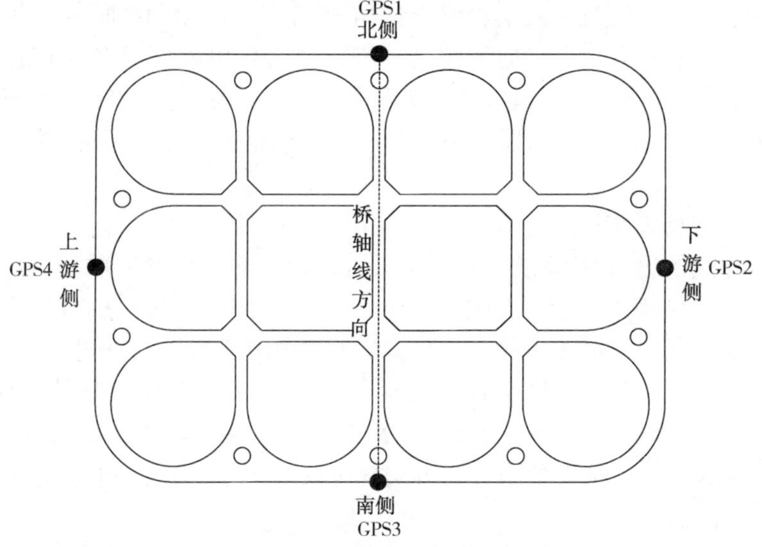

图5-17 四个GPS控制点安装位置

(2)监测元件及安装

沉井几何姿态测量采用GPS RTK技术进行信息化实时监测,测量元件采用GPS定位仪,见图5-18。图5-19所示为GPS定位仪安装现场。

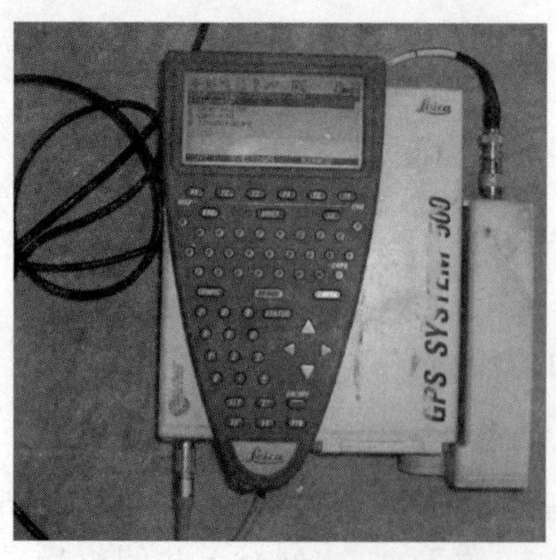

图5-18 GPS定位仪

图5-19 定位仪安装现场

2）物理监测

物理测量主要包括缆绳拉力、沉井端阻力和侧摩阻力、钢结构应力应变等。

（1）缆绳拉力监测

拉缆的作用是使沉井顺利着床和前期下沉时维持稳定，同时在沉井着床时，沉井在受到外力作用下不致产生较大的偏差，在沉井下沉后，对沉井偏位和扭转的微调也有一定的作用。锚索力监测采用了旁压式传感器，型号分为 500kN 和 400kN，分别安装在主缆和边缆的钢绳上。在安装旁压式传感器时需拧紧螺母，并保证钢绳局部呈一定的弯曲状态。传感器实物见图 5-20。

a）传感器局部安装

b）安装完成

图 5-20　旁压式传感器的安装

（2）沉井端阻力测量

测量刃脚端承力采用土压力计，量程为 4MPa。在沉井下沉分析中，各下沉施工阶段沉井处于全刃脚或半刃脚支承状态。在沉井周边刃脚斜面处安装了 10 个土压力计，在中隔墙踏面安装了 4 个土压力计，具体见图 5-21。土压力计的实物如图 5-22 所示。

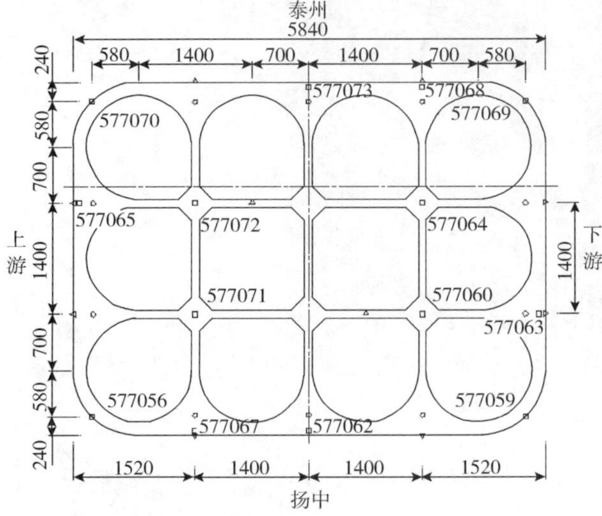

图 5-21　土压力计安装布置平面（尺寸单位：mm）

图 5-22　土压力计

(3)侧摩阻力测量

沉井侧壁摩阻力监测采用压力传感器,具有稳定、耐久性强、水下密封性好的特点。中塔沉井结构为38m钢壳沉井和38m混凝土沉井的结合体,总高度为76m。传感器只能安装在钢板之上,传感器的安装位置为:①距离刃脚踏面4m处,沿周边布置8个传感器;②距离刃脚踏面7m处,沿周边布置8个传感器;③距离刃脚踏面11m处,沿周边布置8个传感器;④距离刃脚踏面19m处,沿周边布置8个传感器;⑤距离刃脚踏面31m处,沿周边布置8个传感器。压力传感器安装如图5-23所示。在仪器自身防水罩密封之后,再对加工的防水罩再次密封,确保水密性要求。

图5-23 压力传感器安装

(4)钢结构应力应变监测

在38m高钢壳沉井内浇筑夹壁混凝土时,钢材将承受较大的应力,采用防水罩和密封胶进行密封。钢结构应力测点传感器如图5-24所示。

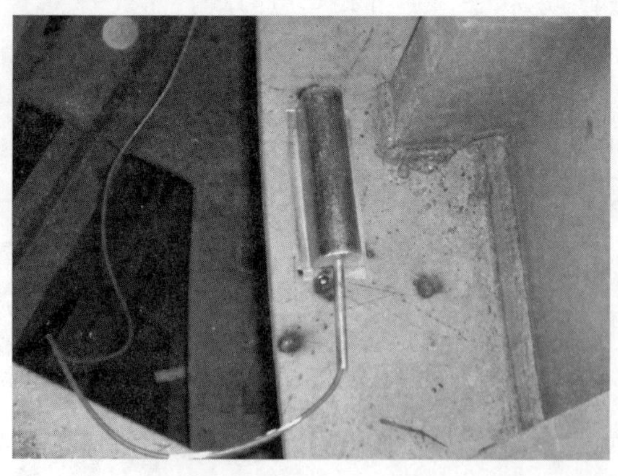

图5-24 钢结构应力应变传感器安装

5.4.3 数据采集与处理系统

(1)几何监测数据采集系统

沉井定位与下沉过程中,采用GPS定位仪对沉井几何姿态进行实时测量。为了保证测量数据的实时处理和及时反馈，研发了沉井信息化实时监测系统，将沉井当前的状态实时呈现在终端 PC 机上。采用无线局域网络数据传送，即将 GPS 定位仪采集的数据通过建立接收机进行实时接收，传送至 PC 机内的监测软件处理中心，利用软件内的后处理模块进行数据分析，通过软件的界面呈现出沉井的真实状态指导沉井下沉施工。图 5-25a）为信息化监控软件对施工过程中沉井三维状态的描述；图 5-25b）准确反映了沉井在当前状态下顶、底口平面偏位，垂直度，扭转角以及下沉深度等几何参数。

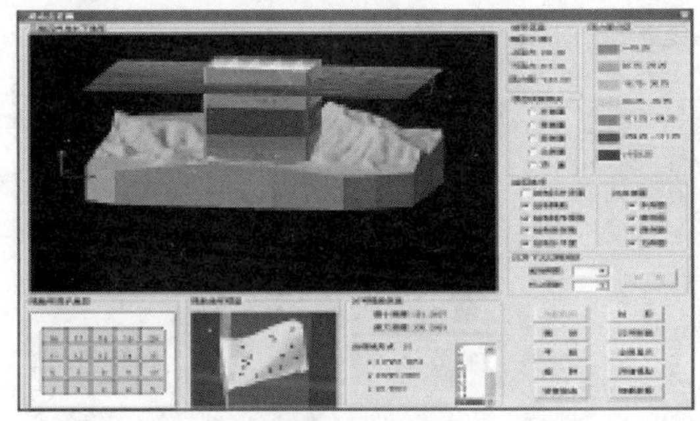

a）沉井三维状态模拟　　b）几何参数输出界面

图 5-25　沉井信息化施工监测软件

（2）上下游缆绳索力采集系统

在施工过程中对上下游 24 根拉缆拉力监测，由于测点数量较多，若采用每个拉缆受力逐根读取的方式，耗时较长。为此，采用了智能可编程采集系统（图 5-26）对缆绳索力进行集中采集，并通过编程的方式对将缆绳的索力实时呈现在终端 PC 机上。

图 5-26　智能可编程数据采集系统

（3）沉井结构应力采集系统

沉井距离上下游锚墩约 200m，为避免长距离的数据传输并降低传送电缆的维护成本，缆绳索力采集系统和沉井结构应力采集系统分开设置。

监测数据的远程传输方式有有线和无线传输两种方式。有线传输方式又有普通信号电缆传输和光缆传输两种，尤其是光缆传输具有抗干扰性强、可靠性高、传输距离远等突出优点。无论是可靠性还是传输距离，两种有线传输方式均可满足一般工程的要求。但主塔施工区远离监控中心，信号电缆的铺设要通过数公里的施工水域和陆上施工区，一旦电缆受损，数据通信不易恢复，实施困难大，维护费用高。无线传输方式一般有自建无线微波数传电台或利用移动通信的 GPRS 网络两种方式。其中自建无线微波数传电台所需费用高，传输距离受设备发射功率限制，若采用移动 GPRS 所需设备费用较低，且传输距离不受限制。依靠移动通信系统，只要施工区域在 GPRS 网络覆盖范围内，就能随时发送控制指令，从自动数据采集仪上远程下载各种监测数据。

通过各种数据传输方式的比较，选定 GPRS 无线网络远程传输作为监测数据传输方式，可在任一时刻下载动态监测数据。图 5-27a）所示为沉井结构应力应变实时采集系统现场安装；图 5-27b）所示为终端 PC 机实时数据下载。

a）采集系统现场安装

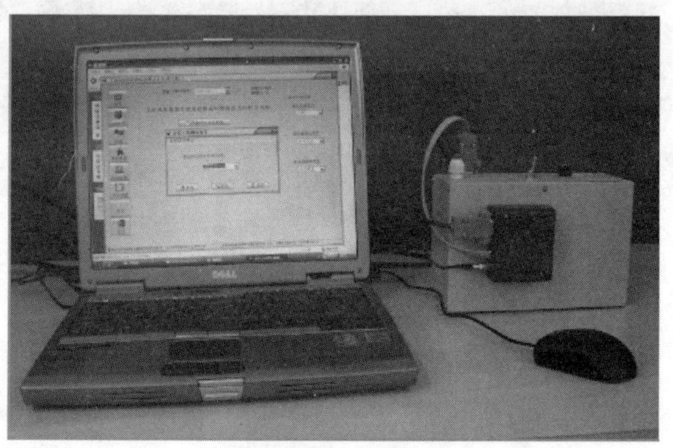

b）监测数据远程下载

图 5-27　结构应力应变采集系统

5.4.4　实施效果

1）物理监测

（1）缆绳索力监测

上下游各采用 12 根钢绳与沉井连接，其中 1 号和 12 号钢绳为边下拉缆，2 号和 11 号为主下拉缆，3 号、4 号、9 号和 1 号钢绳为边上拉缆，5 号、6 号、7 号和 8 号钢绳为主上拉缆，主缆采用量程为 500kN 的传感器，边缆采用量程为 400kN 的传感器。由于监测数据较多，本书仅提供了在沉井不同施工阶段 3 号～10 号钢绳受力变化曲线（图 5-28、图 5-29）。

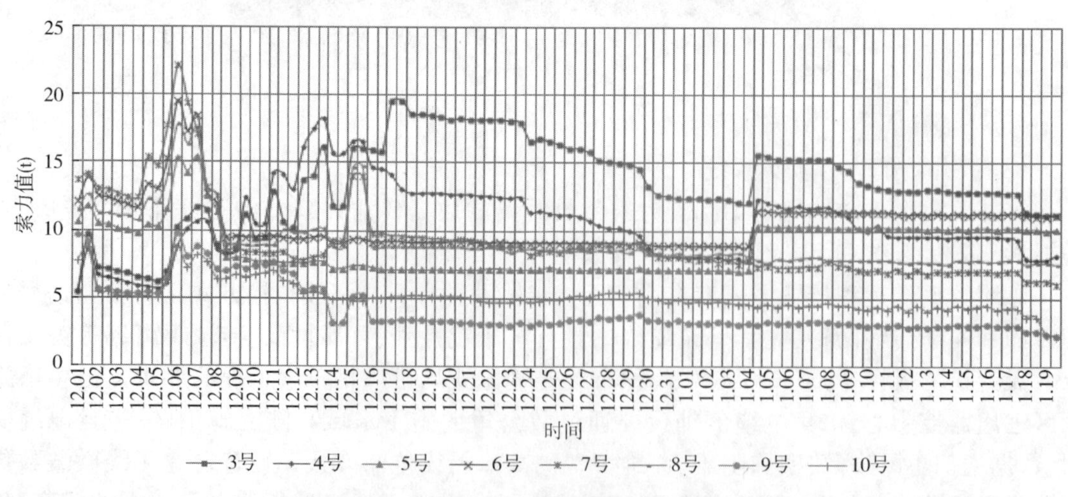

图 5-28　上游主上拉缆与边上拉缆索力变化曲线

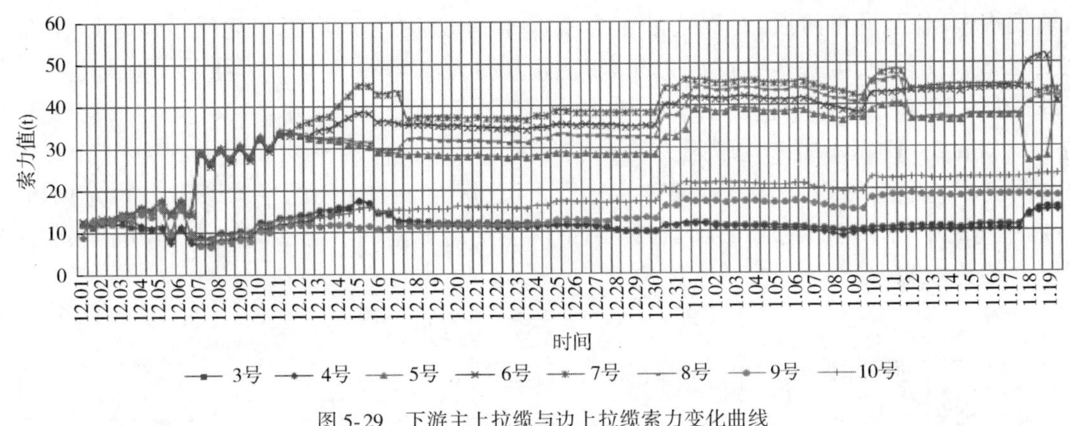

图 5-29　下游主上拉缆与边上拉缆索力变化曲线

沉井着床初期,上游拉缆受力与下游拉缆受力基本处于平衡,受力均较小,索力突变的时区为缆力调整的阶段。沉井定位前,预先给沉井一定的预偏量(向下游),随着沉井的下沉,沉井逐渐向上游移动,下游拉缆的受力逐渐增大,而上游基本上保持不变。其主要原因为在沉井下沉的过程中,由于沉井上游河床受到水流的冲刷,冲刷深度逐步加深,相应沉井嵌入砂层的深度被不断减少。沉井下游河床面则不断地堆积砂土(吸泥下沉过程中,也有从井孔吸出的部分砂土未及时清除),当沉井上下游面受到侧向土压力的差值逐步增大时,沉井向上游偏移。

在实施过程中,沉井下沉初期,采用拉缆系统进行沉井姿态调整,并对拉缆的受力给予一定的报警值。比如当下游拉缆力过大,结合沉井的偏位值,可采取措施减少下游井外堆积的砂土,并且对沉井内下游的井孔区域进行偏吸泥。下沉中期主要采用偏吸泥方式进行姿态调整,将沉井的几何偏位与拉缆力综合分析,从而确定合理的井内取土顺序,确保沉井位置始终在可控范围之内。

(2)侧壁摩阻力监测

图 5-30 所示为沉井各层在不同施工阶段时的平均侧壁摩阻力,图中第一层间摩阻力为距刃脚 4~7m 层间段摩阻力;第二层间摩阻力为距刃脚 7~11m 层间段摩阻力;第三层间摩阻力为距刃脚 11~19m 层间段摩阻力;第四层间摩阻力为距刃脚 19~31m 层间段摩阻力。各层间摩阻力主要是根据传感器布置的位置而定。

第四层间摩阻力从 2008 年 6 月 11 日开始统计,此时刃脚的标高为-46.5m,第五层监测点平面高程为-15.5m(河床标高为-15.0m),此时所有断面测点所处平面均位于河床面之下,监测的平均摩阻力更接近于实际情况。同时,也可以发现第一层间摩阻力往往比较大,且呈逐渐增大的趋势,这与沉井穿越土体的性质有关。第二层间平均摩阻力数值往往较小,这与沉井的外围结构有关。首节沉井高度 8m,沉井的平面尺寸为 58.4m×44.4m,其余钢沉井的平面尺寸为 58m×44m。在 7~11m 层间有一个向内收缩的台阶,下沉过程中土层破坏,摩阻力明显要低于其他层间的平均摩阻力。在上述曲线图中,在每一次下沉阶段平均摩阻力的变化幅度较大,这与沉井下沉的速度有很大的关系。下沉速度越快,说明从井孔吸出的砂土越多,对沉井周边的砂土扰动影响就越大,平均值变化幅度就越大;反之,下沉速度越慢,对沉井周边砂土扰动影响就越小,平均值变化幅度就越缓和。沉井终沉阶段的末期,下沉速度很慢，处于调整阶段，对周边砂土影响较小，而此时的平均值变化幅度就小。在第二次吸泥下沉过程中，沉井 4～7m 间的平均摩阻力约为 52kPa，7～11m 间的平均摩阻力约为 36kPa，11～19m 间的平均摩阻力约为 40kPa；第三次吸泥下沉，沉井 4～7m 间的平均摩阻力约为 69kPa，7～11m 间的平均摩阻力约为 53kPa，11～19m 间的平均摩阻力约为 61kPa，19～31m 间的平均摩阻力约为 59kPa；第四次吸泥下沉，沉井 4～7m 间的平均摩阻力约为 91kPa，7～11m 间的平均摩阻力约为 63kPa，19～31m 间的平均摩阻力约为 76kPa，11～19m 间的平均摩阻力约为 68kPa。

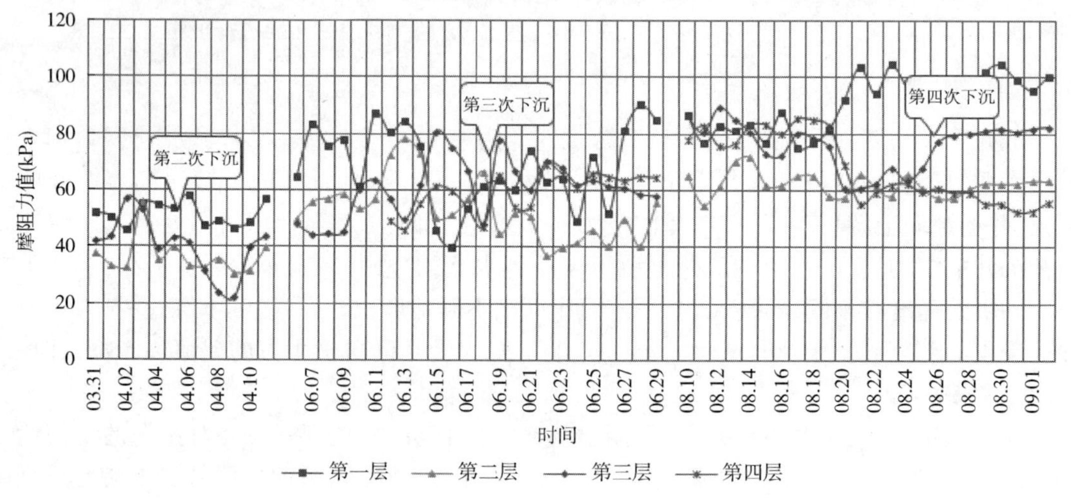

图 5-30 各土层间摩阻力变化曲线

(3) 刃脚端阻力

为准确反映出沉井在下沉过程中所受端阻力，施工中在刃脚底面布置了 14 个端阻力计，由于数据较多，在此就不叙述。

2) 沉井几何姿态监测

钢壳沉井在拼接到 38m 后浮运至墩位处进行钢隔舱注水、沉井着床，即开始对沉井的空间几何姿态进行监测，直至沉井下沉到设计标高。期间经历了沉井定位、浇筑夹壁混凝土、沉井第一次吸泥下沉、第一次接高混凝土沉井、第二次吸泥下沉、第二次接高混凝土沉井、第三次吸泥下沉、第三次接高混凝土沉井和最后一次吸泥下沉至设计标高位置。图 5-31～图 5-35 所示分别为沉井下沉变化曲线、中心点偏位变化曲线、扭转角变化曲线和两轴线向高差变化曲线。

自 2007 年 11 月 22 日至 12 月初为沉井定位着床期，沉井刃脚底标高在 11.3m(沉井在自重作用下的吃水)上下波动，与水位的涨落潮有关。沉井精确定位后，隔舱内注水沉井着床、吸泥下沉，此时下沉曲线呈缓慢下降段。刃脚标高在-21.00m 时开始浇筑隔舱夹壁混凝土，此段期间曲线近似水平，略有下沉，这是因为新浇筑的夹壁混凝土增加了整个结构的重量。同时也可以看出曲线中有明显的拐点，表示沉井正处于吸泥下沉过程中。在沉井刃脚标高接近设计标高时，下沉速度明显放慢，沉井处于边下沉边调整的状态，属控制性下沉阶段。

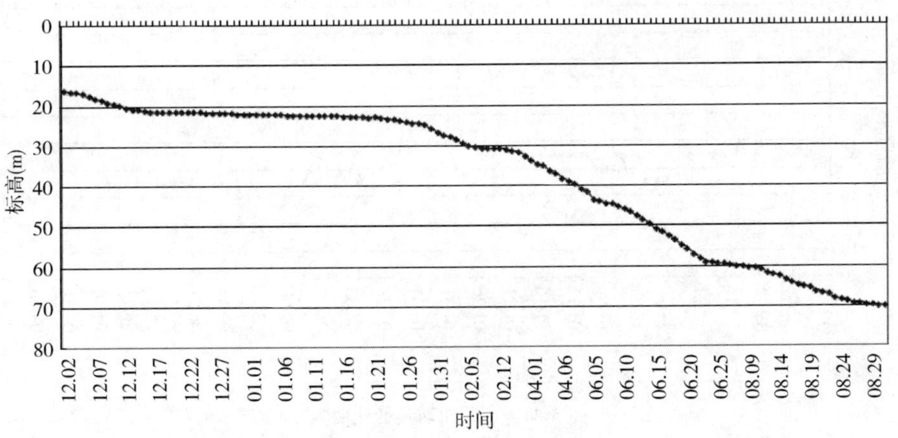

图 5-31　沉井下沉变化曲线

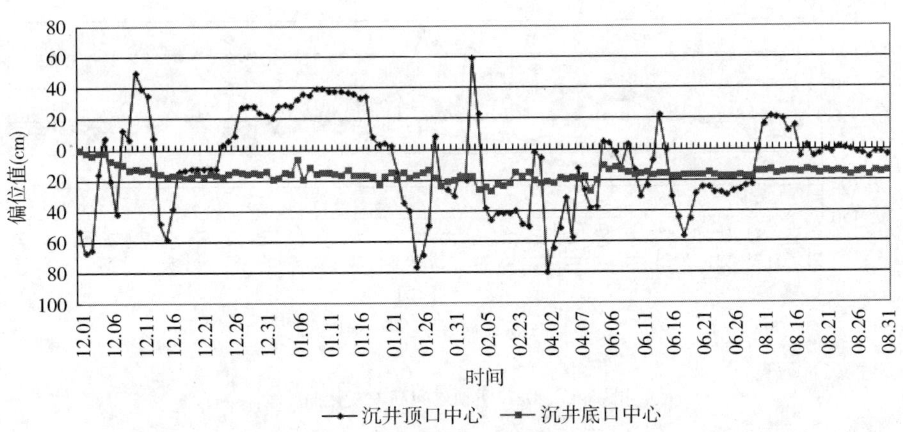

图 5-32　沉井中心桥轴向偏位变化曲线

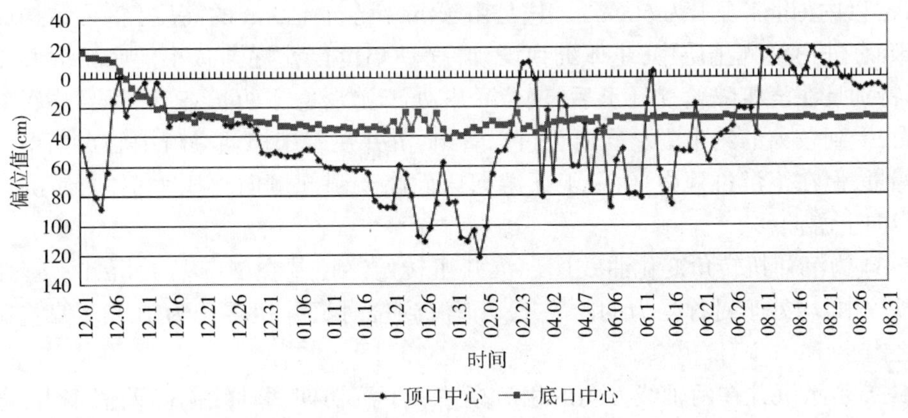

图 5-33　沉井中心横桥向偏位变化曲线

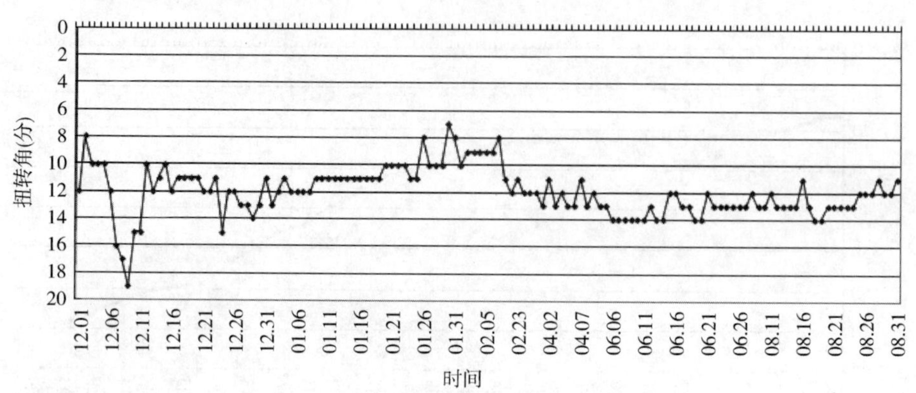

图 5-34　沉井扭转角变化曲线

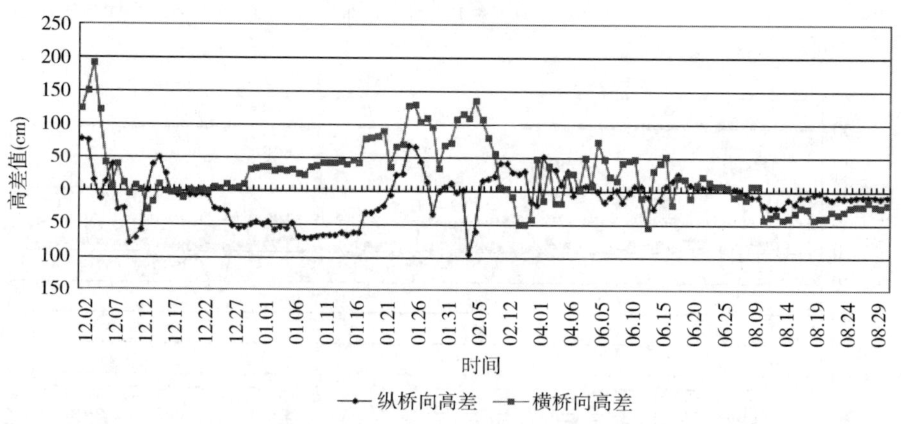

图 5-35　沉井两轴线向高差变化曲线

图 5-32~图 5-33 是沉井中心点两个轴线向偏位的曲线图。沉井顶口中心点虽然在下沉过程中摆动幅度比较大,也比较剧烈,但是在沉井下沉接近设计标高时,摆动较小且偏位值均在 10cm 以内(设计要求为 50cm)。这是由于沉井已有逾 2/3 的高度(整个结构的中心也处于河床面之下)嵌入土层中,土体约束增加,摆动幅度也就逐渐减小。底口中心点在沉井着床后,特别是在浇筑隔舱混凝土后,偏位一直处于比较稳定的状态,说明沉井底部已嵌入到砂层内,受到较大的约束力。同时也可以看出,沉井在着床初期底口中心点向下游留有一定的预偏量,但在下沉过程中,由于上下游河床面高差引起侧向土压力不同,使沉井底口中心点逐步向上游偏移。

图 5-34 为沉井扭转角变化曲线图。沉井扭转始终控制在 20′以内,沉井不管在下沉还是接高过程中,均处于对称受力的状态下。下沉到位时沉井扭转角为 10.8′,偏差在设计允许范围之内。

图 5-35 表示沉井在两轴线方向的相对高差。下沉初期两轴线向高差值偏大,通过及时调整,高差值又逐渐趋于减小。特别是在下沉中后期,高差值处于稳定状态,并逐步减小,直至沉井的顶面在沉井下沉到位后基本处于水平状态。

沉井下沉到位时的精度如表 5-1 所示。

泰州大桥中塔沉井终沉精度　　表 5-1

<table>
<tr><th>序号</th><th colspan="2">项　目</th><th>设计标准</th><th>实 测 数 据</th></tr>
<tr><td rowspan="2">1</td><td rowspan="2">平面偏位</td><td>沉井顶面</td><td rowspan="2">≤50cm</td><td>偏上游 11.4cm;偏南 2.4cm</td></tr>
<tr><td>沉井底面</td><td>偏上游 28.4cm;偏南 14.4cm</td></tr>
<tr><td rowspan="3">2</td><td rowspan="3">垂直度</td><td>横桥向</td><td rowspan="3">≤1/150</td><td>1/630</td></tr>
<tr><td>纵桥向</td><td>1/444</td></tr>
<tr><td>整体垂直度</td><td>1/363</td></tr>
<tr><td>3</td><td colspan="2">扭角</td><td>≤1°</td><td>10.8′</td></tr>
</table>

第6章 结　语

本书通过工程实践和基础研究相结合,对陆上与水上沉井的建设技术进行了较系统的分析与提炼。在陆上沉井建设内容方面结合实例对首节沉井高度确定、沉井下沉对周边构筑物及环境的影响、沉井助沉措施、沉井终沉控制等内容进行了较深入的阐述。特别在水上沉井建设内容方面,对施工期河床冲刷形态分析及防护措施、首节钢壳沉井及首次下沉钢壳沉井高度确定、沉井摆振分析及抑振措施、沉井着床预偏量确定、大深度钢壳夹壁混凝土、钢壳沉井段制作与运输、沉井定位与着床、沉井终沉稳定分析、沉井信息化施工与控制等核心技术进行较全新的论述,系统梳理了水上大型沉井基础建设关键技术。

随着全球经济的发展和人们对交通需求的不断增长,世界各地规划出许多大型桥梁工程,如意大利墨西拿海峡大桥、直布罗陀海峡通道工程、费玛恩海峡通道工程、白令海峡通道工程等。我国的琼州海峡通道工程、渤海湾通道工程、台湾海峡通道工程等也处于前期方案论证阶段。上述桥梁工程建设面临的难点之一在于桥梁基础的设计与施工。相比于其他桥梁基础形式,大型沉井的突出优点主要表现在:整体刚度大、承载能力大、耐久性和抗震性能好、防船舶撞击能力强。实践证明,大型沉井(箱)基础是一种能够适应深水、浪高、流急、复杂环境的方案。

大型装备、先进制造技术、智能控制技术将推动长大桥梁建设"工厂化、大型化、标准化、装配化"的深度发展。不久的将来,现代信息化、智能化、绿色化等新型工业化技术将在桥梁建造中逐步应用,将会显著提高建造效率和质量。伴随大型沉井(箱)基础在更加复杂多变环境条件下的应用,在大型沉井(箱)基础长距离浮运技术、复杂基础处理技术、基床整平大型装备、定位方式、防撞系统等方面也需开展更深入的研究。

参考文献

[1] 中华人民共和国行业标准.JTG D63—2007 公路桥涵地基与基础设计规范[S].北京:人民交通出版社,2007.

[2] 中华人民共和国行业标准.JTG/T F50—2011 公路桥涵施工技术规范[S].北京:人民交通出版社,2011.

[3] 中华人民共和国国家标准.GB 50007—2011 建筑地基基础设计规范[S].北京:中国建筑工业出版社,2012.

[4] 中华人民共和国行业标准.JTG C30—2015 公路工程水文勘测设计规范[S].北京:人民交通出版社,2015.

[5] 张鸿,刘鹏,肖文福.泰州大桥中塔深水超深巨型沉井施工技术[J].岩土工程学报,2008(10):559-563.

[6] 中华人民共和国行业标准.SL 99—2012 河工模型试验规程[S].北京:中国水利水电出版社,2012.

[7] 中华人民共和国行业标准.JTS 144-1—2010 港口工程荷载规范[S].北京:人民交通出版社,2012.

[8] 中华人民共和国国家标准.GB 50009—2012 建筑结构荷载规范[S].北京:中国建筑工业出版社,2012.

[9] 张鸿,刘鹏.深水、大流速条件下大型沉井下沉河床防护技术研究[C].第二十届全国桥梁学术会议论文集,2012:603-612.

[10] 中华人民共和国行业标准.SL 155—2012 水工(常规)模型试验规程[S].北京:中国水利水电出版社,2012.

[11] 中交第二航务工程局有限公司,江苏省长江公路大桥建设指挥部,南京水利科学研究院.长大桥梁深水超大型沉井施工成套关键技术研究[R].武汉:中交第二航务工程局有限公司,2010.

[12] 张鸿.特大型桥梁深水高桩承台基础施工技术[M].北京:中国建筑工业出版社,2005.

[13] 张凤祥.沉井沉箱设计、施工及实例[M].北京:中国建筑工业出版社,2010.

[14] 刘建波,张永涛,杨炎华.泰州长江公路大桥深水沉井基础定位下沉与控制技术研究[J].桥梁建设,2011(6):76-81.

[15] 刘毅,杨炎华,陈富强,等.马鞍山大桥北锚碇沉井降水对长江大堤的影响分析[J].中外公路,2010(3):56-59.

[16] 胡才春,贾雷刚.大型陆上沉井封底施工技术[J].世界桥梁,2012,40(5):32-36.

[17] 王永东,汪学进.马鞍山长江公路大桥北锚碇沉井下沉施工技术[J].世界桥梁,2011,(3):25-28.

[18] 翟世鸿,杨炎华,张照霞.桥梁深水主墩基础的现状与发展趋势探讨[J].中外公路,2007,27(6):116-119.

[19] 汪德隆.海口世纪大桥主塔沉井施工介绍[J].水运工程,2001(1):39-43.

[20] 黄宏伟,张冬梅,徐凌,等.国内外桥梁深基础形式的现状[J].公路交通科技,2002,19(4):60-64.

[21] 杨运泽,黄淑珍.明石海峡大桥大直径钢沉箱基础的施工[J].港口工程,1991(3):45-51.

[22] 邹焕华,周璞.美国82号公路新格林维尔桥主塔墩沉井基础施工[J].世界桥梁,2003(3):14-15.

[23] 刘加峰.特大超深沉井的下沉施工技术——江阴长江公路桥北锚沉井施工[J].实践建筑施工,1998,20(3):38-43.

[24] 高正荣,黄建维,赵晓冬.大型桥梁钢沉井下沉过程局部冲刷研究[J].海洋工程,2006,34(3):31-35.

[25] 林国雄,方秦汉,秦顺全,等.芜湖长江大桥设计与关键技术研究[C].中国土木工程学会桥梁及结构工程学会第十三届年会论文集.上海:同济大学出版社,1998:15-29.

[26] 刘宏波,蔡爱杰.虎门大桥沉井压浆混凝土施工技术[J].桥梁建设,1998(4):28-32.

[27] 方良.大型沉井工程的施工[C].浙江省第八届土力学及基础工程学术讨论会论文集,1998:449-453.

[28] 吉林,冯兆祥,周世忠.江阴大桥北锚沉井基础变位过程实测研究[J].公路交通科技,2001,18(3):33-35.

[29] Hogervorst J R.Field trails with large diameter suction piles[C].In: Proceedings of the 12th Annual Offshore Technology Conference.Houston, Texas, 1980: 217-224.

[30] Oakley Jr.Owen H., Navarro Claudia, Constantinides Yiannis, Holmes Samuel.Modeling vortex induced motions of spars in uniform and stratified flows[C].Proc.of the 24th International Conference on Offshore Mechanics and Arctic Engineering, OMAE,2005:885-894.

[31] Radboud van Dijk, Allan Magee, Steve Perryman, Joe Gebara.Model Test Experience on Vortex Induced Vibrations of Truss Spars[C].Offshore Technology Conference, OTC, 2003:15242.

[32] Bybee, Karen. Spar vortex-inducedvibration prediction [J], Journal of Petroleum Technology,2005,57(2):61-62.

[33] Halkyard John, Atluri Sampath, Sirnivas Senu.Truss spar vortex induced motions: Benchmarking of CFD and model tests [C].Proceedings of 25th International Conference on Offshore Mechanics and Arctic Engineering, OMAE, 2006:10.

[34] 王红霞,王德禹.大型沉井结构施工力学模型的研究[J].力学季刊,2003,24(1):68-74.

[35] 冯海宁,徐日庆,龚晓南.沉井后背墙土抗力计算的探讨[J].中国市政工程,2002(1):64-66.